AS TÉCNICAS DE REPRODUÇÃO HUMANA
ASSISTIDA E A NECESSIDADE DE SUA
REGULAMENTAÇÃO JURÍDICA

Silvia da Cunha Fernandes

Mestre em Direito Civil Comparado pela Pontifícia Universidade Católica de São Paulo — PUC-SP. Advogada.

AS TÉCNICAS DE REPRODUÇÃO HUMANA ASSISTIDA E A NECESSIDADE DE SUA REGULAMENTAÇÃO JURÍDICA

RENOVAR

Rio de Janeiro • São Paulo • Recife
2005

Todos os direitos reservados à
LIVRARIA E EDITORA RENOVAR LTDA.
MATRIZ: Rua da Assembléia, 10/2.421 - Centro - RJ
CEP: 20011-901 - Tel.: (21) 2531-2205 - Fax: (21) 2531-2135
FILIAL RJ: Tels.: (21) 2589-1863 / 2580-8596 / 3860-6199 - Fax: (21) 2589-1962
FILIAL SP: Tel.: (11) 3104-9951 - Fax: (11) 3105-0359
FILIAL PE: Tel.: (81) 3223-4988 - Fax: (81) 3223-1176

LIVRARIA CENTRO (RJ): Tels.: (21) 2531-1316 / 2531-1338 - Fax: (21) 2531-1873
LIVRARIA IPANEMA (RJ): Tel: (21) 2287-4080 - Fax: (21) 2287-4888

www.editorarenovar.com.br   renovar@editorarenovar.com.br
SAC: 0800-221863
© 2005 by Livraria Editora Renovar Ltda.

Conselho Editorial:

Arnaldo Lopes Süssekind — Presidente
Carlos Alberto Menezes Direito
Caio Tácito
Luiz Emygdio F. da Rosa Jr.
Celso de Albuquerque Mello (*in memoriam*)
Ricardo Pereira Lira
Ricardo Lobo Torres
Vicente de Paulo Barretto

Revisão Tipográfica: Mª de Fátima Cavalcanti

Capa: Julio Cesar Gomes

Editoração Eletrônica: TopTextos Edições Gráficas Ltda.

Nº 1051

CIP-Brasil. Catalogação-na-fonte
Sindicato Nacional dos Editores de Livros, RJ.

F411t
Fernandes, Silvia da Cunha
As técnicas de reprodução humana assistida e a necessidade de sua regulamentação jurídica / Silvia da Cunha Fernandes — Rio de Janeiro: Renovar, 2005.
340 p. ; 21 cm.

Inclui bibliografia
ISBN 85-7147-498-2

1. Inseminação artificial humana — Lagislação — Brasil. 2. Reprodução humana — Legislação — Brasil. I. Título.

CDD 344.810419

Proibida a reprodução (Lei 9.610/98)
Impresso no Brasil
Printed in Brazil

Biblioteca de teses

Os Cursos de Pós-Graduação têm se desenvolvido no Brasil, e a produção de teses tem sido elevada e de alto nível.

A Editora Renovar propõe na presente Biblioteca estimular a divulgação de obras que contribuam para o desenvolvimento da ciência jurídica brasileira, levando-as ao conhecimento do grande público.

No Direito as novidades estão, de um modo geral, nas teses e nas revistas especializadas.

Assim sendo, a Editora Renovar abre a sua linha editorial para os juristas que estão no início de sua carreira profissional como mestres e doutores. A Biblioteca tem esperança de que venha a constituir um estímulo a estes profissionais.

É mais uma prova de que acreditamos na qualidade das obras jurídicas brasileiras. A nossa linha editorial é marcada por uma rigorosa seleção realizada pelo Conselho Editorial, que reúne eminentes juristas.

Editora Renovar

BIBLIOTECA DE TESES RENOVAR

Posse da Segurança Jurídica à Questão Social
Marcelo Domanski

O Prejuízo na Fraude Contra Credores
Marcelo Roberto Ferro

A Pessoa Jurídica e os Direitos da Personalidade
Alexandre Ferreira de Assumpção Alves

Estado e Ordem Econômico-Social
Marco Aurélio Peri Guedes

O Projeto Político de Pontes de Miranda
Dante Braz Limongi

O Direito do Consumidor na Era da Globalização
Sônia Maria Vieira de Mello

As Novas Tendências do Direito Extradicional
Artur de Brito Gueiros Souza

Fundamentos para uma Interpretação Constitucional do Princípio da Boa-Fé
Teresa Negreiros

O Ministério Público Brasileiro
João Francisco Sauwen Filho

A Criança e o Adolescente no Ordenamento Jurídico Brasileiro
Maria de Fátima Carrada Firmo

Propriedade e Domínio
Ricardo Aronne

O Princípio da Proporcionalidade e a Interpretação da Constituição
Paulo Arminio Tavares Buechele

Condomínio de Fato
Danielle Machado Soares

Direito de Informação e Liberdade de Expressão
Luís Gustavo Grandinetti C. de Carvalho

A Saga do Zangão - Uma visão sobre o direito natural
Viviane Nunes Araújo Lima

Mercosul e Personalidade Jurídica Internacional
Marcus Rector Toledo Silva

Família sem Casamento
Carmem Lúcia S. Ramos

A Disciplina Jurídica dos Espaços Marítimos na Convenção das Nações Unidas sobre Direito do Mar de 1982 e na Jurisprudência Internacional
Jete Jane Fiorati

O Direito Econômico na Perspectiva da Globalização
César Augusto Silva da Silva

Os Limites da Reforma Constitucional
Gustavo Just da Costa e Silva

Hermenêutica e Argumentação — Uma Contribuição ao Estado do Direito
Margarida Maria Lacombe Camargo

O Referendo
Adrian Sgarbi

Segurança Internacional e Direitos Humanos
Simone Martins

Os Fundamentos e os Limites do Poder Regul. no Âmbito do Mercado Financeiro
Simone Lahorghe

O Direito Cibernético
Alexandre F. Pimentel

Conflitos entre Tratados Internacionais e Leis Internas
Mariângela Ariosi

Privatizações sob Ótica do Direito Privado
Henrique E. G. Pedrosa

A tutela de urgência no processo do trabalho: uma visão histórico-comparativa (Idéias para o caso brasileiro)
Eduardo Henrique von Adamovich

Jurisprudência Brasileira sobre Transporte Aéreo
José Gabriel Assis de Almeida

Superfície Compulsória — Instrumento de Efetivação da Função Social da Propriedade
Marise Pessôa Cavalcanti

As famílias não-fundadas no casamento e a condição feminina
Ana Carla Harmatiuk Matos

Invalidade processual: um estudo para o processo do trabalho
Aldacy Rachid Coutinho

A vida humana embrionária e sua proteção jurídica
Jussara Maria Leal de Meirelles

O Princípio Constitucional da Dignidade da Pessoa Humana: O Enfoque da Doutrina Social da Igreja
Cleber Francisco Alves

Conversão Substancial do Negócio Jurídico
João Alberto Schützer Del Nero

O Direito da Concorrência no Direito Comunitário Europeu — Uma contribuição ao Mercosul
Dyle Campello

Mercosul, União Européia e Constituição
Marcio Monteiro Reis

Direito Tributário e Globalização: Ensaio Crítico sobre Preços de Transferência
Jurandi Borges Pinheiro

Transexualismo. O direito a uma nova identidade sexual
Ana Paula Ariston Barion Peres

Direitos Reais e Autonomia da Vontade (O Princípio da Tipicidade dos Direitos Reais)
André Pinto da Rocha Osorio Gondinho

A Paternidade Presumida no Direito Brasileiro e Comparado
Luís Paulo Cotrim Guimarães

Os Novos Paradigmas da Família Contemporânea
Cristina de Oliveira Zamberlam

O Mito da Verdade Real na Dogmática do Processo Penal
Francisco das Neves Baptista

O Direito ao Desenvolvimento na Perspectiva da Globalização: Paradoxos e Desafios
Ana Paula Teixeira Delgado

Cooperação Jurídica Penal no Mercosul
Solange Mendes de Souza

Em Busca da Família do Novo Milênio
Rosana A. Girardi Fachin

Juizados Especiais Criminais
Beatriz Abraão de Oliveira

O Princípio da Impessoalidade
Livia Maria Armentano Koenigstein Zago

O Princípio da Subsidiariedade no Direito Público Contemporâneo
Silvia Faber Torres

Direito, Escassez e Escolha: em Busca de Critérios Jurídicos para Lidar com a Escassez de Recursos e as Decisões Trágicas
Gustavo Amaral

Decadência e Prescrição no Direito Tributário do Brasil
Francisco Alves dos Santos Jr.

Lesão Contratual no Direito Brasileiro
Marcelo Guerra Martins

Acesso à Justiça — Um problema ético-social no plano da realização do Direito
Paulo Cesar Santos Bezerra

Concurso Formal e Crime Continuado
Patrícia Mothé Glioche Béze

A Boa-fé e a Violação Positiva do Contrato
Jorge Cesa Ferreira da Silva

Responsabilidade Patrimonial do Estado por Ato Jurisdicional
Zulmar Fachin

Gestão Fraudulenta de Instituições de Instituição Financeira e Dispositivos Processuais da Lei 7.492/86
Juliano Breda

Contratos de Software "Shrinkwrap Licenses" e "Clickwrap Licenses"
Emir Iscandor Amad

Jurisdição Constitucional, Democracia e Racionalidade Prática
Cláudio Pereira de Souza Neto

Desconsideração da Personalidade Jurídica — Aspectos processuais
Osmar Vieira da Silva

O Dano Pessoal na Sociedade de Risco
Maria Alice Costa Hofmeister

Presunções e Ficções no Direito Tributário e no Direito Penal Tributário
Iso Chaitz Scherkerkewitz

Honra, Imagem, Vida Privada e Intimidade em Colisão com outros Direitos
Mônica Neves Aguiar da Silva Castro

Da Lesão no Direito Brasileiro Atual
Carlos Alberto Bittar Filho

Repetição do Indébito Tributário — O Inconstitucional artigo 166 do CTN
Luis Dias Fernandes

Uma Análise da Textura Aberta da Linguagem e sua Aplicação ao Direito
Noel Struchiner

Direito Tributário *versus* Mercado
Marcos Rogério Palmeira

O Direito à Educação
Regina Maria F. Muniz

O Abuso do Direito e as Relações Contratuais
Rosalice Fidalgo Pinheiro

A Legitimação dos Princípios Constitucionais Fundamentais
Ana Paula Costa Barbosa

A Participação Popular na Administração Pública: o Direito de Reclamação
Adriana da Costa Ricardo Schier

Do Pátrio Poder à Autoridade Parental
Marcos Alves da Silva

Paradigma Biocêntrico: Do Patrimônio Privado ao Patrimônio Ambiental
José Robson da Silva

O Discurso Jurídico da Propriedade e suas Rupturas
Eroulths Cortiano Junior

Terceirização e Intermediação de Mão-de-obra
Rodrigo de Lacerda Carelli

As Agências Reguladoras no Direito Brasileiro
Arianne Brito Rodrigues Cal

As Novas Tendências na Regulamentação do Sistema de Telecomunicações pela Agência Nacional de Telecomunicações — ANATEL
Lucas de Souza Lehfeld

A Renúncia à Imunidade de Jurisdição pelo Estado Brasileiro
Antenor Pereira Madruga Filho

A Mulher no Espaço Privado: Da Incapacidade à Igualdade de Direitos
Maria Alice Rodrigues

A Propriedade como Relação Jurídica Complexa
Francisco Eduardo Loureiro

O Conceito de Anulação ou Prejuízo de Benefícios no Contexto da evolução do GATT à OMC
Regina Maria de S. Pereira

O Direito de Assistência Humanitária
Alberto do Amaral Júnior

Contrato de Trabalho Virtual
Margareth F. Barcelar

O Direito de Resistência na Ordem Jurídica Constitucional Brasileira
Maurício Gentil Monteiro

Transformações do Direito Administrativo
Patrícia F. Baptista

A Privacidade da Pessoa Humana no Ambiente de Trabalho
Bruno Lewicki

Espaços Públicos Compartilhados entre a Administração Pública e a Sociedade
Renato Zugno

Estado, Sociedade Civil e Princípio da Subsidiariedade na Era da Globalização
Vania Mara Nascimento Gonçalves

A Relação entre o Interno e o Internacional
Estevão Ferreira Couto

As Normas Constitucionais Programáticas e o Controle do Estado
José Carlos Vasconcellos dos Reis

Responsabilidade Civil dos Pais pelos Actos dos Filhos Menores
Jeovanna Malena Vianna Pinheiro Alves

O Princípio da Impessoalidade da Administração Pública: para uma Administração Imparcial
Ana Paula Oliveira Ávila

Juizados Especiais Federais Cíveis
Alvaro Couri Antunes Souza

Regime Jurídico dos Incentivos Fiscais
Marcos André Vinhas Catão

A Liberdade de Imprensa e o Direito à Imagem - 2ª ed.
Sidney Cesar Silva Guerra

A Tutela Sucessória do Cônjuge e do Companheiro na Legalidade Constitucional
Ana Luiza Maia Nevares

**Contribuições para o Financiamento da Seguridade Social:
Critérios para Definição de sua Natureza Jurídica**
Silvania Conceição Tognetti

O Conceito de Identidade e a Redesignação Sexual
Raul Cleber Silva Choeri

**O Elo Perdido da Filiação: entre a verdade jurídica, biológica
e afetiva no estabelecimento do vínculo paterno-filial**
Rose Melo Vencelau

Controle não Societário
Ricardo Ferreira de Macedo

O Processo Civil como Estratégia de Poder
Carlos Augusto Silva

Comissões Parlamentares de Inquérito no Brasil
Jessé Claudio Franco de Alencar

**Das Sesmarias à Propriedade Moderna: Fundamentos do Direito de
Propriedade no Brasil**
Laura Beck Varela

A Responsabilidade Civil pelos Riscos do Desenvolvimento
Marcelo Junqueira Calixto

Famílias Simultâneas: da unidade codificada à pluralidade Constitucional
Carlos Eduardo Pianovski Ruzyk

**A Proteção do Direito Adquirido sob o Prisma Civil-Constitucional
– Uma perspectiva sistemático-analógica**
Carlos Young Tolomei

Dano Moral: Critérios de Fixação de Valor
Wesley de Oliveira Louzada Bernardo

**O Princípio do Devido Processo Legal Substantivo como Juízo de Adequação
Hermenêutico-Concretizador do Conteúdo Essencial dos Direitos Fundamentais**
Ruitemberg Nunes Pereira

Das Sesmarias à Propriedade Moderna: Um Estudo de História do Direito Brasileiro
Laura Beck Varela

**A Responsabilidade Civil nos Contratos de Turismo em Face ao Código de
Defesa do Consumidor**
Luciana Padilha Leite Leão da Silva

A Criança e o Adolescente no Ordenamento Jurídico Brasileiro (2ª ed.)
Maria de Fátima Carrada Firmo

A Distanásia e a Dignidade do Paciente
Renato Lima Charnaux

Próximos lançamentos

A Defesa do Consumidor na Estrutura Sócio-Econômica do Neo-Liberalismo
María Alejandra Fortuny

O Direito Frente às Famílias Reconstituídas
Rosane Felhauer

Franchising: Reflexos Jurídicos nas Relações das Partes
Roberto Cavalcanti Sampaio

O Regime Jurídico do Financiamento das Campanhas Eleitorais
Sergei Medeiros Araujo

Responsabilidade Objetiva do Estado do Rio de Janeiro por Omissão na Área de Segurança Pública
Antonio Cesar Pimentel Caldeira

Un Estudio Comparativo de la Protección Legislativa del Consumidor en el Ambito Interno de los Paises del Mercosur
Mirta Morales

Aspectos Constitucionais do Imposto Sobre Serviço de Comunicação
Guilherme Von Müller Lessa Vergueiro

Imunidade Tributária e Contribuições para a Seguridade Social
Rogério Tobias de Carvalho

Argumentação *contra legem* – A teoria do discurso e a justificação jurídica nos casos mais difíceis
Thomas Bustamante

Tributação Ambiental: a utilização de instrumentos econômicos e fiscais na implementação do direito do meio ambiente saudável
Lise Vieira da Costa Tupiassu

Fundamentos e Limites da Atribuição de Poder Normativo às Autarquias Autônomas Federais (Agências Reguladoras)
Gabriel de Mello Galvão

Diligência: O Dever Fundamental dos Administradores
Flávia Weiner Parente

Família, Guarda e Autoridade Parental
Ana Carolina Brochado

Prudência, Jurisprudência e Ciência
Ângela Kretschmann

A Coisa Julgada Inconstitucional
Pedro Eduardo Pinheiro

O Direito à Moradia
Luciano de Souza Godoy

À doce e terna memória de meu pai
Thomaz Fernandes Filho,

À coragem e perseverança de minha mãe
Leonor Pessoa da Cunha Fernandes,

Ao incentivo e ajuda de meus irmãos
Wanda e Luiz da Cunha Fernandes

Agradecimentos

Agradeço a todos aqueles que, mesmo sem o saber, tiveram papel de extrema importância na realização deste trabalho.

A minha cunhada Eneida, meus sobrinhos Fernando e Marcelo, e minhas sobrinhas de coração Camila e Mariana, por simplesmente fazerem parte da minha vida.

Aos amigos da graduação na PUC/SP, especialmente José Lourenço e Patrícia Aurélia Del Nero, pelo incentivo neste projeto.

Aos colegas da pós-graduação na PUC/SP, Glauce Zanella, Ivan Aparecido Ruiz, Nelson Gutierrez Duran Junior, Rodrigo Azevedo Toscano de Brito, Rômulo José Fernandes e Victor André Liuzzi Gomes, pelo enriquecimento de idéias e troca de experiências. Mas, principalmente, as minhas grandes amigas Carla Maria dos Santos Reis e Denise Gasparini Moreno, pelo apoio permanente e aconselhamento desinteressado.

Aos meus amigos André Behara, Andréia Luiza de Barros Roiz, Augusto Mesquita, Cristiane Telles, Élvio Rodrigues, Fabio Ferreira Figueiredo, Isilda das Neves Marques, João Carlos Brunetti, Lilian Câmara, Marisa Souza de Oliveira Flores, Márcio Magliozzi, Neiva Carmo, Nelson da Silva Custodio, Olamir Conrado, Paulo Lopes Torres e Rosemary Moreira, pela ajuda nas horas difíceis e por terem sempre acreditado em meu potencial pessoal e profissional.

Um agradecimento especial, ao saudoso Raul Dela Torre, exemplo de ser humano íntegro e perseverante, que me ensinou, entre tantas outras coisas, a difícil arte de vencer obstáculos.

Ao professor Fernando Antonio Albino de Oliveira, pelos ensinamentos transmitidos com paciência e sabedoria.

Finalmente, mas nunca em último lugar, agradeço a professora doutora Maria Helena Diniz, pelo exemplo de profissional dedicado e preocupado com a educação e a justiça em nosso País. Foi um privilégio tê-la como orientadora e professora desde a graduação, já que pude vivenciar em suas aulas o significado da palavra simplicidade. Agradeço, por tudo, querida amiga, mas principalmente por me conceder a honra e alegria de prefaciar este trabalho.

Agradeço, também, a Deus a graça indizível de poder viver rodeada de pessoas de bom coração e alma generosa, que tantas vezes me mostraram que acima das nuvens escuras sempre brilham as estrelas.

NOTA DA AUTORA

O presente trabalho foi desenvolvido como dissertação de mestrado aprovada pela banca examinadora composta pela Professora Doutora Maria Helena Diniz (orientadora), pelo Professor Doutor Wilson José Gonçalves e pelo Professor Doutor Guilherme Assis de Almeida, na Pontifícia Universidade Católica de São Paulo – PUCSP, em 12 de junho de 2002.

Todo o texto foi elaborado enquanto o novo Código Civil ainda se encontrava em tramitação pelo Congresso Nacional; assim sendo, após a entrada em vigor do novo diploma civil, a presente obra passou por uma revisão, estando totalmente adequada a nossa nova realidade jurídica, não nos esquecendo de, sempre que possível, fazer menção ao Código Civil de 1916, para fins comparativos.

Atualmente existe, em tramitação pelo Congresso Nacional, um projeto de lei de n° 1184/2003, que dispõe sobre a reprodução assistida, sendo que, em 13/02/2004, a Comissão de Constituição e Justiça e de Cidadania da Câmara dos Deputados designou como relator o Deputado Colbert Martins; esse projeto cancelou os demais a respeito da matéria e a ele foram apensados os projetos PL 2855/1997, PL 120/2003 e PL 2061/2003.

O principal objetivo deste livro é demonstrar a necessidade de regulamentação jurídica da utilização das técnicas de reprodução assistida, tendo em vista o bem jurídico a ser protegido: a vida e a dignidade da pessoa humana.

O estudo se inicia com a introdução dos conceitos bioéticos, que devem estar sempre presentes em qualquer intervenção científica, envolvendo os seres humanos. Passando aos aspectos médicos, que envolvem as técnicas de reprodução assistida, bem como as modalidades mais utilizadas e sua funcionalidade. Para, posteriormente, descrever as conseqüências éticas e jurídicas, decorrentes da grande evolução tecnológica da medicina reprodutiva e os problemas que deveremos enfrentar.

São apresentados os principais aspectos da responsabilidade civil de todos os envolvidos nos procedimentos, bem como é dada amostra de como o direito comparado tem se posicionado diante de questões tão complexas.

São feitas algumas sugestões de lege ferenda para um anteprojeto sobre o tema. Concluindo-se sobre a premente necessidade de controle jurídico da utilização das técnicas de reprodução humana assistida.

São Paulo, agosto de 2003 – primeira revisão
São Paulo, abril de 2004 – segunda revisão

SUMÁRIO

PREFÁCIO XXIII

INTRODUÇÃO 1

CAPÍTULO 1 — A EVOLUÇÃO DAS TÉCNICAS BIOMÉDICAS NO CAMPO DA REPRODUÇÃO HUMANA E SUA RELAÇÃO COM A ÉTICA E O DIREITO 5

CAPÍTULO 2 - ASPECTOS MÉDICOS DAS TÉCNICAS DE REPRODUÇÃO ASSISTIDA 19
2.1. Considerações iniciais 19
2.2. Desenvolvimento histórico das técnicas de reprodução assistida 23
2.3. O início da vida humana 26
2.4. As modalidades de inseminação artificial 28
2.5. A fecundação *in vitro* 32
2.5.1. GIFT — Gamete intrafallopean transfer 34
2.5.2. ZIFT — Zygote intrafallopian transfer 36
2.5.3. As mães de substituição 37
2.6. A criopreservação de gametas e embriões 38
2.7. A doação de gametas: esperma e óvulos 41
2.8. A doação de embriões 47
2.9. As técnicas mais recentes 48

CAPÍTULO 3 - A REPRODUÇÃO ASSISTIDA E SUAS CONSEQÜÊNCIAS ÉTICAS E JURÍDICAS 51
3.1. Problemas no casamento e na união estável 58
3.2. As relações de parentesco e os vínculos de filiação 61
3.3. A inseminação artificial homóloga 72
3.4. A inseminação artificial heteróloga 78
3.5. A fertilização *in vitro* 90
3.5.1. A gestação de substituição 95
3.5.2. O destino dos embriões excedentes 101
3.5.3. A adoção pré-natal 111
3.6. Projetos de lei sobre reprodução assistida 117

CAPÍTULO 4 - RESPONSABILIDADE CIVIL NA REPRODUÇÃO HUMANA ASSISTIDA 127
4.1. Aspectos gerais da responsabilidade civil 127
4.2. Responsabilidade civil médica 133
4.3. Responsabilidade civil das clínicas de reprodução assistida e dos bancos de depósito de material fertilizante 138
4.4. Responsabilidade civil perante os doadores e receptores 140
4.5. Responsabilidade civil por danos ao embrião *in vitro* 142

CAPÍTULO 5 - A REPRODUÇÃO ASSISTIDA NO DIREITO COMPARADO 151
5.1. Alemanha 152
5.2. Austrália 155
5.3. Canadá 156
5.4. Espanha 157
5.5. Estados Unidos 163
5.6. França 166
5.7. Inglaterra 171
5.8. Itália 173
5.9. Portugal 174
5.10. Suécia 175

CAPÍTULO 6 - SUGESTÕES DE *LEGE FERENDA* PARA
UM ANTEPROJETO QUE REGULE A UTILIZAÇÃO
DAS TÉCNICAS DE REPRODUÇÃO ASSISTIDA 179

CAPÍTULO 7 - CONSIDERAÇÕES FINAIS SOBRE OS
PROBLEMAS ORIUNDOS DO TEMA EM ESTUDO .. 185

ANEXO I — CÓDIGO DE NUREMBERG 191
ANEXO II — DECLARACIÓN DE HELSINKI VI 193
ANEXO III - DIRETRIZES ÉTICAS INTERNACIONAIS
PARA A PESQUISA ENVOLVENDO SERES
HUMANOS 201
ANEXO IV — LEI FEDERAL Nº 8.974, DE 5 JANEIRO
DE 1995 211
ANEXO V - DECLARAÇÃO IBERO-LATINO-
AMERICANA SOBRE ÉTICA E GENÉTICA 223
ANEXO VI - RESOLUÇÃO Nº196/96 DO CONSELHO
NACIONAL DE SAÚDE 229
ANEXO VII - DECLARAÇÃO UNIVERSAL DO
GENOMA HUMANO E DOS DIREITOS HUMANOS . 253
ANEXO VIII — RESOLUÇÃO CFM Nº 1.358/92, DO
CONSELHO FEDERAL DE MEDICINA 261
ANEXO IX — PROJETO DE LEI Nº 3.638, DE 1993,
DEPUTADO LUIZ MOREIRA 267
ANEXO X — PROJETO DE LEI Nº 2.855, DE 1997,
DEPUTADO CONFÚCIO MOURA 273
ANEXO XI — PROJETO DE LEI Nº 90, DE 1999,
SENADOR LÚCIO ALCÂNTARA 283
ANEXO XII — PROJETO DE LEI Nº 1184, DE 2003,
DO SENADO FEDERAL COM O PL 120/2003
APENSADO 295
ANEXO XIII — PROJETO DE LEI Nº 2.061, DE 2003,
DA DEPUTADA MANINHA 311
BIBLIOGRAFIA 321

PREFÁCIO

É com grande satisfação que ora apresentamos ao público este livro de Silvia da Cunha Fernandes sobre o inquietante tema da reprodução humana assistida.

Trata-se de obra que, enriquecida por dados bibliográficos especializados e ensinamentos doutrinários nacionais e estrangeiros, muito esclarece a problemática que envolve este assunto, tão polêmico quanto difícil.

A autora, nesta dissertação, com que obteve o título de mestre em direito pela Pontifícia Universidade Católica de São Paulo - PUC/SP, dá-nos uma ampla visão, abrindo nossos horizontes, pois, além de repensar certos conceitos, demonstra a necessidade de regulamentação jurídica para controlar o uso das técnicas de reprodução assistida e para proteger a vida e a dignidade do ser humano.

Analisa a temática no direito comparado e apresenta sugestões de *lege ferenda* para um anteprojeto de lei que, em razão do impacto da biotecnologia e das manipulações genéticas no direito, traga uma solução ético-jurídica e apresente novas diretrizes para que a responsabilidade civil por dano moral e patrimonial ao embrião humano e nascituro seja uma realidade.

Enfrentando, com talento e seriedade, as difíceis questões engendradas pela complexidade do tema abordado, muito enriquece nossa literatura jurídica.

Pelo enfoque humano e realista, recomendamos este livro a todos os operadores do direito, que nele, certamente, encontrarão critérios seguros condizentes ao respeito da pessoa humana.

São Paulo, 17 de agosto de 2003.

Maria Helena Diniz
Titular de Direito Civil da PUC-SP. Professora de Filosofia do Direito, de Teoria Geral do Direito e de Direito Civil Comparado e Coordenadora da Subárea de Direito Civil Comparado nos Cursos de Pós-Graduação em Direito da PUCSP.

INTRODUÇÃO

Não se passa um dia sequer sem que tenhamos alguma nova notícia sobre os avanços da ciência em matéria de reprodução humana. No contexto jurídico mundial, reconhece-se plenamente o direito à procriação, como direito inerente à espécie humana; neste sentido, a Declaração Universal dos Direitos do Homem, aprovada em Paris, em 10 de dezembro de 1978 através de resolução da III Sessão Ordinária da Assembléia Geral das Nações Unidas, disciplina o direito de fundar uma família, entre outros. A Constituição Federal brasileira de 1988, por meio do artigo 5º, *caput* e incisos VI e XI, do artigo 218 e do artigo 226, § 7º, indiretamente dispõe sobre o direito à procriação, quando disciplina o respeito à inviolabilidade do direito à vida, o incentivo e a liberdade de expressão à pesquisa e ao desenvolvimento científico e a liberdade de consciência e crença, dedicando, ainda, um capítulo inteiramente à família, no qual se prevê o planejamento familiar como de livre decisão do casal.

Deste modo, diante do avanço científico das técnicas de reprodução artificial, torna-se urgente a produção e implantação de uma legislação, que discipline a utilização dessas técnicas, uma vez que, atualmente, o controle é basicamente informal, proveniente dos valores éticos e morais da sociedade, havendo intervenção do direito, somente, quando há violação de algum bem juridicamente protegido essencial para garantir a vida em sociedade, a paz e a ordem pública.

Cabe ressaltar que válidas são todas as técnicas médicas disponíveis que possam satisfazer a necessidade que todo ser humano tem de se reproduzir e se perpetuar, visto que os problemas de infertilidade podem causar infelicidade decorrente de um profundo sentimento de desigualdade; contudo, mesmo a edição de lei específica para regulamentar a matéria mostrar-se-á, após algum tempo, insuficiente, uma vez que será impossível prever todos os eventuais conflitos, porque os comportamentos sociais se modificam e o ordenamento jurídico não os pode acompanhar com a mesma rapidez.

É exatamente por isso que, em se tratando de reprodução humana assistida, não se pode perder de vista um dos princípios básicos do Estado Democrático: o da dignidade da pessoa humana, exaustivamente consagrado no texto constitucional pátrio (art. 1º, III), o qual deverá sempre servir como paradigma para a utilização de qualquer das técnicas de reprodução artificial atualmente disponíveis.

A dignidade humana está intimamente ligada à possibilidade de procriação; assim, a reprodução artificial, quando necessária, torna-se a única maneira de satisfazer o desejo de procriar, ou seja, de dar continuidade a si próprio na figura do filho, legando-lhe o nome, os valores, o patrimônio econômico e sobretudo, o patrimônio genético.

O problema da esterilidade humana fez com que várias pesquisas científicas fossem desenvolvidas, o que originou um enorme avanço das práticas médicas, com o intuito de dar-lhe solução. Todavia, esse grande desenvolvimento científico no campo da reprodução humana artificial trouxe consigo as reflexões e as discussões sobre a importância da existência de normas éticas e jurídicas que orientassem a vida em sociedade em consonância com a evolução biotecnológica.

É certo que as técnicas de reprodução artificial têm por finalidade colocar à disposição do ser humano um meio hábil de resolução para sua infertilidade; contudo, diante da variedade de relações éticas e jurídicas conseqüentes desses procedimentos, os conflitos gerados ante a ausência de legislação específica para disciplinar as condutas são imensos.

Para a resolução desses conflitos não basta a orientação do artigo 4º da Lei de Introdução ao Código Civil: *"Quando a lei for omissa, o juiz decidirá de acordo com a analogia, os costumes e os princípios gerais de direito"*, ou mesmo da doutrina e jurisprudência (escassas nesta matéria), uma vez que todas essas técnicas envolvem o bem supremo da humanidade que é a vida, bem como, deixam extremamente vulneráveis outros direitos da personalidade.

Cabe ressaltar ainda, que as tentativas para a "cura" da infertilidade através da prática da reprodução artificial podem desencadear conseqüências desastrosas na área do direito de família, visto que, em virtude do estabelecimento de liames familiares sem o vínculo consangüíneo identificado, poderão ocorrer uniões futuras entre pessoas que pertençam ao mesmo grupo consangüíneo e familiar e, pior ainda, um possível incesto.

Além disso, surgem as questões inerentes aos embriões excedentes, provenientes da fertilização *in vitro*; à possibilidade de fertilização *post mortem;* à maternidade de substituição, dentre outras.

Não se passará muito tempo e questões jurídicas decorrentes da utilização dessas técnicas serão levadas à decisão de nossos tribunais, que deverão dirimir tais conflitos de forma justa e adequada ao nosso ordenamento jurídico; daí a necessidade de uma lei específica que regule não só a atividade médica como também as conseqüências jurídicas dela decorrentes.

Foram esses os motivos que nos levaram a pesquisar e escrever sobre tão conflituoso tema que, partindo da prática médica, atinge diretamente a ética e o direito.

São Paulo, março de 2002.

Silvia da Cunha Fernandes

CAPÍTULO 1

A EVOLUÇÃO DAS TÉCNICAS BIOMÉDICAS NO CAMPO DA REPRODUÇÃO HUMANA E SUA RELAÇÃO COM A ÉTICA E O DIREITO

A reprodução humana artificial tem despertado a atenção de vários segmentos da sociedade diante da rapidez com que as técnicas evoluíram e dos conflitos éticos e jurídicos gerados. A dinâmica desse progresso atropelou, bruscamente, a reflexão ética e algumas sólidas instituições jurídicas.

Segundo Ana Cristina Rafful: *"A utilização destas técnicas geraram situações de natureza complexa envolvendo médicos, doadores de esperma e de óvulos e mães de substituição e criaram ainda subprodutos, como óvulos, embriões congelados e bancos de espermas, sobre os quais se tem questionado os direitos de propriedade, a questão da atribuição de filiação e a violação dos direitos da personalidade, garantidos tanto no âmbito internacional como no nacional"*.[1]

---

[1] Ana Cristina Rafful, *A reprodução artificial e os direitos da personalidade* — São Paulo: Themis, 2000, p. 15.

Como já dissemos, temos sido surpreendidos, dia a dia, com novas técnicas de transmissão de vida; o impacto social é grande e traz conseqüências tanto na esfera individual quanto na coletiva, atingindo a humanidade, provocando muitas dúvidas e poucas respostas.

É nesse contexto que surge a bioética como mediadora do complexo relacionamento entre a ciência e a ética nas relações humanas. Compete à bioética estudar a moralidade da conduta humana na área das ciências da vida, sendo certo que com os avanços científicos no campo da reprodução humana e uma conseqüente superação de preconceitos, houve uma reintrodução da preocupação ética, pois a sociedade precisa de critérios para poder adequadamente julgar e decidir o que é "bom" e o que é "mau" para si própria.[2]

O questionamento a respeito da natureza ética das condutas humanas no tocante às técnicas de reprodução assistida deverá analisar em profundidade até onde esse avanço tecnológico poderá levar à "coisificação" do ser humano; mas, ao mesmo tempo, não poderá perder de vista que a essência da questão também diz respeito à perpetuação da espécie e à realização do desejo humano de procriação.

Torna-se evidente que as novas situações geradas pelo avanço da biotecnologia na seara genética precisam ser corretamente dimensionadas, ética e legalmente, para que a dignidade da pessoa humana[3], princípio basilar do Estado

---

2   Informações pesquisadas nas seguintes obras: Garrafa, Costa & Oselka, A bioética do século XXI — *Revista Bioética*, vol. 7, nº 2, 1999; Joaquim Clotet, Por que bioética? — *Revista Bioética*, vol. 1, nº 1, 1993; Taumaturgo Rocha, *Bioética e Direito* — Internet Site www.academiavirtual.com.br/biodireito01.htm.

3   "A dignidade é um valor espiritual e moral inerente à pessoa, que se manifesta singularmente na autodeterminação consciente e responsável da própria vida e que traz consigo a pretensão ao respeito por

Democrático de Direito, possa ser resguardada em todos os processos artificiais de reprodução.

---

parte das demais pessoas, constituindo-se um mínimo invulnerável que todo estatuto jurídico deve assegurar, de modo que, somente excepcionalmente, possam ser feitas limitações ao exercício dos direitos fundamentais, mas sempre sem menosprezar a necessária estima que merecem todas as pessoas enquanto seres humanos. O direito à vida privada, à intimidade, à honra, à imagem, dentre outros, aparecem como conseqüência imediata da consagração da dignidade da pessoa humana como fundamento da República Federativa do Brasil. Esse fundamento afasta a idéia de predomínio das concepções transpessoalistas de Estado e Nação, em detrimento da liberdade individual. A idéia de dignidade da pessoa humana encontra no novo texto constitucional total aplicabilidade em relação ao planejamento familiar, considerada a família célula da sociedade, seja derivada do casamento, seja de união estável entre homem e mulher, pois, fundado nos princípios da dignidade da pessoa humana e da paternidade responsável, o planejamento familiar é livre decisão do casal, competindo ao Estado propiciar recursos educacionais e científicos para o exercício desse direito, vedada qualquer forma coercitiva por parte de instituições oficiais ou privadas (CF, art. 226, § 7º). O princípio fundamental consagrado pela Constituição Federal da dignidade da pessoa humana apresenta-se em dupla concepção. Primeiramente, prevê um direito individual protetivo, seja em relação ao próprio Estado, seja em relação aos demais indivíduos. Em segundo lugar, estabelece verdadeiro dever fundamental de tratamento igualitário dos próprios semelhantes. Esse dever configura-se pela exigência do indivíduo respeitar a dignidade de seu semelhante tal qual a Constituição Federal exige que lhe respeitem a própria. A concepção dessa noção de dever fundamental resume-se a três princípios do direito romano: *honestere vivere* (viver honestamente), *alterum non laedere* (não prejudique ninguém) e *suum cuique tribuere* (dê a cada um o que lhe é devido). Ressalte-se, por fim, que a Declaração Universal dos Direitos Humanos, adotada e proclamada pela Resolução nº 217 A (III) da Assembléia Geral das Nações Unidas, em 10-12-1948 e assinada pelo Brasil na mesma data, reconhece a dignidade como inerente a todos os membros da família humana e como fundamento da liberdade, da justiça e da paz no mundo" (Alexandre de Moraes, *Direitos Humanos Fundamentais* — São Paulo: Atlas, 1998, p. 60-61).

Tanto a bioética, que regula e orienta o progresso das ciências da vida e da saúde, quanto o direito, que regula as condutas humanas, têm por missão se posicionar a respeito de tão controvertido tema.

A bioética, entendida como *"o ramo do saber ético que se ocupa da discussão e conservação de valores morais de respeito à pessoa humana no campo das ciências da vida"*, ou ainda como *"o estudo sistemático da conduta humana no âmbito das ciências da vida e da saúde, enquanto essa conduta é examinada à luz dos valores e princípios morais"*[4], deve ocupar-se dos problemas éticos atuais, tais como os referentes ao início e ao fim da vida humana, os novos métodos de reprodução artificial, a engenharia genética, a pesquisa científica em seres humanos, entre outros, buscando-lhe significado e alcance de forma a que se estabeleçam regras de conduta que viabilizem a utilização das novas tecnologias. Essa busca da resolução dos problemas biomédicos deve se desenvolver através de uma atitude reflexiva, a fim de que se possa descobrir se é o ser humano que usa a ciência ou, se é a ciência que está usando o ser humano.

Assim, a bioética deve ser um instrumento intelectual de reflexão e elaboração de critérios cuja finalidade precípua deverá ser a proteção do ser humano, em suas diversas potencialidades físicas e espirituais, isso porque o direito à vida nunca foi tão investigado em face dos avanços tecnológicos das pesquisas científicas; as modernas técnicas de reprodução assistida, o direito à procriação, as limitações à reprodução humana, a fecundação *in vitro* e as manipulações genéticas têm evidenciado o principal bem jurídico

---

4   Encyclopedia of Bioethics, New York, Macmillan Ed. Reich, 1995, vol. I, p. XIX.

tutelado pela sociedade: a vida[5], porque a ciência deve existir e se desenvolver como uma esperança e não como uma ameaça à espécie humana: deve-se tentar conciliar o progresso do conhecimento científico com a dignidade da pessoa humana.

Devemos mencionar que o primeiro documento considerado como marco inicial da bioética foi o Código de Nuremberg[6], elaborado em 1947, logo após a Segunda Guerra Mundial, em decorrência das atrocidades praticadas pelos médicos nazistas em experiências com seres humanos. Este primeiro "código de bioética" contém dez princípios, que devem ser resguardados em toda experiência com seres humanos, a saber: consentimento voluntário do paciente; produção de resultados vantajosos para a sociedade; prévia utilização com animais; não ocorrência de sofrimento ou dano desnecessários; não ocorrência de morte ou invalidez permanente; grau de risco limitado à importância do problema; cuidados com a proteção da pessoa que se submete ao experimento; somente pessoas cientificamente qualificadas devem fazer as experiências; direito do paciente de se retirar da pesquisa; se houver risco de dano, invalidez ou morte, o pesquisador deve suspender os procedimentos.[7]

---

5   Consultar: Joaquim Clotet, Por que Bioética? — cit.; Celso Antonio Pacheco Fiorillo & Adriana Diaféria, *Biodiversidade e patrimônio genético no direito ambiental* brasileiro — São Paulo: Max Limonad, 1999, p. 80 ss.; Aline Mignon de Almeida, *Bioética e Biodireito* — Rio de Janeiro: Lúmen Júris, 2000, p. 1-23.

6   A íntegra do Código de Nuremberg encontra-se anexa ao final desta obra (Anexo I).

7   Consultar: Aline Mignon de Almeida, *Bioética e Biodireito*, cit.; Tereza Rodrigues Vieira, *Bioética e Direito* — São Paulo: Jurídica Brasileira, 1999, p. 15-21; Franklin Leopoldo e Silva, Breve panorama histórico da ética — *Revista Bioética*, vol. 1, nº 1, 1993.

O Código de Nuremberg foi revisto em 1964, dando origem à Declaração de Helsinque[8], que atualmente se encontra em sua sexta edição, de acordo com a última alteração feita em Edimburgo — Escócia em outubro de 2000. Esta Declaração foi promulgada pela Associação Médica Mundial, tendo como proposta orientar através de princípios éticos, todos os médicos e demais pessoas que realizam pesquisas científicas em seres humanos; ela deu base a inúmeras legislações e códigos de conduta nacionais e internacionais[9].

Em 1978, publicou-se o *Belmont Report*, que enfatizou o respeito pelas pessoas, a beneficência e a justiça como princípios éticos na experimentação envolvendo seres humanos[10].

Em 1982, o Conselho da Europa elaborou a Recomendação nº 934, onde dispôs sobre os limites à atividade de engenharia genética, estabelecendo que cada país deve exercer um efetivo controle público sobre as pesquisas genéticas, principalmente no tocante à manipulação de genes[11].

Em 1993, em Genebra, a Organização Mundial de Saúde (OMS), juntamente com o Conselho para as Organizações Internacionais de Ciências Médicas (CIOMS) elaborou as Diretrizes Éticas Internacionais para a Pesquisa envolvendo Seres Humanos[12].

---

8 A íntegra atualizada da Declaração de Helsinque encontra-se anexa ao final desta obra (Anexo II).
9 Consultar: Aline Mignon de Almeida, *Bioética e Biodireito*, cit.; Franklin Leopoldo e Silva, *Breve panorama histórico da ética*, cit.; Adriana Diaféria, *Clonagem* — São Paulo: Edipro, 1999, p. 93-99.
10 Tereza Rodrigues Vieira, *Bioética e Direito*, cit.
11 Consultar: Aline Mignon de Almeida, *Bioética e Biodireito*, cit.; Adriana Diaféria, *Clonagem*, cit., p. 96-99.
12 A íntegra dessas Diretrizes encontra-se anexa ao final desta obra (Anexo III).

Em 1995, o Brasil promulgou a Lei de Biossegurança (Lei nº 8.974/95)[13], regulamentando os incisos II e V do § 1º do artigo 225 da Constituição Federal[14], estabelecendo normas para o uso das técnicas de engenharia genética e liberação no meio ambiente de organismos geneticamente modificados (OGM) e autorizando o Poder Público a criar a Comissão Técnica Nacional de Biossegurança (CTNBio).

Como resultado dos encontros sobre bioética e genética ocorridos em Manzanillo — Espanha, em 1996 e em Buenos Aires — Argentina, em 1998, foi feita a Declaração Ibero-Latino-Americana sobre Ética e Genética[15], com o intuito de alertar os países ibero-americanos sobre a necessidade da adoção de medidas (legislativas ou não) que pudessem fomentar o estudo, o desenvolvimento de projetos de pesquisa e a difusão de informações sobre os aspectos sociais, éticos e jurídicos relacionados com a genética humana.

Ainda em 1996, no Brasil, o Conselho Nacional de Saúde, órgão do Ministério da Saúde, elaborou a Resolução nº 196/96[16], estabelecendo níveis de risco e fornecendo

---

13 A íntegra da Lei nº 8.974/75 encontra-se anexa ao final desta obra (Anexo IV).

14 §1º, itens II e V do artigo 225 da Constituição da República Federativa do Brasil: *"Para assegurar a efetividade desse direito (direito ao meio ambiente ecologicamente equilibrado — grifo nosso), incumbe ao Poder Público: II — preservar a diversidade e a integridade do patrimônio genético do País e fiscalizar as entidades dedicadas à pesquisa e manipulação de material genético; V — controlar a produção, a comercialização e o emprego de técnicas, métodos e substâncias que comportem risco para a vida, a qualidade de vida e o meio ambiente."*

15 A íntegra da Declaração de Manzanillo encontra-se anexa ao final desta obra (Anexo V).

16 A íntegra da Resolução nº 196/96 encontra-se anexa ao final desta obra (Anexo VI).

orientações normativas para a boa conduta ética e de segurança a serem observadas nas pesquisas em saúde envolvendo seres humanos; incorporou também os princípios básicos da bioética: autonomia, não maleficência, beneficência e justiça, os quais detalharemos a seguir, visando assegurar direitos e deveres à comunidade científica, aos sujeitos da pesquisa e ao Estado[17].

Em 1997, a Declaração Universal do Genoma Humano e dos Direitos Humanos[18] demonstrou claramente a preocupação dos cientistas de todo o mundo em proteger o homem da exploração comercial. O documento, elaborado por delegados de mais de oitenta países, determinava diretrizes para as pesquisas genéticas com fundamento na noção de direitos e garantias individuais[19].

A bioética está embasada em princípios básicos[20], os quais devem estar sempre presentes quando se pretende uma abordagem ética de temas relacionados à vida e à saúde do ser humano. São eles:

a) o da autonomia, pelo qual o médico deve respeitar a vontade de seu paciente ou de seu representante, bem como seus valores morais e crenças.

---

17 Consultar: Aline Mignon de Almeida, *Bioética e biodireito*, cit.; José Roberto Goldim, *Diretrizes e normas em pesquisa em saúde* — Internet site www.ufrgs.bt/HCPA/gppg/normat.htm.

18 A íntegra da Declaração Universal do Genoma Humano e dos Direitos Humanos encontra-se anexa ao final desta obra (Anexo VII).

19 Consultar: Tereza Rodrigues Vieira, *Bioética e direito*, cit., p. 20; Adriana Diaféria, *Clonagem*, cit., p. 93-99.

20 Informações pesquisadas nas seguintes obras: Marcelo Dias Varella, Eliana Fontes & Fernando Galvão da Rocha, *Biossegurança & Biodiversidade* — Belo Horizonte: Del Rey, 1999, p. 228-234; Celso Antonio Pacheco Fiorillo & Adriana Diaféria, *Biodiversidade e patrimônio genético no direito ambiental brasileiro*, cit., p. 80-87; Aline Mignon de Almeida, *Bioética e biodireito*, cit., p. 6-12; Adriana Diaféria, *Clonagem*, cit., p. 84-90.

A autonomia está ligada à capacidade que a razão humana tem de governar a si própria, fazendo escolhas. Diz respeito à liberdade individual, porque o ser humano deve ser capaz de tomar uma decisão com plena consciência das conseqüências que dela podem advir; assim, deve existir entre médico e paciente uma constante troca de informações a fim de que o segundo possa obter do primeiro todas as informações referentes a seu estado clínico e às técnicas médicas de tratamento possíveis, para que possa dirigir sua ação para o caminho que julgar mais conveniente. O livre consentimento do paciente, em decorrência de sua completa informação, neste caso, é a base do respeito a esse princípio.

Todas as pessoas devem ser tratadas como agentes autônomos; mas as que, por algum motivo, têm sua autonomia diminuída, devem ser protegidas. Respeitar a autonomia de cada indivíduo é valorizar suas opiniões e escolhas; desrespeitar a autonomia é negar ao indivíduo a liberdade de agir segundo suas convicções.

"*Nem todas as pessoas têm a capacidade de se autodeterminar. Essa capacidade matura durante a vida do indivíduo e algumas pessoas perdem essa capacidade total ou parcialmente devido a doenças, distúrbios mentais ou circunstâncias que severamente restrinjam a liberdade. O respeito para com o imaturo e para com o incapaz pode requerer sua proteção à medida que amadurecem ou enquanto estiverem incapazes*"[21].

A liberdade de escolha, própria da autonomia, contudo, encontra limitação na medida em que vier a refletir negativamente na sociedade como um todo; neste caso, deve ser sacrificada em nome do bem comum.

---

21 Celso Antonio Pacheco Fiorillo e Adriana Diaféria, *Biodiversidade e patrimônio genético no direito ambiental brasileiro*, cit., p. 83-84.

b) o da beneficência, que objetiva o bem-estar dos enfermos, sem causar mal ou dano; significa fazer o bem ao paciente. Está ligado à atividade médica, pois o médico tem o dever de avaliar o binômio risco/benefício antes de aplicar qualquer procedimento ou tratamento; deve ser sempre feita uma avaliação do procedimento ou tratamento, a fim de que se verifique se os benefícios para o paciente superam os riscos inerentes à sua aplicação, porque o paciente não pode sofrer desnecessariamente.

Compete ao paciente, após obter informação detalhada do procedimento ou tratamento, decidir o que fazer; contudo, se o médico tiver opinião diversa, poderá desobrigar-se de cumprir o desejo do paciente, recusando o procedimento ou tratamento.

Esse princípio exige uma forte intuição do médico, porque se deve agir sempre no interesse do paciente; estabelece-se uma obrigação de agir em benefício dos outros, utilizando-se de normas de segurança compatíveis com os riscos criados.

c) o da não-maleficência, intimamente ligado ao anterior, ensina que jamais se deve praticar algum mal ao paciente; entretanto, nem sempre o que é melhor na visão do médico o será na do paciente. Visa garantir que danos previsíveis possam ser evitados.

d) o da justiça, segundo o qual deve sempre existir uma eqüidade na repartição de bens e benefícios no que tange ao exercício da medicina ou área da saúde; os iguais devem ser tratados de forma igual e os diferentes de forma diferente.

Todos devem ter acesso aos procedimentos médicos necessários a seu caso clínico, independentemente de sua situação econômico-financeira, uma vez que as pessoas devem ser tratadas em igualdade de condições. O paciente deve ter a oportunidade de receber todos os procedimentos ou tratamentos disponíveis para seu caso, podendo decidir qual deles lhe parece o melhor, independentemente de seu custo, porque é dever do Estado colocar à disposição da população uma medicina moderna e avançada.[22]

e) <u>o da sacralidade da vida e do respeito à dignidade humana</u>, que consideram a vida como sagrada e inviolável; assim não pode esta ser sacrificada em prol da ciência e da experimentação. Qualquer interferência na vida humana, seja ela material ou ideológica, deve ser muito bem avaliada. A vida, em consonância com esse princípio deve ser preservada e partilhada, pois a dignidade humana se fundamenta em si mesma.

f) <u>o da qualidade de vida</u>, decorrente do anterior, informa que as pessoas devem viver autonomamente e com dignidade.

g) <u>o da alteridade</u>, que invoca o respeito ao próximo. Deve-se entender e respeitar a pluralidade de opiniões, pois esta é decorrência natural da visão que a pessoa tem do mundo; busca-se o consenso social, tentando harmonizar as divergências. Esse princípio é fundamental na bioética, pois a pessoa humana deve ser sempre o fundamento de toda a reflexão bioética; não a pessoa em si mesma, mas em relação a outras; *"o outro é o epicentro de toda a bioética para o discernimento da ação benéfica ou maléfica"*[23]

Existem, ainda, alguns princípios que devem governar as pesquisas em seres humanos, como os abaixo relacionados:

---

22 Constituição da República Federativa do Brasil, artigo 196: "A saúde é direito de todos e dever do Estado, garantido mediante políticas sociais e econômicas que visem à redução do risco de doença e de outros agravos e ao acesso universal e igualitário às ações e serviços para sua promoção, proteção e recuperação.".
23 Adriana Diafería, *Clonagem*, cit., pg. 89.

a) do respeito à pessoa em sua integralidade física e psíquica, desde sua concepção até sua morte, em consonância com o conhecimento, pois os meios não podem justificar os fins; assim não se deve impedir o progresso da ciência, mas esse progresso deve respeitar a dignidade da pessoa humana.
b) da recusa do lucro, pois a pesquisa deve buscar o benefício social.
c) da responsabilidade do pesquisador, que tem o dever de analisar os riscos e os benefícios de sua pesquisa para a sociedade; isto porque as vantagens devem ser sempre superiores, caso contrário, a pesquisa terá que ser abandonada.

A neutralidade nas pesquisas científicas envolvendo seres humanos será sempre muito difícil, porque sendo o próprio cientista um ser humano, as descobertas ou conclusões de seu estado relacionam-se estreitamente com ele mesmo.

O direito, tendo por função precípua determinar até que ponto o indivíduo ou a sociedade pode exercer seu poder e sua liberdade de ação em relação às outras pessoas, não pode se manter inerte diante das conseqüências advindas do avassalador progresso da genética. Claro está que o direito, por sua própria natureza, ainda não teve meios de acompanhar os avanços da biomedicina no campo das procriações artificiais; contudo, é mister que se regulem através de lei específica as técnicas de reprodução assistida, sob pena de se colocar em risco a dignidade humana e o patrimônio genético das futuras gerações.

É preciso dizer, ainda, que mesmo sem legislação específica, os procedimentos utilizados nas procriações artificiais são lícitos, pois se a sociedade os considerasse ilegais já teria procurado algum modo de coibi-los. Isso decorre da idéia básica de que a procriação é um direito assegurado livremente, porque se encontra no instinto congênito do ser humano de se reproduzir, sendo certo que a impossibilidade de reprodução provoca profunda infelicidade e inconformismo. Compete ao direito, agora, regulamentar de forma clara e objetiva as técnicas de reprodução artificial colocadas pela ciência médica à disposição do ser humano, para que este possa resolver a questão de sua infertilidade; contudo, não se pode permitir que a prática indiscriminada de tais técnicas produza efeitos catastróficos para a própria humanidade[24].

A Constituição Federal de 1988 consagrou, em seu artigo 5º, inciso IX, a liberdade de criação científica, contudo a pesquisa genética deve encontrar seus limites em outros valores maiores prestigiados no texto constitucional, como a dignidade da pessoa humana (CF/88, art. 1º, III), a vida (CF/88, art. 5º, *caput*), a integridade física (CF/88, art. 5º, III), a diversidade e a integridade do patrimônio genético do país (CF/88, art. 225, § 1º, II).

"*O desenvolvimento das ciências biomédicas, especialmente no tocante à Engenharia Genética, alcançou atualmente um ritmo bastante acelerado, atropelando toda discussão acerca do impacto das suas conseqüências sobre a humanidade. Entretanto, essas novas indagações a respeito do antigo dilema dos limites da intervenção dos seres humanos não se pode calar. A possibilidade de todo esse avanço tecnológico ser utilizado como mecanismo de opressão de um ser humano sobre outro, ou do Estado sobre a pessoa, torna imperativa a imposição em nível mundial de*

---

24 Ana Cristina Rafful, *A reprodução assistida e os direitos da personalidade*, cit., p. 16-17.

limites às pesquisas e atividades que envolvam a manipulação genética."[25]

A partir dessas colocações iniciais, desenvolveremos o tema de nosso estudo, o qual visa demonstrar a importância e urgência de uma legislação voltada às procriações artificiais que, embasada no respeito à dignidade da pessoa humana, venha a dirimir as controvérsias geradas tanto no campo ético como na seara jurídica, oferecendo segurança às relações familiares, base de nosso ordenamento jurídico e social.

---

25 Deborah Ciocci Alvarez de Oliveira & Edson Borges Jr., *Reprodução assistida: até onde podemos chegar? Compreendendo a ética e a lei* — São Paulo: Gaia, 2000, p. 92.

CAPÍTULO 2

ASPECTOS MÉDICOS DAS TÉCNICAS DE REPRODUÇÃO ASSISTIDA

2.1. Considerações iniciais[26]

A reprodução artificial como meio hábil para satisfazer o desejo de procriar do ser humano estéril, utilizará, conforme o caso, as técnicas científicas colocadas à sua disposição pela ciência médica; as quais tiveram um desenvolvimento realmente espetacular nos últimos anos, provocando uma verdadeira revolução, pois acabaram por permitir que se gerasse uma nova vida sem uma relação sexual se-

---

26 Informações pesquisadas nas seguintes obras: Eduardo de Oliveira Leite, *Procriações artificiais e o direito*, São Paulo: RT, 1995, p. 17-31; Mônica Sartori Scarparo, *Fertilização assistida — Questão aberta*, Rio de Janeiro: Forense Universitária, 1991, p. 5-10; Eugênio Carlos Callioli, *Aspectos da fecundação artificial "in vitro"*, Revista de Direito Civil, Imobiliário, Agrário e Empresarial, vol. 44, ano 12, abr./jul. 1998, p. 71-95; Aline Mignon de Almeida, *Bioética e biodireito*, cit., p. 25-36; Ana Cristina Rafful, *A reprodução artificial e os direitos da personalidade*, cit., p. 19-37.

quer; fato inverso ao da contracepção, no qual se permite a sexualidade sem a conseqüente procriação.[27]

Atualmente no campo médico, é considerado estéril o casal que tenta conceber um filho, pelo menos, durante dois anos e não logra resultado através do método natural[28]. Segundo a Organização Mundial de Saúde (OMS), a infertilidade é a ausência de concepção depois de, pelo menos, dois anos de relações sexuais não protegidas. A partir de então, começam a ser feitos exames a fim de que se possa detectar qual é o tipo de anormalidade que existe no casal e qual será a técnica de reprodução assistida mais indicada para o caso[29].

---

27 "A procriação artificial surge como meio legítimo de satisfazer o desejo efetivo de ter filhos em benefício de um casal estéril. Considerada com circunspecção por alguns, com reservas por outros e mesmo com hostilidade por terceiros (em razão dos meios utilizados e das conseqüências que podem resultar para o interesse maior da criança e, o interesse dos pais), a procriação artificial, apesar dos excelentes resultados já alcançados, capazes de contornar a infertilidade, ainda provoca diversidade de opiniões, mas também, convergência sobre pontos essenciais, cuja validade continua sendo inegável: nem a inseminação artificial, nem a fecundação "in vitro", nem a maternidade por substituição não curam a esterilidade que as motivam. São paliativos, são tratamentos capazes de dar filhos a quem a natureza os negou." ... "A procriação artificial e o desenvolvimento de suas indicações se impõem a todos como um dos dados do domínio técnico-científico da reprodução humana, cujas conseqüências diretas são muito mais importantes do que aquelas que resultam da generalização da contracepção. Querer limitar ou interromper a evolução contínua deste domínio é impossível. Corresponderia a pretender parar o movimento da terra" (Eduardo de Oliveira Leite, *Procriações artificiais e o direito*, cit., p. 26).

28 Leo Pessini & Christian de Paul de Barchifontaine, *Problemas atuais de bioética*, São Paulo: Loyola, 1996, p. 215 *apud* José Emílio Medauar Ommati, As novas técnicas de reprodução humana à luz dos princípios constitucionais, *Revista de Informação Legislativa*, Brasília, nº 141, ano 36, jan./mar. 1999.

29 Monica Sartoti Scarparo, *Fertilização assistida*, cit., p. 9.

Os fatores de infertilidade podem ser absolutos ou relativos, dando origem à esterilidade ou à hipofertilidade. A esterilidade que advém de situações irreversíveis pode ser entendida como infertilidade absoluta; neste caso, a procriação só será possível por meio da utilização de técnicas de reprodução assistida. Já na hipofertilidade, infertilidade advinda de causas inexplicadas cientificamente, a procriação pode ser conseguida através de terapêuticas tradicionais[30].

A possibilidade de fecundação e início de desenvolvimento extra-uterino em laboratório, a utilização de espermatozóides com espaço de meses e mesmo anos entre a fecundação e o início da gravidez, a transferência de embriões para o útero de mulher diversa daquela que forneceu o material fecundante, são exemplos de como a medicina avançou a passos largos no campo da engenharia genética.

Todavia, cabe ressaltar que mesmo a possibilidade de utilização das técnicas de reprodução assistida não afastou o peso da esterilidade que atinge o indivíduo em sua própria identidade, pois quando o desejo do casal de ter filhos não é correspondido, invariavelmente os sentimentos de culpa e incapacidade se instalam e o casal passa a viver um calvário que nem sempre terá um final feliz[31].

Isso acontece porque, a despeito de todos os avanços da medicina reprodutiva, a concepção, entendida como o poder de fecundar, continua sendo um mecanismo complexo e para o qual ainda não existem muitas respostas. Se a possibilidade de vivenciar o sexo sem risco de procriação foi uma das conquistas do século XX; a capacidade de provocar a concepção através de técnicas científicas nem

---

30 Eduardo de Oliveira Leite, *Procriações artificiais*, cit., p. 28-30.
31 Eduardo de Oliveira Leite, *Procriações artificiais*, cit., p. 24.

sempre nos remete ao esperado resultado, o nascimento de um filho.

Qualquer técnica de reprodução assistida, seja ela inseminação artificial, fecundação *in vitro*, maternidade de substituição, é um paliativo, pois não cura a esterilidade, que motivou sua utilização. Desse modo, a reprodução, antes ato íntimo do casal, passa a ter ampla participação de terceiros, com o tratamento extracorpóreo de gametas.

Se for verdade que a fecundidade confere ao homem a capacidade de se multiplicar, de se imortalizar através dos filhos; a ausência destes, como decorrência da infertilidade, pode desestruturar o casamento, rompendo com a cadeia familiar, não permitindo a perpetuação de vida, pois durante toda sua existência, o homem espera continuar vivendo através dos filhos[32].

O desejo de filiação é inato à natureza humana, sendo certo que a transformação de um casal em pai e mãe faz com que o homem e a mulher se sintam adultos como seus pais, situação esta inédita para ambos, impossível de ser definida quando não vivenciada.

No caso da utilização das técnicas de reprodução assistida, a lógica do paciente e do médico é a seguinte: o primeiro deseja ter um filho a todo o custo, não entendendo por que deva desprezar qualquer tipo de procedimento "necessário" para atingir seu intento; o segundo imagina ter um dever de fazer todo o que for tecnicamente possível para atender seu paciente. Desse modo, ignora-se completamente qualquer barreira ética que possa existir[33].

Contudo, deve-se ter em mente que planejar, conceber e dar à luz um ser humano acarreta um vínculo perene de

---

32 Eduardo de Oliveira Leite, *Procriações Artificiais*, cit., p. 24
33 Eugênio Carlos Callioli, *Aspectos da fecundação artificial "in vitro"*, cit., p. 72.

responsabilidade entre pais e filhos; esse vínculo moral deve ser a base ética de qualquer procedimento de reprodução assistida, porque os pais têm o dever de cuidar sempre dos interesses de seus filhos.

2.2. Desenvolvimento histórico das técnicas de reprodução assistida[34]

Na vida em sociedade, podemos afirmar que a esterilidade sempre foi considerada como um fator negativo, uma grande falha humana; já a fertilidade sempre foi vista como uma bênção, a possibilidade de gerar e ter filhos tornava o homem imortal.

Até o final do século XV, somente a mulher era considerada estéril, sendo inadmissível a possibilidade de haver esterilidade masculina. Foi somente no século XVII, que se admitiu que a esterilidade não era só da mulher, mas também do homem.

Ao término do século XIX, diversos pesquisadores concluíram que a fertilização ocorria com a união de um espermatozóide a um óvulo através da cópula carnal, era o gameta fecundado que dava origem a um novo ser humano após a gestação.

Somente no século XX, a partir do conhecimento mais aprofundado das ciências médicas, é que aconteceram grandes descobertas no campo da genética. A década de 70 foi decisiva para a evolução das procriações artificiais.

Em 1953, os cientistas ingleses James B. Watson e Francis H.C. Crick descobriram a estrutura em hélice do DNA; esta descoberta deu origem à genética molecular,

---

[34] Informações retiradas da obra de Eduardo de Oliveira Leite, *Procriações artificiais*, cit., p. 17-30.

considerada como o marco inicial da engenharia genética. Não se deve confundir a engenharia genética com a reprodução assistida; uma vez que esta é o conjunto de técnicas que visa superar a esterilidade, enquanto aquela é o conjunto de técnicas para leitura e manipulação do código genético[35].

Entre 1970 e 1975, vários geneticistas realizaram estudos sobre a fertilização *in vitro* com óvulos humanos, coleta de espermatozóides e óvulos, formação de embriões extracorporeamente e sua posterior implantação no útero. Mas foi somente no final da década de 1970 que tivemos notícia do nascimento do primeiro bebê de proveta na Inglaterra[36].

Em 1984, a Sociedade Americana de Fertilidade apresentou um relatório sobre os aspectos éticos da fecundação *in vitro*, os quais continuam válidos até hoje e dos quais podemos destacar:

✓ A fecundação *in vitro* é considerada um procedimento ético para os casos de infertilidade ou esterilidade;

✓ Os casais que se submetem à fecundação *in vitro*, devem assinar, previamente, um termo de consentimento adequado a todas as fases da técnica;

✓ Podem ser realizados exames científicos em embriões

---

35 Aline Mignon de Almeida, *Bioética e* biodireito, cit., p. 25-26.

36 "Após numerosos estudos, o cientista R.G. Edwards e sua equipe viram nascer, em 1978, no Oldham General Hospital, em Manchester, Louise Brown, o primeiro bebê de proveta a vir à luz na história da humanidade. O mundo, então, ficava perplexo diante do poderio tecnológico a que tinha chegado a ciência. O homem, finalmente, estava apto a vencer a barreira natural da infertilidade" (Alexandre Gonçalves Frasão, *A fertilização "in vitro": uma nova problemática jurídica* — Internet site www.jus.com.br/doutrina/invitro.htm, p. 2).

doados para esta finalidade, desde que o exame não seja posterior à época em que normalmente ocorreria a implantação, ou seja, até o 14º dia após a fecundação;
✓ Embriões não transferidos para o útero materno não podem se desenvolver em laboratório por mais de 14 dias, devendo ser descartados;
✓ É permitida a criopreservação de embriões com a única finalidade de posterior transferência para o útero materno, não podendo esses embriões ser criopreservados por tempo superior à vida reprodutiva da doadora;
✓ Os embriões não transferidos podem ser doados a outro casal estéril, mas deve haver renúncia a direitos relacionados com a criança a nascer por parte dos doadores, assegurando-se o anonimato entre doadores e receptores;
✓ A doação de esperma é considerada ética e normal para as mulheres cujos maridos são estéreis.

Na atualidade, para quase todos os tipos de esterilidade existe uma técnica científica apropriada. Se o marido, ou companheiro, não tem espermatozóides ou os tem em número insuficiente, pode-se recorrer à doação de esperma. Se há esterilidade tubária, trompas ausentes ou obstruídas, sem possibilidade de reversão do quadro, recorre-se ao encontro do espermatozóide com o óvulo em um tubo de ensaio, transferindo-se posteriormente o embrião diretamente ao útero materno. Se os espermatozóides apresentam alguma deficiência, estes são colhidos, tratados e auxiliados em seu percurso até o útero, podendo também ser transferidos diretamente para as trompas. Se houver ausência de óvulos, pode-se recorrer à doação de óvulos por outra mulher, os quais serão fecundados *in vitro* pelo esperma do marido ou companheiro da mulher estéril. Da mesma forma, embriões excedentes podem ser doados a casais estéreis. Se for o útero que não tem condições de gerar, pode-se recorrer à maternidade de substituição.

Vejamos em detalhe cada uma dessas técnicas; contudo, primeiramente vamos entender como ocorre, do ponto de vista biológico e médico, a concepção e a gravidez.

2.3. O início da vida humana

A reprodução humana envolve a união das células sexuais femininas (óvulos) e masculinas (espermatozóides), que darão origem a um novo ser humano.[37]

O óvulo, contido no ovário, localizado na cavidade pélvica, ao lado do útero, é liberado quando ocorre a ovulação, passando pelas trompas de Falópio, que se abrem nos cantos superiores do útero, instalando-se, se fecundado, na parede uterina. Os espermatozóides são produzidos nos testículos, duas glândulas que se localizam no saco escrotal.

Tanto os óvulos como os espermatozóides são células germinativas altamente especializadas, que contêm a metade do número normal de cromossomos, por isso denominadas células haplóides; essa redução de cromossomos ocorre por um processo de meiose, quando da formação desse tipo de células.

---

37 O processo de fecundação e concepção a seguir descrito baseia-se nas informações obtidas nas seguintes obras: Celso Piedemonte de Lima, *Genética humana*, São Paulo: Harbra, 1996, p. 10 e ss., e *Genética — Investigando o corpo humano*, São Paulo: Ática, 1997, p. 22 e ss.; Ayrton César Marcondes, *Biologia*, São Paulo: Atual, 2000, p. 34-45; César da Silva Jr., *Biologia 3: Genética — Evolução — Ecologia*, São Paulo: Saraiva, 1996, p. 11-26; Bruce Alberts, *Fundamentos de Biologia Celular*, São Paulo: Artmed, 1999, p. 50-73; Norma Maria Cleff, *Curso de Biologia — Biologia celular, genética e evolução*, São Paulo: Harbra, 1999, p. 32-58; Demétrio Gowdak, *Biologia: citologia, embriologia e histologia*, São Paulo: FTD — 1996, p. 25 e ss.

A fecundação consiste na fusão do óvulo com o espermatozóide, que forma o zigoto, célula única que dará origem ao ser humano multicelular.

Em condições normais, a fecundação ocorre na ampola, porção intermediária dilatada do tubo uterino; o zigoto daí resultante terá número diplóide de cromossomos originários da soma dos cromossomos haplóides dos gametas feminino e masculino.

Assim, o zigoto contém carga genética própria, advinda da combinação cromossômica da metade dos cromossomos do pai com a metade dos cromossomos da mãe; herda algumas características dos pais, mas é individualizado como um todo.

Após a fecundação, o zigoto sofre uma clivagem, que dá origem aos blastômeros (células-filhas de tamanho menor), que se encaminham através do tubo uterino em direção ao útero. Por volta de setenta e duas horas após a fecundação, a mórula, massa celular composta por dezesseis blastômeros, penetra na cavidade uterina.

Ao chegar à cavidade uterina, a mórula recebe líquido do útero e se separa em duas porções: uma dará origem à placenta e às membranas embrionárias — é o trofoblasto; a outra formará o embrião — é o embrioblasto.

No quarto dia, a mórula se converte num blastocisto, o qual se ligará ao endométrio (parte interna do útero, de natureza esponjosa, muito vascularizada e rica em corpos glandulares). A esse fenômeno dá-se o nome de nidação.

É a partir da implantação do bastocisto no útero que tem início a gravidez, pois só a partir de então começam a ocorrer no organismo feminino as transformações hormonais que determinam o estado gravídico.

Cumpre-nos salientar que, apesar de ser a fecundação o ponto inicial do desenvolvimento do ser humano até a fase adulta, somente a implantação no útero materno garante sua viabilidade e sobrevivência.

Juridicamente, conforme se pode denotar da leitura dos artigos 2º do novo Código Civil, bem como seu antecessor, artigo 4º do Código Civil de 1916, a vida se inicia com a concepção, visto que textualmente se dispõe que *"a lei põe a salvo, desde a concepção, os direitos do nascituro"*; todavia, em capítulo oportuno veremos que, apesar de este ser o entendimento da doutrina dominante, tal questão ainda encontra opositores e é motivo de controvérsias, principalmente no que se refere aos embriões excedentes.

Passaremos, assim, a discorrer acerca das técnicas de reprodução assistida, as quais foram desenvolvidas para suprir alguma falha no processo acima descrito, ressaltando-se que o respeito à dignidade da pessoa humana em qualquer intervenção científica neste campo é essencial.

2.4. As modalidades de inseminação artificial

A inseminação, como forma de fecundação artificial, significa a união do sêmen ao óvulo por meios não naturais de cópula, cujo objetivo é a gestação, substituindo ou facilitando alguma etapa que seja deficiente no processo reprodutivo normal.

Esta foi a primeira técnica de reprodução assistida de que se teve notícia, ocorrendo com a introdução do material germinativo fecundante masculino diretamente no útero da mulher, sem que para tanto seja necessário o ato sexual. Neste caso, nem sempre ocorrerá a fecundação, uma vez que óvulo e espermatozóide podem não se fundir, mesmo que se tenha calculado com exatidão a época da ovulação.[38]

---

38 Ana Cristina Rafful, *A reprodução artificial*, cit., p. 20.

Sua utilização ocorreu primeiramente na Idade Média e desenvolveu-se de forma lenta até o início do século XX, quando, por volta de 1932, pôde-se determinar com exatidão o período fecundo da mulher; sendo que, em 1945, descobriu-se a criopreservação de espermatozóides, fato que alavancou seu uso.[39]

Os médicos e centros de tratamento que se dedicam à procriação assistida devem se assegurar, antes de submeter o casal a uma inseminação, que este será o único tratamento capaz de contornar a infertilidade ou esterilidade; uma vez que este é um processo complexo, gerador de muita ansiedade e dúvidas.

De acordo com os manuais de Medicina, a inseminação artificial pode ser[40]:

a) homóloga[41], consistente na introdução dos espermatozóides do marido ou companheiro, previamente colhidos através de masturbação, no útero da mulher. O líquido seminal é injetado, pelo médico, na época em que o óvulo se encontra apto a ser fertilizado. É indicada para os casos de incompatibilidade ou hostilidade do muco cervical, oligospermia (baixo número ou reduzida motilidade dos espermatozóides), retroejaculação (retenção dos espermatozóides na bexiga), hipofertilidade, perturbações das relações sexuais e esterilidade secundária após tratamento esterilizante.

---

39 Eduardo de Oliveira Leite, *Procriações artificiais*, cit., p. 31.
40 Ana Cristina Rafful, *A reprodução artificial*, cit., p. 22; Mônica Sartori Scarparo, *Fertilização assistida*, cit., p. 10.
41 Também conhecida pela sigla "AIH" — *Artificial Insemination by Husband*.

b) <u>heteróloga ou exogâmica</u>[42], que ocorre com a introdução de sêmen de doador fértil, que não o marido ou companheiro, no útero da mulher; para tanto, é imprescindível o consentimento informado do casal. É indicada nos casos de graves doenças hereditárias, esterilidade masculina irreversível por ausência completa de espermatozóides (azoospermia) ou quando a produção dos mesmos é alterada (azoospermia secretória), nos casos de insuficiência espermática (hipofertilidade), por uma anomalia morfológica (teratospermia) ou na motilidade (astenospermia), bem como quando ocorrer incompatibilidade do tipo sangüíneo do casal, que poderia interromper a gestação.

O esperma do doador fértil, geralmente, armazenado em banco de sêmen, passa por uma seleção periódica para verificação de sua qualidade; o anonimato da identidade do doador é sempre preservado, havendo identificação de seu porte físico, bem como de suas características morfológicas, tais como: grupo sangüíneo, cor da pele, dos cabelos e dos olhos.

Esse tipo de inseminação só pode ser utilizado como último recurso do geneticista para tratar da infertilidade. Se após 4 anos de tentativas terapêuticas intraconjugais, a concepção não ocorre, a infertilidade pode ser considerada irreversível e, então, esse tipo de inseminação poderá ser proposto.

c) <u>bisseminal</u>, se emprega material germinativo fecundante masculino de duas pessoas distintas, por existir

---

[42] Também conhecida pela sigla "AID" — *Artificial Insemination by Donor*.

uma insuficiência de espermatozóides do marido ou companheiro; mistura-se, assim, o sêmen do marido ou do companheiro com o do doador fértil desconhecido do casal.

O procedimento para a inseminação artificial é o seguinte[43]: recolhem-se os espermatozóides do marido ou do companheiro ou de um doador, através de masturbação. O esperma é observado ao microscópio, a fim de que seja feita a contagem do número de espermatozóides, a porcentagem dos espermatozóides móveis (mobilidade) e sua velocidade de deslocamento (motilidade); verifica-se, ainda, a taxa de espermatozóides normais e anormais. O esperma, então, é diluído em uma solução crioprotetora composta por glicerol misturado a frutose, antibióticos e gema de ovo, a qual é distribuída automaticamente em tubos de plástico numerados, os quais estão prontos para serem conservados em azoto líquido a uma temperatura de 196 graus abaixo de zero; os capilares são colocados em botijões de estocagem cheios de azoto líquido, podendo ser conservados pelo prazo atualmente fixado de 20 anos.[44]

A inseminação propriamente dita é feita por meio do depósito do esperma preparado dentro da vagina (intravaginal), em volta do colo, dentro do colo (intracervical), dentro do útero (intrauterina) ou dentro do abdômen.

Em capítulo próprio analisaremos as conseqüências éticas e jurídicas da utilização da inseminação artificial, seja ela homóloga ou heteróloga.

---

43 Eduardo de Oliveira Leite, *Procriações artificiais*, cit., p. 36-40.
44 CECOS et Fédération Française des CECOS. Insémination artificielle, apud Eduardo de Oliveira Leite, *Procriações artificiais*, cit., p. 37.

2.5. A fecundação *in vitro*

Essa técnica reproduz artificialmente, num tubo de ensaio, o ambiente das trompas de Falópio, local propício para a fertilização natural, prosseguindo até a transferência do embrião para o útero materno[45].

Um óvulo maduro é extraído do ovário feminino e misturado, na proveta, ao sêmen do marido, companheiro ou doador, a fim de que se processe a fecundação. Uma vez fecundado o óvulo, o embrião é transferido novamente para o útero da mulher, para que possa se desenvolver[46].

É indicada nos casos de esterilidade tubária bilateral feminina ou obstrução irreversível nas trompas, hipofertilidade masculina, oligozoospermia, falha de tratamento cirúrgico tubário, endometriose e esterilidade inexplicável sem causa aparente[47].

Para que se possa garantir o êxito de uma gravidez, costumam-se extrair da mulher vários óvulos, conseguidos por meio de estimulação artificial ou superovulação, os quais fecundados da forma anteriormente exposta darão origem a vários embriões, que deverão ser transferidos ao útero da mulher.

Se por um lado, dessa forma a mulher tem mais chances de engravidar, por outro, pode ocorrer gravidez múltipla, que acarreta inúmeros riscos para saúde e integridade física da mulher, bem como dos nascituros; além da produção de embriões excedentes sem destino[48].

---

45 Eduardo de Oliveira Leite, *Procriações artificiais*, cit., p. 41.
46 Ana Cristina Rafful, *A reprodução artificial*, cit., p. 40.
47 Eduardo de Oliveira Leite, *Procriações artificiais*, cit., p. 41.
48 Ana Cristina Rafful, *A reprodução artificial*, cit., p. 40-41.

A fecundação *in vitro* compõe-se de várias etapas[49]: primeiro, induz-se a ovulação, através da administração de hormônios que provocarão o amadurecimento de vários óvulos ao mesmo tempo; depois, faz-se a coleta dos mesmos, por laparoscopia ecográfica ou por punção transvaginal; estes serão classificados e preparados em meio de cultura adequado até serem submetidos à fertilização; concomitantemente, ocorre a coleta e preparação do sêmen; por último, se procede à fertilização e à cultura dos embriões *in vitro*.

A fertilização é feita pela adição ao meio de cultura em que se encontra o óvulo de cerca de 60.000 a 150.000 espermatozóides móveis e normais. Feito isso, o tubo retorna à estufa, permanecendo aí por mais 12 a 16 horas, devendo ser reexaminado para que se verifique se houve ou não a fecundação. Se esta ocorre, coloca-se o óvulo fecundado em um novo tubo onde ele deverá crescer e se dividir; caso contrário, ao óvulo serão adicionados outros espermatozóides, numa nova tentativa de fertilização[50].

Após cerca de 36 a 48 horas da punção, os embriões são novamente examinados, se já tiverem atingido o estágio de 2 a 4 células, poderão ser transferidos para o útero materno. Essa transferência é feita pela inserção de um cateter, pelo orifício cervical, até a cavidade uterina[51].

Cabe ressaltar que as possibilidades de sucesso da técnica estão diretamente ligadas ao número de embriões transferidos, cujo número ideal está em torno de três a quatro embriões, visto que, acima deste número, a incidên-

---

49 Monica Sartori Scarparo, *Fertilização assistida*, cit., p. 11-12; Ana Cristina Rafful, *A reprodução artificial*, cit., p. 42-44.
50 Monica Sartori Scarparo, *Fertilização assistida*, cit., p. 11.
51 Monica Sartori Scarparo, *Fertilização assistida*, cit., p. 12.

cia de gestações múltiplas é muito maior e perigosa para a gestante.

Após a transferência, o embrião deve se implantar no útero materno, quando ocorre a nidação propriamente dita, podendo então se verificar o sucesso da técnica e o início da gestação.

Através dessas várias etapas, tornou-se possível gerar vida humana em laboratório; neste ponto, vale lembrar que, após a fecundação com a fusão do espermatozóide ao óvulo, temos, mesmo que *in vitro*, um ser humano em potencial, que deve ter todos os seus direitos preservados.

A fecundação *in vitro* pode ocorrer com material genético do próprio casal ou de doadores; teremos assim a fertilização artificial homóloga, quando o óvulo da mãe for fecundado pelo espermatozóide do pai; ou a fertilização artificial heteróloga, quando o óvulo e/ou o espermatozóide são doados e a criança gerada por esse método não é portadora, total ou parcialmente, da herança genética de seus pais.

Como explicaremos no capítulo 3 deste trabalho, a utilização dessa técnica em larga escala trouxe consigo inúmeros problemas éticos e jurídicos; contudo, ao longo dos anos, foi sofrendo modificações e aperfeiçoamentos, que deram origem a várias outras técnicas a seguir mencionadas.

2.5.1. GIFT — Gamete intrafallopean transfer[52]

Permite que a fecundação ocorra dentro do corpo humano; não difere da fecundação *in vitro* quanto à estimu-

---

[52] Transferência intratubária de gametas ou transferência de gametas nas trompas de Falópio.

lação da ovulação e à coleta e preparação do esperma; todavia, depois de cumprida a etapa de preparação, os óvulos são introduzidos com o esperma por meio de um cateter e depois transferidos para uma ou para as duas trompas, onde ocorrerá a fecundação[53].

Requer como condição básica a comprovação de permeabilidade tubária, ao menos unilateral. Tem uma grande vantagem com relação à fertilização *in vitro*, uma vez que a transferência de gametas ocorrerá no terço distal da trompa, local onde existem condições ideais de nutrição e transporte, seja para os gametas seja para o embrião. Todavia, tem a desvantagem de não se poder avaliar a qualidade da fertilização em decorrência da não-visualização do embrião.

Inicia-se, assim como a fecundação *in vitro*, com a estimulação ovariana através de hormônios. Coletam-se os óvulos por via laparoscópica ou transvaginal, os quais já identificados e classificados, são carregados em um cateter especial para transferência, juntamente com os espermatozóides previamente preparados.

O cateter é introduzido por via laparoscópica, devendo progredir até atingir o terço distal de uma das trompas, onde seu conteúdo será injetado. Posteriormente, o cateter é retirado e revisado em laboratório a fim de que se comprove que ocorreu a saída de todo o material. Idêntico procedimento é feito na outra trompa.

Geralmente, são transferidos cerca de 2 a 3 óvulos por trompa, juntamente com cerca de 80.000 a 150.000 espermatozóides. Ressalte-se que as possibilidades de sucesso desta técnica são maiores do que as da fertilização *in vitro*.

---

53 Informações coletadas nas seguintes obras: Ana Cristina Rafful, *A reprodução artificial*, cit., p. 47; Eduardo de Oliveira Leite, *Procriações artificiais*, cit., p. 47-50; Mônica Sartori Scarparo, *Fertilização assistida*, cit., p. 13-14.

Essa técnica é indicada nas seguintes situações: esterilidade sem causa aparente, fator cervical, fator masculino, endometriose, fator imunológico e aderências anexas que prejudiquem a captação de óvulos.

A GIFT, como uma alternativa das fertilizações *in vitro*, oferece ao embrião condições mais naturais de desenvolvimento, migração e nidação; reduz-se assim o risco de gravidezes extra-uterinas, porque a fecundação acontece *in vivo*. Além disso, é mais bem aceita pela doutrina católica, uma vez que a fecundação ocorre dentro do corpo humano e não fora dele.

2.5.2. ZIFT — Zygote intrafallopian transfer[54]

Conjuga as vantagens da transferência de gametas com a fertilização *in vitro*; em alguns casos, a transferência é feita por volta de 18 horas após a fecundação *in vitro*, quando já existe a possibilidade de se constatar a presença de pró-núcleos (PROST[55]); em outros, a transferência é feita após um período maior de tempo, havendo divisão celular ainda *in vitro* e transferindo-se embriões com duas a oito células (ZIFT ou TEST[56]).

Por essa técnica pode-se constatar a fertilização e sua qualidade, ainda *in vitro*, bem como colocar os embriões em seu meio natural, o terço distal da trompa. Tem se mostrado mais eficaz em relação às gestações dela decor-

---

54 Transferência intratubária de zigotos ou transferência de zigoto nas trompas de Falópio.
55 *Pronuclear Stage Transfer.*
56 *Tubal Embryo Stage Transfer.*

rentes; porém a incidência de abortamento e gestação múltipla é semelhante à das demais técnicas.[57]

Sua indicação é idêntica à da GIFT, ou seja fator masculino, endometriose, esterilidade sem causa aparente e fator imunológico.

2.5.3. As mães de substituição

A cessão temporária de útero decorre da incapacidade de uma mulher ou de um casal de levarem adiante uma gestação, recorrendo-se às mães de substituição, que lhes trarão a possibilidade de ter filhos.

As indicações médicas para a utilização desta técnica são as seguintes: infertilidade vinculada à ausência de útero, patologia uterina de qualquer tratamento cirúrgico, contra-indicações médicas a uma eventual gravidez decorrentes de insuficiência renal severa ou diabetes grave insulino-dependente. Nas palavras de Eduardo de Oliveira Leite[58]: *"Quer se trate de uma anomalia de nascença, ou a conseqüência de um problema grave detectado na idade adulta e provocador de uma necessária ablação do útero (histeretomia), a sanção para a mulher é severa: absoluta impossibilidade de levar a termo uma gravidez."*

Cabe ressaltar, que no caso em tela, pelo menos duas hipóteses devem ser consideradas: a da mãe portadora, que é aquela mulher que carregará em seu ventre uma criança obtida através da fertilização *in vitro* dos gametas (óvulo e esperma) do casal solicitante; e a da mãe que é, ao mesmo tempo, genitora e gestante, caso tiver cedido também seus óvulos.

---

57 Ana Cristina Rafful, *A reprodução artificial*, cit., p. 47-48; Mônica Sartori Scarparo, *Fertilização assistida*, cit., p. 14-17.
58 Eduardo de Oliveira Leite, *Procriações artificiais*, cit., p. 67.

Esse procedimento está limitado às hipóteses de existência de problema médico que impeça ou contra-indique a gestação na doadora genética; sendo inadmissível a utilização da técnica apenas por vaidade da mulher que não pretende se submeter aos desconfortos de uma gestação ou está impedida em razão de suas atividades profissionais.

As controvérsias a respeito da utilização das mães de substituição são imensas, dando ensejo a grandes embates no campo religioso, ético e jurídico; trataremos deste assunto em profundidade em capítulo próprio.

2.6. A criopreservação de gametas e embriões

A Criobiologia estuda a conservação de espermatozóides e óvulos em nitrogênio líquido à temperatura de $-196°C$, com preservação de sua capacidade de fertilização e desenvolvimento embrionário inicial, permitindo, assim, sua "vida" por prazo indefinido.

Estuda, também, a possibilidade de conservação de embriões; os quais são revestidos por uma substância crioprotetora (glicerol), que os protegerá dos efeitos do congelamento. Todavia, não existe consenso quanto ao tempo-limite para sua conservação[59].

Vários países já legislaram sobre o tema, mas a questão do tempo-limite da criopreservação de material genético fecundante ou fecundado ainda não encontrou consenso, visto que a lei norueguesa n° 56/94 menciona como prazo máximo três anos, a lei espanhola n° 35/88 cinco anos[60],

---

59 Deborah Ciocci Alvarez de Oliveira & Edson Borges Jr., *Reprodução assistida*, cit., p. 59-63.
60 Lei Espanhola n° 35/88 — Capítulo IV — Artículo 11, 1: *"El sêmen podrá crioconservarse en Bancos de gametos autorizados durante un tiempo máximo de cinco años."*.

assim como as leis francesas nºs 94.653 e 94.654 de 1994 e o regulamento do governo de Israel (The Public Health, 1987); as leis dinamarquesas nºs 503/92, 92.32, 92.33, 94.11 e 94.24, bem como a lei austríaca nº 275/92 não admitem o congelamento por prazo superior a um ano.

A técnica de criopreservação, em todas as suas variáveis, é lícita desde que associada à finalidade única de procriação. Sendo crime, conforme previsto no artigo 13, II[61], da lei brasileira de biossegurança nº 8.974/95, o armazenamento e produção de embriões com outra finalidade que não a de reprodução humana.

Essa técnica somente pode ser utilizada mediante prévio consentimento do casal encomendante, o qual deverá ser informado quanto aos riscos inerentes ao processo de

---

61 Lei de Biossegurança nº 8.974/9, art. 13:
"*Constitui crime:*
II — a intervenção em material genético humano in vivo, *exceto para o tratamento de defeitos genéticos, respeitando-se princípios éticos tais como o princípio da autonomia e o princípio da beneficência, e com a aprovação prévia da CTNBio.*
Pena — detenção de três meses a um ano;
§ 1º Se resultar em:
a) incapacidade para as ocupações habituais por mais de trinta dias;
b) perigo de vida;
c) debilidade permanente de membro, sentido ou função;
d) aceleração do parto.
Pena — reclusão de um a cinco anos.
§ 2º Se resultar em:
a) incapacidade permanente para o trabalho;
b) enfermidade incurável;
c) perda ou inutilização de membro, sentido ou função;
d) deformidade permanente;
e) aborto.
Pena — reclusão de dois a oito anos.
§ 3º Se resultar em morte:
Pena — reclusão de seis a vinte anos."

congelamento e descongelamento, que pode resultar em diminuição da qualidade ou morte dos gametas e embriões.

Tanto o congelamento como o reaquecimento, exige uma técnica extremamente precisa, de modo a não destruir as células. A técnica de criopreservação consiste, num primeiro momento, na retirada de quase toda a água das células, substituindo-a por uma substância crioprotetora que não cria cristais quando ocorre o congelamento.

Em contato com a substância crioprotetora, os gametas ou embriões se retraem, diminuindo de tamanho; todavia, assim que essa substância penetra nas células, os gametas ou embriões voltam a seu estado normal, estando prontos para o congelamento. São, então, aspirados em um capilar, o qual será devidamente vedado e identificado. Os capilares cheios são colocados em uma máquina, composta por um computador e uma câmara de resfriamento, que reduzirá sua temperatura a menos de 196 graus Celsius. Após o congelamento, os capilares serão colocados em um recipiente grande, imersos em azoto líquido, onde poderão permanecer por vários anos.

O descongelamento ocorre com o reaquecimento brusco do capilar, deixado em temperatura ambiente por alguns segundos ou com a retirada do crioprotetor através da lavagem em meio de cultura. Em ambos os casos, o material pode ser utilizado em inseminações artificiais ou, se embrião congelado, transferido para o útero materno.

Há comprovação de que a criopreservação altera o poder fecundante do material congelado, fragilizando-o. Tem-se notícia, nos anais médicos, de que as gravidezes obtidas através de material congelado são menos freqüentes que aquelas obtidas com material fresco[62].

---

62 Eduardo de Oliveira Leite, *Procriações artificiais*, cit., p. 50-66.

2.7. A doação de gametas: esperma e óvulos

Segundo a doutrina dominante, três princípios básicos devem nortear esse tipo de doação: deve ser feita de um casal fértil a outro casal estéril, de forma gratuita, respeitando-se o anonimato dos doadores[63].

Os doadores são muito importantes no que se refere às procriações artificiais, pois com seu ato de altruísmo, ao fornecer o material biológico necessário à realização das técnicas, proporcionam aos casais inférteis a possibilidade de procriação. Quem consentiu em doar, visando auxiliar um casal infértil, abdica conscientemente de sua paternidade jurídica.

A idéia de doação de um casal fértil a outro infértil deve sempre prevalecer na reprodução assistida; assim sendo dá-se preferência aos doadores casados que já tenham tido pelo menos um filho, sendo certo que o consentimento livre, claro, inequívoco e expresso do marido/esposa ou companheiro/companheira deve sempre existir, podendo ser revogado até o momento da realização da técnica. Em decorrência de tal afirmação, não nos parece cabível a possibilidade de utilização dessas técnicas por mulher sem marido ou companheiro, como iremos esclarecer em capítulo próprio, pois a criança já seria órfã de pai desde o início e toda a criança tem direito de ter um pai e uma mãe.

As técnicas de reprodução assistida não foram desenvolvidas para atender interesses impessoais e egoístas; esse recurso se torna legítimo na medida em que se destina à criação da prole, própria dos casais, como conseqüência

---

[63] Sobre o tema: Ana Cristina Rafful, *A reprodução artificial*, cit., p. 48-57; Deborah Ciocci Alvarez de Oliveira & Edson Borges Jr., *Reprodução assistida*, cit., p. 31-46; Eduardo de Oliveira Leite, *Procriações artificiais*, cit., p. 50-63.

natural de sua relação conjugal. A mulher casada, ou companheira, que recebe o esperma do doador, com anuência de seu marido ou companheiro, está apenas fazendo uma substituição do esperma deste, que é infértil, pelo esperma do doador, que é fértil.

A doação será lícita e válida desde que não possua caráter lucrativo; essa é uma exigência constitucional[64] e de norma ética do Conselho Federal de Medicina, através da Resolução CFM nº 1.358/92, item IV, 1[65], pois a venda de material genético geraria um comércio calcado na dor das pessoas que não podem procriar e representaria mais um obstáculo ao tratamento que apresenta altos custos financeiros.

Tanto o sêmen quanto os óvulos são bens que compõem a personalidade humana, podendo somente ser cedidos a título gratuito para fins humanitários[66]. No Brasil e na maioria dos países europeus, a gratuidade é exigida como forma de garantir a autonomia dos envolvidos e a lisura dos procedimentos.

Outro requisito para a doação de gametas é o anonimato dos doadores, sem previsão legislativa, mas eticamente garantido pela Resolução nº 1.358/92, item IV, 3[67]. A ma-

---

64 *"A lei disporá sobre as condições e os requisitos que facilitem a remoção de órgãos, tecidos ou substâncias humanas para fins de transplante, pesquisa e tratamento, bem como a coleta, processamento e transfusão de sangue e seus derivados, sendo vedado todo tipo de comercialização."* (artigo 199, § 4º da Constituição Federal brasileira).

65 *"A doação nunca terá caráter lucrativo ou comercial."* (A íntegra dessa Resolução encontra-se anexa ao final desta obra — Anexo VIII).

66 Carlos Alberto Bittar, Os *direitos da personalidade*, Rio de Janeiro: Forense Universitária, 1995, p. 80-83.

67 *"Obrigatoriamente será mantido o sigilo sobre a identidade dos doadores de gametas e pré-embriões, assim como dos receptores. Em situações especiais, as informações sobre doadores, por motivação mé-*

nutenção do anonimato encontra seu fundamento de validade no melhor interesse da criança, por ser mais benéfico, uma vez que perturbações poderiam ser causadas caso a identidade dos pais biológicos fosse questionada. Além disso, não se pode imaginar que possam ser reclamados deveres do pai ou mãe biológicos que apenas depositaram seu material genético em bancos ou doaram seus gametas sem qualquer responsabilidade social de paternidade ou maternidade.

Claro está que os doadores não desejam ter sua identidade revelada; da mesma forma, os receptores têm direito ao segredo, para proteger a si mesmos e sua prole; sendo um bem jurídico mais precioso, o sigilo se justifica e se sobrepõe ao direito de informação.

Atualmente, a paternidade afetiva vem se impondo cada vez mais; dessa forma, o anonimato dos doadores se torna imprescindível, a fim de que se garanta a autonomia e o desenvolvimento normal da família assim fundada, bem como a liberdade dos doadores que contribuíram para sua formação. Além disso, uma criança desejada e plenamente aceita no seio familiar nunca se preocupará com sua verdadeira origem genética.

Juridicamente, o anonimato não permite que a criança possa vir a ter dois pais, um biológico e um institucional. Impossibilita, igualmente, que o doador e a criança procurem estabelecer relações entre si com vistas a alguma vantagem pecuniária.

A fim de proteger esse direito ao sigilo, a Declaração Universal do Genoma Humano e dos Direitos Humanos[68]

---

dica, podem ser fornecidas exclusivamente para médicos, resguardando-se a identidade civil do doador." (A íntegra dessa Resolução encontra-se anexa ao final desta obra — Anexo VIII).
68 Anexo VII.

dispõe em seu artigo 7º que "*Quaisquer dados genéticos associados a uma pessoa identificável e armazenados ou processados para fins de pesquisa ou para qualquer outra finalidade devem ser mantidos em sigilo, nas condições previstas em lei.*"

Existe uma preocupação da sociedade de que o sigilo possa possibilitar futuros casamentos consangüíneos; para tentar minimizar o problema a Resolução 1.358/92 do Conselho Federal de Medicina também limitou o número de gestações por doador[69]. Mas essa preocupação deve ser objeto de lei, a qual deverá, além de limitar o número de gestações por doador, também conferir responsabilidade ao serviço médico que empregar técnicas de reprodução artificial de forma a impedir que de um mesmo doador nasçam mais de duas gestações de sexos diferentes num mesmo Estado da Federação. Além disso, poderia se pensar em dar a pessoa nascida a partir de gameta doado o direito de conhecer a identidade civil do(s) doador(es) no momento em que atingisse a maioridade civil ou se habilitasse para o casamento.

Existe a possibilidade de revelação da identidade genética do(s) doador(es), por razões de tratamento de saúde ou risco de vida, nas quais o conhecimento dos antecedentes genéticos da criança é imprescindível; neste caso, a ética médica não é violada, uma vez que a identidade civil do(s) doador(es) continuará preservada.

Para a doação de esperma[70], cuja coleta é feita em um

---

[69] "*Na região de localização da unidade, o registro das gestações evitará que um doador tenha produzido mais que 2 (duas) gestações, de sexos diferentes, numa área de um milhão de habitantes*" (Res. CFM nº 1.358/92, item IV, 5 — Anexo VIII).

[70] A respeito da doação de esperma: Eduardo de Oliveira Leite, *Procriações artificiais*, cit., p. 50-56; Ana Cristina Rafful, *A reprodução artificial*, cit., p. 53-57.

recipiente de vidro, previamente esterilizado, o material germinativo é analisado através de um espermograma, a fim de que se verifiquem o volume, a numeração, a mobilidade e a morfologia dos espermatozóides; se as condições forem satisfatórias, este é transferido para capilares onde será criopreservado para posterior utilização.

Após o congelamento, um dos capilares é descongelado, a fim de que se verifique o comportamento do esperma, pois não basta dispor de espermatozóides, é necessário que eles sobrevivam após o descongelamento.

Candidatando-se à doação de sêmen, a pessoa deverá receber todas as informações necessárias sobre as técnicas utilizadas, bem como se submeter a minucioso exame para averiguar suas características individuais, patologia e composição genética, a fim de que possa se tornar um doador. Com o processo de reprodução artificial heteróloga torna-se possível o nascimento de um ser humano sem que tenha existido qualquer relação entre o casal encomendante e o doador.

Deve-se levar em consideração que toda doação de esperma é uma transmissão de vida; desta feita, deve-se atentar para as condições clínicas, psicológicas e sociais do doador. A avaliação fisiológica visa determinar a qualidade do esperma doado; a investigação genealógica tem o objetivo de se evitar a transmissão de taras graves; as condições psicológicas são analisadas para se estabelecer o perfil do doador e quais são suas motivações para a doação.

O processo de doação de óvulos[71] visa ajudar as mulheres que não podem por si próprias produzir óvulos ou aquelas que, possuindo óvulos, perderam a possibilidade de transmitir seu capital genético.

---

71 A respeito da doação de óvulos: Eduardo de Oliveira Leite, *Procriações artificiais*, cit., p. 56-63; Ana Cristina Rafful, *A reprodução artificial*, cit., p. 48-53.

A técnica consiste na retirada de um óvulo maduro de uma doadora fértil, o qual será fertilizado *in vitro* com o esperma do marido ou companheiro da mulher estéril; o embrião que daí se originar será implantado no útero da paciente, dando-lhe condições de gerar uma criança. O sucesso dessa técnica é resultado de uma rigorosa programação, visto que os óvulos humanos ainda não podem ser criopreservados. Assim, é fundamental controlar com precisão o ciclo menstrual da doadora de modo que a retirada do óvulo ocorra pouco antes da data em que este se deslocaria naturalmente para o ovário. Do mesmo modo, a mulher estéril receptora da doação também deverá ser tratada a fim de se encontrar apta a receber o óvulo fecundado. A doação de óvulos encontra sérias críticas no que se refere aos riscos físicos aos quais é exposta a doadora quando da intervenção cirúrgica para a retirada dos mesmos.

Juridicamente, essa doação cria a situação de que a mãe genética, aquela que doou o óvulo, não é a mesma que gera a criança; isso pode acarretar dúvida de quem seja a mãe. Entretanto, quando uma mulher doa um óvulo, ela o faz de maneira desinteressada; assim, não deverá ter nenhum direito nem qualquer obrigação em relação à criança que desta doação resultar.

Cumpre-nos, ainda, dizer que após a descoberta da esterilidade, a intenção de utilizar-se da doação de gametas deve partir de uma decisão conjunta do casal, baseada no desejo comum de procriar. Assim, deve acontecer uma manifestação bilateral do casal; a mulher aceita submeter-se à técnica e o marido concorda que se recorra a ela. O consentimento, neste momento, reafirma a vontade do casal de cumprir seu projeto parental, a despeito de todas as dificuldades encontradas; mas o casal tem a liberdade de revogar esse consentimento até a data da operação, ou seja, antes da concepção.

2.8. A doação de embriões

Poderá ocorrer nos casos de criação de embriões excedentes, sendo certo que a "doação"[72] parece ser o melhor destino a lhes ser dado.

Devido à finalidade das técnicas de reprodução assistida, existe uma preocupação constante com o êxito do tratamento e conseqüente gravidez; assim em decorrência da hiperestimulação ovariana, inúmeros óvulos são fecundados, sendo certo que nem todos poderão ser transferidos ao útero. Como estamos diante de vida humana, mesmo que *in vitro*, recomenda-se que todos os embriões produzidos e não transferidos ao ventre materno sejam criopreservados para uma posterior transferência, se esta se fizer necessária.

Para que não ocorram gravidezes múltiplas, que geram riscos tanto para a mãe quanto para os embriões implantados, não se recomenda a implantação de todos os embriões fecundados na mesma mulher. Na França limitou-se o número de embriões a serem transferidos a 3 ou 4, congelando-se os excedentes, prática que vem sendo seguida em outros países.

Podem, ainda, ocorrer algumas situações, tais como a morte ou superveniência de doença grave de um dos cônjuges ou de ambos, o divórcio ou separação do casal ou ainda o sucesso do tratamento com a obtenção da gravidez, antes que se utilizem todos os embriões criopreservados, que se tornarão excedentes, visto que, apesar de inicialmente terem sido criados com a finalidade única de pro-

---

72 Em momento oportuno explicaremos por que a expressão "doação" não nos parece a mais adequada a este caso, visto que a natureza jurídica desse instituto não se coaduna com a realidade fática e os objetivos almejados.

criação, agora não mais poderão ser transferidos ao casal que solicitou o tratamento, podendo ser doados a outro casal infértil[73].

O grande problema jurídico que antevemos aqui não diz respeito à doação propriamente dita, mas à proteção da vida embrionária humana fora do corpo materno; em capítulo próprio, voltaremos ao tema com a difícil missão de dar-lhe uma solução.

2.9. As técnicas mais recentes[74]

Existem, ainda, várias outras técnicas em fase experimental, pois a ousadia dos cientistas atualmente não encontra precedentes, aliada à ânsia cega de determinados casais dispostos a tudo para se tornarem pais.

Os anos 90 podem ser considerados como a década da reprodução assistida, principalmente no Brasil; podendo-se afirmar que a cada três casais inférteis que se submetem a alguma técnica de reprodução assistida, pelo menos, dois obtêm sucesso no seu intento de procriação.

Assim, levando-se em conta que a probabilidade de uma gravidez natural em casais normais varia de 18 a 20% a cada mês, pode-se dizer que os casais inférteis que se submetem a algum tratamento de infertilidade têm quase o dobro de chance de procriar que um casal sem problema algum de infertilidade.

---

73 Sobre o assunto: Eduardo de Oliveira Leite, *Procriações artificiais*, cit., p. 63-66; Deborah Ciocci Alvarez de Oliveira & Edson Borges Jr., *Reprodução assistida*, cit., p. 70; Ana Cristina Rafful, *A reprodução artificial*, cit., p. 57-73.
74 Artigo da Revista Veja número 1.699 de 09 de maio de 2001, p. 108-115.

Dentre os últimos avanços no campo da medicina reprodutiva podemos citar sucintamente os seguintes:

a) troca de citoplasma; consistente na retirada de parte do citoplasma do óvulo da mãe e sua substituição por citoplasma de um óvulo jovem de uma doadora para obter um óvulo rejuvenescido, pronto para ser fecundado. Apesar de proibida em alguns países, recomenda-se seu uso para mulheres em idade madura ou que apresentem óvulos debilitados. A grande questão que se insere é que a criança daí resultante terá o código genético proveniente de três pessoas distintas (pai, mãe e doadora do óvulo), não apenas de seu pai e de sua mãe;

b) criação artificial de óvulos; a partir da transformação de uma célula qualquer do corpo, que tem 46 cromossomos, em uma célula reprodutiva, que tem 23 cromossomos. Para se criar um óvulo artificial, substitui-se o material genético do núcleo do óvulo natural doente pelos cromossomos de uma célula comum; com uma descarga elétrica, divide-se a cadeia de 46 cromossomos em duas de 23, sendo uma delas retirada. O resultado dessa técnica é a fabricação em laboratório de um óvulo saudável, pronto para ser fertilizado; por isso é recomendada para mulheres que têm óvulos debilitados ou que não os produzem. Todavia, sua proximidade com a clonagem deve ser motivo de averiguação;

c) transplante de núcleo; consistente na retirada do núcleo do óvulo defeituoso e sua substituição por um núcleo saudável proveniente de óvulo de uma doadora; essa técnica é proibida em vários países, pois se teme que vestígios do núcleo original defeituoso possam acarretar anomalias ao embrião. É recomendada para mulheres mais velhas ou com óvulos doentes que querem ter filhos sem utilizar óvulos doados;

d) congelamento de tecido ovariano com folículos (óvulos imaturos) para preservar a idade reprodutiva da mulher; desse modo, quem congelar seu tecido ovariano aos 20 anos, poderá gerar uma criança aos 50, com um óvulo trinta anos mais jovem; mas os cientistas ainda não sabem como transformar o folículo em óvulo sadio. Recomenda-se para mulheres que desejam ter filhos em idade madura, portadoras de câncer submetidas à quimioterapia e com problemas de infertilidade para os quais ainda não existe uma solução clínica;

e) congelamento de óvulos; sempre foi utilizada, em caráter experimental, devido à fragilidade do óvulo, que, na maioria do casos, não resiste ao descongelamento, estourando; mesmo quando permanece intacto ao descongelamento, há perda da qualidade, o que aumenta os riscos de má formação do feto. É recomendada para mulheres que desejam ter filhos depois da menopausa ou estejam para se submeter a tratamento quimioterápico para cura de câncer.

Acabamos de verificar como se processam as principais técnicas de reprodução assistida atualmente utilizadas no mundo. Seu domínio, contudo, não as isenta dos julgamentos morais e éticos e de seu inevitável confronto com a ordem jurídica preestabelecida.

Assim passaremos, a seguir, ao questionamento ético-jurídico das situações que se nos apresentam em decorrência dos avanços da biomedicina no tocante à procriação humana.

Capítulo 3

A REPRODUÇÃO ASSISTIDA E SUAS CONSEQÜÊNCIAS ÉTICAS E JURÍDICAS

A utilização cada vez maior das técnicas de reprodução humana, postas à disposição do indivíduo para satisfazer sua necessidade de procriação, nos mostra que a ciência jurídica necessita urgentemente ser reformulada a fim de cumprir sua função de criar condições para a prevenção e preservação da saúde moral dos indivíduos.

O direito deve ocupar-se dessa nova realidade, antes que o homem venha a ser reduzido a simples objeto de experiências no campo da medicina reprodutiva. O tema, apesar de complexo e controvertido, deve ser juridicamente enfrentado sob pena de se ver descaracterizada a função social do direito de regulador das relações humanas.

Constata-se que a lei brasileira não proíbe expressamente nenhuma das técnicas de reprodução assistida, desde que se respeite o disposto no artigo 8º, incisos I a IV, da Lei de Biossegurança (Lei nº 8.974/95)[75], que veda a ma-

---

75 Lei federal nº 8.974, de 5 de janeiro de 1995, artigo 8º, incisos I a IV:

nipulação genética de células germinativas humanas, assim como a intervenção em material genético humano *in vivo*, exceto para o tratamento de defeitos congênitos, desde que respeitados os princípios éticos (autonomia e beneficência) e haja a aprovação prévia da CTNBio; proibindo, ainda, a produção, o armazenamento ou a manipulação de embriões humanos destinados a servir como material biológico disponível.

Ainda assim, cumpre-nos ressaltar que as referidas técnicas de reprodução assistida muito tem abalado institutos jurídicos fundamentais ao Estado Democrático de Direito, seja no direito de família, seja no sucessório, também no contratual e na responsabilidade civil. Isso ocorre, não só, mas também, porque se passa a permitir ao ser humano a procriação sem relação sexual, diametralmente oposta à contracepção que permite a sexualidade sem procriação; dessa forma, o novo ser deixa de ter uma entrada natural na vida do casal e da sociedade e passa a ser "feito" através de um ato consciente de vontade.

Quando a técnica é homóloga não se criam maiores problemas de ordem psicológica, seja para a criança, seja para o casal; todavia, diferentemente se coloca a questão em relação à técnica heteróloga, porque a aparente norma-

---

"*É vedado, nas atividades relacionadas a OGM:*
I — qualquer manipulação genética de organismos vivos ou o manejo in vitro *de ADN/ARN natural ou recombinante, realizados em desacordo com as normas previstas nesta Lei;*
II — a manipulação genética de células germinais humanas;
III — a intervenção em material genético humano in vitro, *exceto para o tratamento de defeitos genéticos, respeitando-se princípios éticos, tais como o princípio da autonomia e o princípio de beneficência, e com a aprovação prévia da CTNBio;*
IV — a produção, armazenamento ou manipulação de embriões humanos destinados a servir como material biológico disponível;".

lidade e conformidade com as regras morais e sociais pode ter efeitos avassaladores na consciência do casal e a descoberta desse contexto pode ser traumatizante para o filho.

A opção pela procriação artificial exige do casal e principalmente da paciente, renúncia, abnegação e paciência; assim sendo, não se pode referir-se a esta decisão como um ato de vaidade, visto que representa imensa coragem e infinito desprendimento. Os processos são cercados de dificuldades, que podem gerar grandes seqüelas, sendo certo que aqueles que a eles se submeteram e conseguiram obter sucesso, sem terem sido afetados psicologicamente, demonstraram que possuem uma infinita capacidade de amar.

O progresso das técnicas de reprodução assistida criou algumas questões de difícil resposta. Como já mencionado, dissociou-se o processo de reprodução, inclusive no que diz respeito à concepção fora do corpo da mulher. A procriação, ato de decisão íntimo do casal, passa a ter a intervenção de terceiros (doadores, médicos).

Além disso, a medicina e as pesquisas científicas transformaram o corpo humano num material de exploração. Nosso corpo perdeu suas características sacras e, muitas vezes, a integridade corporal é agredida em benefício de uma necessidade social. Todavia, pelo princípio da inviolabilidade do corpo, qualquer violação deve ser punida, porque é no corpo que se manifesta o respeito à dignidade da pessoa humana.

Assim, pelo Código de Nuremberg[76] e posteriores

---

76 Código de Nuremberg (1.947), item 1:
"*O consentimento voluntário do ser humano é absolutamente essencial. Isso significa que as pessoas que serão submetidas ao experimento devem ser legalmente capazes de dar consentimento; essas pessoas devem exercer o livre direito de escolha sem qualquer intervenção de elementos de força, fraude, mentira, coação, astúcia ou outra forma de restrição*

Declarações de Helsinque[77] e Manzanillo[78], institui-se a

posterior; devem ter conhecimento suficiente do assunto em estudo para tomarem uma decisão. Esse último aspecto exige que sejam explicados às pessoas a natureza, a duração e o propósito do experimento; os métodos segundo os quais será conduzido; as inconveniências e os riscos esperados; os efeitos sobre a saúde ou sobre a pessoa do participante, que eventualmente possam ocorrer, devido à sua participação no experimento. O dever e a responsabilidade de garantir a qualidade do consentimento repousam sobre o pesquisador que inicia ou dirige um experimento ou se compromete nele. São deveres e responsabilidades pessoais que não podem ser delegados a outrem impunemente."

77 Declaração de Helsinki VI (Edimburgo — Escócia, outubro 2000), seção B, itens 22 a 26:
"22. *Em toda investigação em seres humanos, cada participante deve receber informação adequada sobre os objetivos, métodos, fontes de financiamento, possíveis conflitos de interesses, filiações institucionais do investigador, benefícios calculados, riscos previsíveis e desconfortos derivados do experimento. A pessoa deve ser informada que tem o direito de participar ou não da investigação científica, podendo retirar seu consentimento a qualquer momento, sem expor-se a represálias. Após assegurar-se de que o indivíduo compreendeu a informação, o médico deve obter então, preferivelmente por escrito, o consentimento informado e voluntário da pessoa. Se o consentimento não puder ser obtido por escrito, o processo para obtê-lo deve ser documentado formalmente perante testemunhas.*
23. Ao obter o consentimento informado para o projeto de investigação, o médico deve ter especial cuidado quando o indivíduo estiver vinculado a uma relação de dependência ou sob pressão. Num caso assim, o consentimento informado deve ser obtido por um médico bem informado que não participe na investigação e que nada tenha a ver com aquela relação.
24. Quando a pessoa for física, mental ou legalmente incapaz de outorgar seu consentimento, o investigador deve obter o consentimento informado de seu representante legal, de acordo com a lei vigente. Estes grupos não devem ser incluídos na investigação a menos que esta seja necessária para promover a saúde da população representada e esta investigação não possa se realizar em pessoas capazes.
25. Se uma pessoa considerada incompetente pela lei, como é o caso de um menor de idade, for capaz de dar seu consentimento para participar

necessidade de se obter um consentimento claro e inequívoco das pessoas que venham a participar de experiências médicas, porque o ser humano não pode ser tratado como um simples objeto para a ciência; a ciência é que deve ser colocada a serviço do ser humano. Por esse motivo é que existem três regras gerais que devem sempre ser seguidas no caso de procriações medicamente assistidas; são elas o consentimento, o anonimato e a gratuidade.

O consentimento livre e inequívoco decorre do princípio da inviolabilidade do corpo, uma vez que nenhum tra-

---

ou não de uma investigação científica, o investigador deve, além de obter esse consentimento, também o de seu representante legal.
26. A investigação em indivíduos dos quais não se possa obter consentimento, incluindo a do representante legal ou com antecedência, deve realizar-se somente se a condição física/mental que impede de obter o consentimento informado é uma característica necessária da população investigada. As razões específicas do porquê de se utilizar participantes na investigação que não podem outorgar seu consentimento informado devem ser estipuladas no protocolo experimental que se apresenta para consideração e aprovação do comitê de avaliação. O protocolo deve estabelecer que o consentimento para se manter na investigação deve ser obtido o mais rápido possível do próprio participante ou de seu representante legal.".
78 Declaração Ibero-Latino-Americana sobre Ética e Genética (Manzanillo — 1.996 / Buenos Aires — 1.988, quinto, d:
"<u>DECLARAMOS</u>
Que algumas aplicações da genética humana operam já como uma realidade cotidiana em nossos países sem uma adequada e completa regulamentação jurídica, deixando em situação de indefesa e vulnerabilidade tanto o paciente em relação a seus direitos, como o profissional da saúde em relação à sua responsabilidade. Isso torna necessário que, mediante processos democráticos e pluralistas, se promova uma legislação que regulamente ao menos os seguintes aspectos: d) o consentimento livre e informado para a realização das provas genéticas e intervenções sobre o genoma humano deve ser garantido através de instâncias adequadas, em especial quando se trata de menores, incapazes e grupos que requeiram uma tutela especial."

tamento poderá ser feito sem o consentimento informado do paciente. Esse consenso deve ser obtido antes do início do tratamento através de documento escrito, o qual poderá ser revogado, no caso de reprodução assistida, até o momento da inseminação ou fertilização. O paciente deve ser informado de forma clara de todos os passos da experiência científica a que será submetido.

O anonimato deve ser garantido aos doadores, estranhos à relação do casal estéril, uma vez que com seu ato ele não pretende ter qualquer vínculo parental com a criança nascida pela técnica. Ao contrário, o doador dá a outrem, do qual também desconhece a identidade, suas forças genéticas de forma desinteressada. Assim, toda pessoa que doa gametas para tratamentos de esterilidade não deve ser conhecida do casal estéril, e também esse doador não deve conhecer a identidade do casal ao qual foi feita a doação.

A gratuidade também é uma decorrência do princípio da inviolabilidade do corpo, pois este deve permanecer fora do comércio, por constituir a própria pessoa. Evita-se, também, a formação de grupos destinados a serem "cobaias humanas". Do mesmo modo, a doação de gametas, em alguns casos, fundamental para a utilização de uma técnica de reprodução assistida, deve ter como pressuposto o caráter altruísta e desinteressado do doador, que tem como único objetivo ajudar as pessoas que não podem procriar naturalmente.

Os avanços científicos que permitiram ao homem dominar o processo de reprodução atropelaram o direito em seus princípios seculares, *"demonstrando quão frágil é a estrutura de uma ciência que se passava por sólida, duradoura e inquestionável"*[79]. Assim, não somente o casamento em si, mas todos os vínculos de filiação são afetados, uma

---

79 Eduardo de Oliveira Leite, *Procriações artificiais*, cit., p. 199.

vez que a verdade biológica, juridicamente consagrada não mais atende à verdade factual.

A incompletude da ordem jurídica e o progresso das procriações artificiais exigem um real posicionamento do jurista, que se vê atado a antigas presunções para a solução de problemas anteriormente inimagináveis; todavia, na medida em que essas presunções se tornaram relativas, criam-se dúvidas quanto às relações jurídicas por elas geradas, cabendo à sociedade se manifestar sobre essa nova realidade.

O novo Código Civil brasileiro, aprovado através da Lei nº 10.406, de 10 de janeiro de 2002, sobre o qual falaremos mais detalhadamente adiante, pretendeu adequar o direito de família à realidade científica, quando em seu artigo 1.597[80] estende a presunção de filiação aos filhos nascidos por fecundação artificial homóloga, inseminação artificial heteróloga e aos embriões excedentes; contudo tal dispositivo, redigido da forma como está, parece nos trazer mais problemas do que soluções ao tema.

A fim de melhor entender as conseqüências trazidas ao mundo jurídico pela evolução da medicina reprodutiva, iniciaremos nosso estudo em relação à estrutura familiar, ao casamento, às relações de parentesco e aos vínculos de filiação.

---

80 Artigo 1.597 do novo Código Civil:
"*Presumem-se concebidos na constância do casamento os filhos:*
[...]
III — havidos por fecundação artificial homóloga, mesmo que falecido o marido;
IV — havidos, a qualquer tempo, quando se tratar de embriões excedentários, decorrentes de concepção artificial homóloga;
V — havidos por inseminação artificial heteróloga, desde que tenha prévia autorização do marido.".

3.1. Problemas no casamento e na união estável

Nesta seara, as procriações artificiais atingem as questões relativas aos impedimentos matrimoniais e aos direitos e deveres entre os cônjuges.

Com relação aos impedimentos matrimoniais, o novo Código Civil, em seu artigo 1.521, incisos I, II e IV[81], dispõe que não podem se casar os ascendentes com os descendentes, seja o parentesco natural ou civil; os afins em linha reta; e os irmãos, unilaterais ou bilaterais, e demais colaterais, até o terceiro grau inclusive. Quase no mesmo sentido dispunha o artigo 183, incisos I, II e IV do Código Civil de 1916.

O objetivo deste dispositivo é evitar o casamento de pessoas ligadas por laços de parentesco, de filiação ou de afinidade. Em relação à consangüinidade, a preocupação sempre foi a de se evitar riscos aos futuros descendentes; todavia, com a utilização de técnicas de reprodução heterólogas, pode ocorrer que os futuros noivos sejam parentes consangüíneos, sem o saber. Essa probabilidade, entretanto, é quase nula, visto que as instituições responsáveis pelas procriações só liberam um certo número de capilares do mesmo doador, mas o risco existe, principalmente se houver falta de controle legal sobre essas instituições.

Somente um controle efetivo por parte do governo, de forma a avaliar e limitar a ação dos centros de procriação

---

81 Artigo 1.521 do novo Código Civil:
"*Não podem casar:*
I — os ascendentes com os descendentes, seja o parentesco natural ou civil;
II — os afins em linha reta;
[...]
IV — os irmãos, unilaterais ou bilaterais, e demais colaterais, até o terceiro grau inclusive;".

assistida, poderá reduzir à irrelevância o risco de casamentos entre consangüíneos; atualmente esse controle é basicamente informal, estando somente previsto na Resolução CFM nº 1.358/92 do Conselho Federal de Medicina, item IV, 5[82].

No que se refere aos direitos e deveres matrimoniais, a maioria das legislações prevê o estabelecimento da mais intensa comunidade de vida. Assim sendo, a utilização de qualquer técnica de reprodução assistida com o consentimento do casal, o qual manifesta bilateralmente sua aceitação ao procedimento, não gera, a princípio, nenhum problema jurídico, visto ser a procriação um projeto comum e um dos fins naturais do casamento.

Contudo, se uma das partes não der seu consentimento para o procedimento e, mesmo assim, ele for feito, ocorre falta grave suscetível de legitimar uma ação de divórcio[83] e, tendo sido a mulher inseminada com esperma de terceiro, cabe ainda ao marido ação negatória de paternidade contra a criança assim concebida.

A prática de um ato, sem o conhecimento da outra parte, caracteriza o dolo por parte de quem o praticou, uma violação dos deveres de afeição e respeito que são devidos ao cônjuge; sendo que a parte enganada terá que suportar uma irremediável dor moral.

O mesmo pode se aplicar aos casais, que vivem em

---

82 Resolução CFM nº 1.358/92, seção IV, item 5: *"Na região de localização da unidade, o registro das gestações evitará que um doador tenha produzido mais que 2 (duas) gestações, de sexos diferentes, numa área de um milhão de habitantes."*

83 Disposição expressamente prevista na Lei do Divórcio (Lei nº 6.515, de 26 de dezembro de 1.977), artigo 5º: *"A separação judicial pode ser pedida por um só dos cônjuges quando imputar ao outro conduta desonrosa ou qualquer ato que importe em grave violação dos deveres do casamento e tornem insuportável a vida em comum."*

união estável e que se utilizam de técnicas de reprodução assistida; contudo diante da fragilidade desse tipo de relação, a prova de filiação pode ficar comprometida. Sendo a união estável uma relação estabelecida exclusivamente de acordo com a vontade dos companheiros, podendo ser rompida a qualquer momento por apenas uma das partes, deve-se reconhecer que ao desejo de filiação, neste caso, não parece corresponder o compromisso recíproco de criar e educar a prole de forma estruturada e segura, pois se assim o fosse porque continuar à margem da sociedade conjugal quando a própria Constituição pretende facilitar a conversão da união estável em casamento, regularizando a relação matrimonial.

Para que se possa admitir a utilização das técnicas de reprodução assistida ao casal em união estável é necessário que esta esteja caracterizada pela coabitação, notoriedade e fidelidade; devendo, pois, os companheiros provar sua situação de fato para somente após isso poder fazer uso das técnicas.

Em caso de união estável, apesar do novo Código Civil[84] a ter também reconhecido como entidade familiar, a prova de filiação se torna um pouco mais difícil, uma vez que competirá ao filho comprovar a existência de coabitação de sua mãe com o pretenso pai; pela inexistência do vínculo matrimonial, recairão sobre o filho os ônus do reconhecimento. Havendo utilização de técnica de reprodução heteróloga, se o companheiro negar-se a reconhecer o filho fruto dessa técnica, a situação dessa criança se torna mais

---

84 Novo Código Civil, artigo 1.723, *caput*: "*É reconhecida como entidade familiar a união estável entre o homem e a mulher, configurada na convivência pública, contínua e duradoura e estabelecida com o objetivo de constituição de família.*", e artigo 1.724: "*As relações pessoais entre os companheiros obedecerão aos deveres de lealdade, respeito e assistência, e de guarda, sustento e educação dos filhos.*"

delicada ainda, uma vez que, por um lado, em decorrência do anonimato, não poderá indicar seu pai biológico, e por outro, qualquer exame de DNA excluiria a paternidade do companheiro.

3.2. As relações de parentesco e os vínculos de filiação

No mundo ocidental, toda a relação de parentesco estava embasada na presunção de paternidade ligada à legitimidade decorrente do casamento; essa presunção, todavia, em decorrência da evolução científica, foi cedendo lugar à filiação biológica; assim, a filiação estabelecida pelo registro de nascimento passou a ser questionada em contraposição à verdade estabelecida biologicamente.

Com o advento das procriações artificiais todo esse estado de coisas foi alterado, uma vez que a verdade biológica deve ser desconsiderada em proveito da verdade afetiva. Nesse sentido, a verdadeira filiação, nos dias atuais, está calcada na intensidade das relações afetivas que unem pais e filhos, independentemente da origem genética destes últimos. A filiação está solidificada na vontade do casal de ter um filho, mesmo que a natureza lhe tenha negado essa possibilidade.

As verdades biológica e afetiva, no tocante à filiação, ainda, coexistem no mundo jurídico, sem que até a presente data, se possa saber qual delas deverá ser privilegiada; todavia, não podemos olvidar o fato de que na atual conjuntura social, os vínculos de filiação advêm da autonomia da vontade, criando direitos e obrigações para todos os partícipes desta relação.

Há filiações que dependem única e exclusivamente da vontade dos pais, como nos casos de adoção e procriações artificiais. Outras se estabelecem contra a vontade dos pais, como no caso de reconhecimento forçado de filho ou de filiação imposta pela presunção de paternidade obtida através de exame de DNA.

Atualmente, como já dissemos, estamos diante da supremacia da afetividade e somente chegamos a este ponto em virtude da desassociação do poder sexual e do poder fecundante; não compete mais exclusivamente ao homem a decisão sobre quando procriar, essa decisão é conjunta do casal e deflui de acordo mútuo entre ambos.

Diante desse estado de coisas, o que se percebe é que o direito deve repensar os modelos de maternidade, paternidade e os vínculos de filiação; deve-se legislar sobre essa nova realidade fática a fim de que se abram possibilidades de solução para possíveis conflitos, bem como se estabeleçam limites de ação que permitam um controle mais efetivo da vida em sociedade.

Uma das questões que surge no universo jurídico com o uso indiscriminado da reprodução artificial diz respeito aos vínculos de filiação.

A filiação é o vínculo existente entre pais e filhos, sendo a relação de parentesco consangüíneo em linha reta de primeiro grau entre uma pessoa e aqueles que lhe deram vida.[85] As relações de filiação podem ser definidas como os laços de descendência que existem entre duas pessoas, das quais uma é o pai ou a mãe da outra. Envolvem, portanto, a paternidade e a maternidade das quais resulta a filiação. Sabemos que é do encontro dos gametas, óvulo e espermatozóide, em momento oportuno, que resulta a criação de uma nova vida.

As relações de filiação e parentesco caminham sempre juntas, gerando, na esfera jurídica uma série de direitos e

---

85 Maria Helena Diniz, *Curso de Direito Civil Brasileiro — 5º volume — Direito de Família*, São Paulo: Saraiva, 2002, p. 372-375.

obrigações; valendo ressaltar que, atualmente, com o avanço da ciência, este vínculo nem sempre decorre de união sexual.

Os tratamentos de infertilidade provocaram uma verdadeira revolução na presunção *juris tantum* de paternidade (*"pater is est quem justae nuptiae demonstrant"*), onde se presume pai aquele que o casamento demonstra, ou seja, pai é o marido, até prova em contrário, porque se presume que o filho de mulher casada foi gerado por seu marido; e no conceito de maternidade (*"mater semper certa est"*), onde a mãe é sempre certa.

Não se pode mais afirmar, com base nesses conceitos legais, quem é a mãe e quem é o pai de uma criança, uma vez que com a possibilidade de congelamento de espermatozóides, fertilização à distância, cessão temporária de útero, doação de óvulos, doação de sêmen e até doação de embriões, estes conceitos não mais condizem com a realidade, porque foram formulados a partir da hipótese de que a concepção sempre estaria associada às relações sexuais. Torna-se cada vez mais necessária a adequação desses conceitos para os casos em que as crianças não são, geneticamente, filhos do homem ou da mulher que quiseram seu nascimento.

No caso de utilização de método homólogo, havendo união matrimonial entre o casal, a questão a princípio pode ser resolvida com base no lastro conjugal. Se a união matrimonial não existe, o vínculo biológico pode determinar a filiação.

O novo Código Civil, no Capítulo II, Subtítulo II, Título I, Livro IV da Parte Especial, em que trata da filiação pretendeu regular também os casos em que o vínculo de filiação decorre da utilização de uma das técnicas de reprodução assistida; embora a intenção tenha sido resolver problemas tão atuais, em vários pontos o artigo 1.597 do referido diploma legal é confuso e conflita com outras normas do mesmo Código, fato que cria situações intrincadas de difícil solução como veremos mais adiante.

O Código Civil de 1916, quando a reprodução artificial não passava de ficção científica, limitava as possibilidades de impugnação da paternidade, não questionando a maternidade. Assim, fora desses limites legais[86], a paternidade se estabelecia por presunção legal e a maternidade pertence à mulher que deu à luz, que, segundo a verdade jurídica, será sempre certa. Definiam-se os prazos em que alguém poderia ser considerado filho de outrem, bem como os casos em que não se poderia elidir a presunção de paternidade, nem contestar a legitimidade do filho e também quando seria viável a negação de paternidade.

Como se pode verificar, a lei determinava o período no qual se iniciava e no qual terminava a presunção de paternidade, considerando que existia coabitação e fidelidade da

---

86 Artigos 338, 339 e 340 do Código Civil de 1916:
"Art. 338. Presumem-se concebidos na constância do casamento:
I — os filhos nascidos 180 (cento e oitenta) dias, pelo menos, depois de estabelecida a convivência conjugal (art. 339);
II — os nascidos nos 300 (trezentos) dias subseqüentes à dissolução da sociedade conjugal por morte, separação ou anulação.
Art. 339. A legitimidade do filho nascido antes de decorridos os 180 (cento e oitenta) dias de que trata o n. 1 do artigo antecedente não pode, entretanto, ser contestada:
I — se o marido, antes de se casar, tinha ciência da gravidez da mulher;
II — se assistiu, pessoalmente, ou por procurador, à lavratura do termo de nascimento do filho, sem contestar a paternidade.
Art. 340. A legitimidade do filho concebido na constância do casamento, ou presumido tal (arts. 337 e 338), só se pode contestar provando-se:
I — que o marido se achava fisicamente impossibilitado de coabitar com a mulher nos primeiros 121 (cento e vinte e um) dias, ou mais, dos 300 (trezentos) que houverem precedido ao nascimento do filho;
II — que a esse tempo estavam os cônjuges legalmente separados."

mulher, bem como reconhecimento implícito e antecipado da filiação pelo marido ao se casar; ressaltando-se que os prazos deveriam ser contados a partir da convivência conjugal e não da data da celebração do ato nupcial, uma vez que podiam existir casamentos por procuração[87].

Os casos de possibilidade de impugnação da paternidade, como se depreende da leitura do artigo 340 do Código Civil de 1916, estavam adstritos à impossibilidade física do marido de coabitar com a mulher, seja porque estivesse ausente, seja porque estivesse acometido de doença que impedia as relações sexuais, a qual teria ocasionado impotência *coeundi* absoluta ou impotência *generandi* absoluta[88], seja porque estavam os cônjuges legalmente separados, não tendo convivido um só dia sob o teto conjugal, hotel ou em casa de terceiro[89], daí a impossibilidade de ter ocorrido qualquer relação sexual entre eles[90].

A filiação materna é sempre mais fácil de se estabelecer, isso porque quando se puder constatar que uma mulher deu à luz uma criança, está será seu filho, já que existe uma conexão entre o parto e a criança. Desse modo, costuma-se dizer que não há dúvida quanto à filiação materna (*mater semper certa est*). Neste sentido, também o novo Código Civil não faz nenhuma menção, aparentemente acatando a maternidade como sempre certa.

---

87 Pontes de Miranda, *Tratado de direito de família*, São Paulo: Bookseller, 2000, § 123.
88 Código Civil de 1916, artigo 342: *"Só em sendo absoluta a impotência, vale a sua alegação contra a legitimidade de filho."*
89 Código Civil de 1916, artigo 341: *"Não valerá o motivo do artigo antecedente, n. II, se os cônjuges houverem convivido algum dia sob o teto conjugal."*
90 Caio Mário da Silva Pereira, *Instituições de Direito Civil — vol. V — Direito de família*, Rio de Janeiro: Forense, 1998, p. 220.

Com relação à filiação paterna, sempre mais difícil de se provar, tendo em vista as leis fisiológicas, pretendeu o legislador pátrio, tanto no novo Código Civil[91] como no seu predecessor, através de um sistema de presunções e probabilidades, calcado, ainda, no vínculo matrimonial, estabelecer que quem nasce de uma mulher casada é filho do marido desta mulher (*pater is est quem justae nuptia demonstrat*), desde que a concepção tenha ocorrido num certo período de tempo.

Contudo, diante da possibilidade, através dos exames de DNA, de se comprovar com certeza a quem compete a paternidade de uma criança, tal presunção teve seu poder abrandado. O vínculo jurídico de filiação através das presunções legais por prazos não se mostra mais suficiente para resolver as questões que advêm da utilização das técnicas de reprodução artificial, talvez por esse motivo nosso legislador ampliou as hipóteses de presunção de paternidade; consciente de que existe a necessidade de se avaliarem outros vínculos, dentre os quais se destaca o afetivo, para a determinação da filiação.

Atualmente, tendo em vista as conquistas médicas, que separando o vínculo parental da hereditariedade, abalaram claramente as estruturas familiares, o vínculo de filiação deixa de ser exclusivamente biológico e passa a ser afetivo, porque a criança é querida, desejada. Aparece a paternidade de intenção, na qual os pais são reconhecidos como tais por seus filhos.

---

91 Novo Código Civil, artigo 1597: *"Presumem-se concebidos na constância do casamento os filhos:*
I — nascidos cento e oitenta dias, pelo menos, depois de estabelecida a convivência conjugal;
II — nascidos nos trezentos dias subseqüentes à dissolução da sociedade conjugal, por morte, separação judicial, nulidade e anulação do casamento;".

A filiação biológica sempre teve muita importância, pois era ela que provava quem eram os pais. Com o avanço das técnicas de reprodução assistida, houve a necessidade de se repensar sobre o assunto e surgiu a chamada filiação cultural. A filiação biológica ficou em segundo plano, porque a manifestação de vontade das partes, o exame das circunstâncias em que a criança veio ao mundo, quem a cria, educa, dá amor e aparece para a sociedade como pai e mãe parecem ter maior importância atualmente.

A não-identificação entre os doadores e os receptores, na doação de gametas, é muito importante, porque enquanto uns assumem o compromisso de renúncia da paternidade ou maternidade, os outros assumem a paternidade ou a maternidade cultural, em detrimento da filiação biológica. Todavia, quando relevantes interesses dos filhos exijam a verificação de sua origem biológica, não deverá acontecer a prevalência do anonimato.

Já há muitos anos, Karl Engisch[92], em sua obra, demonstrou a existência de conceitos distintos em matéria de filiação. Também João Baptista Villela[93], em conferência realizada na Faculdade de Direito de Universidade Federal de Minas Gerais, em 1979, aventou a possibilidade de desbiologização da paternidade, referindo-se a ela como um fato cultural que nasce de uma decisão espontânea, asseverando que a condição de pai ou mãe, na atualidade, não está tanto ligada ao fato de gerar, mas à circunstância de amar e de servir; muito embora a coabitação sexual de que possa resultar gravidez seja inequivocamente fonte de responsabilidade civil.

---

92 Karl Engisch, *Introdução ao pensamento jurídico*, Lisboa: Fundação Calouste Gulbenkian, 1996, p. 21-29.
93 João Baptista Villela, *Desbiologização da paternidade*, Rio de Janeiro: Revista Forense, 1980, p. 45-51.

Se nos reportarmos à célebre sentença do Rei Salomão, na disputa de duas mulheres pela guarda de uma criança, podemos perceber que a História, já há muito tempo, deu-nos uma bela e simples lição de maternidade, demonstrando que o amor a um filho pode ser até mais forte que o vínculo biológico.

Apesar de ser o vínculo biológico que liga os pais aos filhos um fator relevante, diante das técnicas de reprodução artificial com a possibilidade de doação de material genético, torna-se necessária a criação de novos conceitos de maternidade e paternidade.

Há consenso de que não se estabelece qualquer vínculo de filiação entre o terceiro doador, estranho ao casal, unido em matrimônio ou não, e a criança que nasceu do método, pois a descendência biológica só seria relevante se existisse a intenção de maternidade ou paternidade, sendo evidente, neste caso, que essa intenção não existe.

A verdadeira paternidade não pode mais se reduzir à autoria genética da descendência; porque o pai, além de emprestar seu nome de família deve, sobretudo, tratar seu filho como tal perante a sociedade; outorgando-lhe, por vontade própria, a posse do estado de filho, que se constitui por três elementos: *nomen* — a criança usa o nome de seus pais; *tractatus* — os pais sempre trataram a criança como se seu filho fosse, contribuindo para sua manutenção e estabelecimento; *fama* — a criança sempre foi reconhecida pela família e pela sociedade como filha de seus pais.

Com relação às técnicas de reprodução assistida heterólogas, as antigas presunções de paternidade se tornaram ainda mais inócuas, visto que, nestes casos, estão envolvidas duas paternidades: a biológica, do doador do esperma, e a legal, do marido estéril que consentiu na inseminação ou fecundação de sua mulher. Não se pode aqui privilegiar uma ou outra, pois ambas não resolvem o problema.

Nas questões relativas às técnicas heterólogas, o consentimento revela-se de fundamental importância, pois tem o condão de legitimar ou não o uso do procedimento. Se imaginarmos que a filiação válida resulta de um projeto parental, a manifestação clara e inequívoca do marido em relação à utilização de esperma de terceiro doador é extremamente importante para que se possa garantir o vínculo de filiação da criança com seu pai; pois tal consentimento demonstra que este deseja, quer e vivencia com intensidade a paternidade afetiva.

Cabe ainda ressaltar que apesar da presunção de paternidade admitir exceções e abrandamentos, continua ela válida, especialmente nos casos onde ocorreu consentimento. Assim, valendo-se um casal estéril de técnicas de reprodução assistida para realizar seu projeto familiar, a criança oriunda da técnica sempre será filha do marido de sua mãe.

A maioria dos países, onde há permissão para utilização de técnicas de reprodução assistida heterólogas, é unânime em se posicionar no sentido de que se houve consentimento do marido, não é admissível a negatória de paternidade; sempre se observando os interesses da criança. Isso ocorre nas legislações civis de Portugal[94] e Espanha[95]; bem como

---

94 Código Civil português, artigo 1.839 (Fundamento e legitimidade):
"*1. A paternidade do filho pode ser impugnada pelo marido da mãe, por esta, pelo filho ou, nos termos do artigo 1841.º, pelo Ministério Público.
2. Na acção o autor deve provar que, de acordo com as circunstâncias, a paternidade do marido da mãe é manifestamente improvável.
3. Não é permitida a impugnação de paternidade com fundamento em inseminação artificial ao cônjuge que nela consentiu.*"
95 Lei Espanhola nº 35/88, artigo 8, 1: "*Ní el marido, ni la mujer, cuando hayan prestado su consentimiento, previa y expresamente, a determinada fecundación con contribución de donante o donantes, po-*

na Austrália, na Áustria, no Canadá, na Dinamarca, na França, na Grécia, na Holanda, na Hungria, na Iugoslávia, em Luxemburgo, na Suécia, na Suíça e na Tcheco-Eslováquia[96].

As técnicas de reprodução assistida estão intimamente vinculadas aos anseios do casal de suprir uma falha da natureza, constituindo uma família, tornando-se pais. Esse anseio não pode e nem deve ser condenado pela sociedade, sem que antes se faça uma reflexão sobre a necessidade da procriação.

A vontade do casal deve ser o ponto essencial para o estabelecimento do vínculo de filiação, não devendo haver dúvidas de que pai e mãe serão aqueles que se submeteram voluntariamente a tratamento de reprodução artificial, devendo prevalecer a verdade sociológica, afetiva e individual. O consentimento para a prática de técnicas de reprodução artificial deve ser entendido como uma verdadeira renúncia ao direito de impugnação da maternidade ou da paternidade, sempre prevalecendo o melhor interesse da criança, o qual não pode ser perturbado por posterior alteração de vontade dos pais. Se os pacientes assumiram o compromisso de se submeterem ao tratamento, com doação de material genético de terceiro, não podem depois querer contestar a filiação.

A principal relação de parentesco é aquela que se estabelece entre pais e filhos, pois a filiação é o vínculo mais importante na organização da família nuclear. A Constituição de 1988 alterou de forma substancial nosso direito de família ao promover a igualdade entre os cônjuges, entre os companheiros e entre os filhos, havidos ou não da relação

---

drán impugnar la filiación matrimonial del hijo nacido por consecuencia de tal fecundación."
96 Eduardo de Oliveira Leite, *Procriações artificiais*, cit., p. 358-38.

de casamento; pois, *"quem acolhe, protege, educa, orienta, repreende, veste, alimenta, quem ama e cria uma criança, é pai. Pai de fato, mas, sem dúvida, pai. O pai de criação tem posse de estado com relação a seu filho de criação. Há nesta relação uma realidade sociológica e afetiva que o direito tem de enxergar e socorrer. O que cria, o que fica no lugar do pai, tem direitos e deveres para com a criança, observado o que for melhor para os interesses desta."*[97]

Também o novo Código Civil promoveu uma grande quantidade de alterações no Livro dedicado ao Direito de Família, a fim de se adequar às novas diretrizes dadas por nossa Magna Carta. A "nova família" que surgiu com o advento da Constituição de 1988, muito diferente daquela reconhecida no Código Civil de 1916, calcada no casamento indissolúvel, é fruto de uma luta constante contra o preconceito, a discriminação e a intolerância de uma sociedade ultrapassada.

A família, como um fenômeno cultural que é, passou por várias transformações ao longo do tempo; as mudanças ocorridas desde a promulgação do Código Civil de 1916, como já dissemos, foram muitas e impactaram de forma definitiva a estrutura familiar. Atualmente, o Estado não pode mais tutelar os sentimentos e as relações íntimas dos indivíduos, devendo tão-somente estabelecer princípios e definir institutos, sem, contudo, apresentar fórmulas fechadas que ignorem a dinâmica social.

O que se pretende é a preservação e o desenvolvimento de uma família igual e plural, garantindo-se igualdade e respeito entre seus componentes. A família não pode mais ser um agrupamento instituído única e exclusivamente pelo casamento, sob a autoridade de um chefe. Tem ela

---

[97] Zeno Veloso, *Direito brasileiro da filiação e paternidade*, São Paulo: Malheiros, 1997, p. 215.

hoje como essência a afeição de seus membros, sem hierarquia entre os cônjuges ou companheiros e absoluta igualdade entre os filhos; isso porque somente o projeto de vida em comum pode ser sua razão de ser.

Veremos agora as principais situações ético-jurídicas decorrentes da utilização da inseminação artificial e da fecundação *in vitro*, sejam elas homólogas ou heterólogas.

3.3. A inseminação artificial homóloga

Como já explicamos anteriormente, a inseminação artificial homóloga (IAH) opera-se *"in vivo"*, pois a mulher recebe inoculação de material germinativo fecundante, de seu marido ou companheiro, diretamente dentro de seu próprio corpo; cabendo ressaltar que a coleta deste material germinativo e seu uso requerem a anuência do doador; logo, deveria este se encontrar vivo por ocasião da inseminação a fim de manifestar sua vontade, após prévio esclarecimento do processo[98].

Em regra, esse tipo de inseminação não fere qualquer princípio jurídico; não haverá também qualquer dúvida quanto aos vínculos de filiação; mesmo podendo a concepção ser feita à distância no tempo e no espaço.

A grande questão que se coloca neste caso seria a possibilidade de ocorrer à inseminação *post mortem*[99], pois

---

98 Resolução CFM nº 1.358/92, seção II, item 2: *"Estando casada ou em união estável, será necessária a aprovação do cônjuge ou do companheiro, através de um processo semelhante de consentimento informado."*

99 Consultar: Deborah Ciocci Alvarez de Oliveira & Edson Borges Jr., *Reprodução Assistida*, cit., p. 59-66; Eduardo de Oliveira Leite, *Procriações artificiais*, cit., p. 199-382; Maria Helena Diniz, O *estado atual do biodireito*, São Paulo — Saraiva, 2001, p. 455-457.

com o advento da possibilidade da criopreservação de esperma, tornou-se possível gerar filhos mesmo após a morte do doador.

Tal fato tem provocado sérias discussões envolvendo a legitimidade da filiação, bem como o caso de presunção de paternidade elencado no artigo 1.597, III, do novo Código Civil; visto que a criança concebida nestas condições, à luz do Código Civil de 1916[100], seria considerada extramatrimonial, não tendo pai e não podendo ser registrada como filha do doador, marido de sua mãe biológica.

Em relação à obtenção e utilização do sêmen após a morte do doador, nos deparamos com um problema relativo ao *status* jurídico da criança advinda do procedimento, bem como aos direitos sucessórios a ela inerentes; uma vez que após o nascimento com vida, a criança adquire personalidade jurídica (novo C.C., art. 2º, primeira parte[101]), passando a ser sujeito de direito e obrigações, dentre os quais se encontra o direito de ter uma família (ECA, arts. 4º[102] e 19[103]); sendo este um direito personalíssimo indisponível, não estaria sendo garantido na inseminação *post mortem*.

---

100 Código Civil de 1916, artigos 337 e 338.
101 Novo Código Civil, artigo 2º, primeira parte: *"A personalidade civil da pessoa começa do nascimento com vida; ..."*.
102 Lei 8.069/90 — Estatuto da Criança e do Adolescente, artigo 4º: *"É dever da família, da comunidade, da sociedade em geral e do Poder Público assegurar, com absoluta prioridade, a efetivação dos direitos inerentes à vida, à saúde, à alimentação, à educação, ao esporte, ao lazer, à profissionalização, à cultura, à dignidade, ao respeito, à liberdade e à convivência familiar e comunitária."*
103 Lei 8.069/90 — Estatuto da Criança e do Adolescente, artigo 19: *"Toda criança ou adolescente tem direito a ser criado e educado no seio de sua família, e, excepcionalmente, em família substituta, assegurada a convivência familiar e comunitária, em ambiente livre da presença de pessoas dependentes de substâncias entorpecentes."*

A licitude do procedimento e sua utilização segundo o princípio da autonomia não devem ser questionadas, mas para que se possam determinar corretamente os vínculos de filiação nos parece imprescindível consentimento informado, mesmo existindo presunção legal neste sentido.

Esse consentimento, entretanto, mesmo que obtido antes do falecimento não tem validade após a morte, pois conforme o novo Código Civil, artigo 6º, com a morte cessa a existência da pessoa natural, que deixa de ser sujeito de direitos e obrigações, por não ter mais personalidade jurídica.

A maioria dos países condena a inseminação *post mortem*, sendo que a lei alemã e a sueca a proíbem. Nos países de direito costumeiro, como Espanha[104], Israel e Inglaterra, esse tipo de inseminação é aceito sob certas condições.

Esta é uma possibilidade de procriação factível a partir do congelamento de esperma. Um homem acometido de doença grave que se submete a tratamento terapêutico que pode levá-lo a esterilidade, tem a possibilidade de recolher seu esperma em um banco para conservação e posterior utilização. Vindo esse homem a falecer, sua viúva pode querer o material congelado a fim de conceber uma criança.

Tal fato, entretanto, não deveria ser aceito, uma vez que se não existe mais casal solicitando um filho, não se pode mais justificar a utilização da inseminação artificial; além disso, o fundamento de validade das procriações artificiais sempre foi o de dar remédio à esterilidade do casal solicitante.

---

104 Lei espanhola nº 35/88, artigo 9,: *"No obstante lo dispuesto en el apartado anterior, el marido podrá consentir, en escritura publica o testamento, que su material reproductor pueda ser utilizado, en los seis meses siguientes a su fallecimiento, para fecundar a su mujer, produciendo tal generación los efectos legales que se derivan de la filiación matrimonial."*

Tal tipo de procriação daria ensejo a incontornáveis problemas relativos a herança e sucessão. Em decorrência disso, o relatório Warnock decidiu que a criança que não se encontrasse no útero da mãe na data de falecimento do pai não poderia ser considerada filho para efeito de herança e sucessão do mesmo.

Ademais, qualquer centro de procriação assistida pode se recusar a entregar os capilares, ainda que tenha a concordância por escrito do *de cujus* para tanto, visto ser qualquer manifestação de vontade neste sentido nula; primeiro porque vai contra os princípios gerais de direito segundo os quais não se permitem realizar desejos de imortalidade e segundo porque encontra frontal oposição da ordem pública.

Por esses motivos é que nos causa espanto o posicionamento do legislador infraconstitucional ao redigir o novo Código Civil, que em seu artigo 1.597, inciso III, dispõe expressamente: *"Presumem-se concebidos na constância do casamento os filhos: havidos por fecundação artificial homóloga, mesmo que falecido o marido."*

Ora, está se tratando aqui exatamente da referida inseminação artificial *post mortem*, que acabamos de demonstrar incompatível com os ensejos do Estado Democrático de Direito.

Além disso, analisando-se mais detalhadamente tal dispositivo, podemos perceber que o mesmo entra em conflito com outras normas do mesmo Código, pois ao impor paternidade a pessoa morta, provoca sérias questões jurídicas e as seguintes indagações[105]:

---

105 Reflexões a partir das anotações feitas no curso sobre Reprodução Assistida no Novo Código Civil, ministrado em 20 de outubro de 2001, no Instituto Internacional de Direito, pela Professora Doutora Maria Helena Diniz.

✓ como uma pessoa morta pode ter direito de ser pai, se pelo artigo 6º do novo Código Civil: *"A existência da pessoa natural termina com a morte; ..."*? Com a morte perde-se a personalidade jurídica; o morto não terá mais nem direitos nem deveres;

✓ como a mulher pode ter um filho de pessoa morta, se pelo artigo 1.571, inciso I do novo Código Civil: *"A sociedade conjugal termina: pela morte de um dos cônjuges"*? Após a morte de um dos cônjuges não há mais que se falar em casamento, o qual extingue qualquer vínculo matrimonial;

✓ como fica o direito sucessório da criança assim gerada, se pelo artigo 1.798 do novo Código Civil: *"Legitimam-se a suceder as pessoas nascidas ou já concebidas no momento da abertura da sucessão"*? Diante de tal disposição é herdeiro quem existir no momento da abertura da sucessão; desse modo, se a criança for gerada após a morte do marido, não terá direito à sua sucessão.

Nota-se que o novo Código Civil, ao admitir a inseminação artificial *"post mortem"*, criou sérios problemas jurídicos sem dar subsídios necessários à sua solução. Sem falar que estamos diante de uma afronta à vontade procracional do casal que deve ser livre e consciente; pode-se dizer que há também ofensa ao direito à paternidade, à identidade e à imagem.

Além disso, para agravar essa situação, devemos mencionar que sendo a clínica de reprodução assistida mera depositária do material fertilizante, a morte do depositante provoca a extinção do contrato de depósito, devendo o material depositado ser descartado, pois, sendo parte do corpo humano, sua disposição é um direito personalíssimo, não podendo ser objeto de herança. Não nos parece, neste caso, que a viúva tenha qualquer direito sobre o material fertilizante depositado.

Podem, ainda, ocorrer outros tipos de problemas ético-jurídicos relativos à inseminação artificial homóloga, os quais colocam a criança assim gerada em uma difícil situação, uma vez que não terá uma vida normal, fato que poderá prejudicar a formação de sua personalidade e sua integração social.

Imaginemos que havendo troca do material fertilizante em laboratório, o marido venha a alegar que o filho não é seu, impugnando sua paternidade e provando que não é o pai através de exame de DNA. Poderia ele requerer a separação judicial, alegando injúria grave? Como fica a situação da criança gerada por erro laboratorial?

Se houve fraude contra o marido e este descobrir a farsa, uma vez que acreditou ser seu material fertilizante, quando na verdade pertencia a terceiro, poderia ele pedir a separação judicial por injúria grave e impugnação da paternidade? Como fica a criança assim gerada?

E se houve fraude contra a mulher, que crê estar sendo inseminada com material fertilizante do marido, quando, na verdade, utilizou-se esperma de terceiro, poderia ela, forçada à maternidade, alegar estupro científico e pleitear um aborto legal? Poderia pedir também a separação judicial com base na injúria grave? Se não ocorrer o aborto e a criança vier a nascer, como ficaria sua situação?

Para esses e muitos outros questionamentos, infelizmente, o direito ainda não encontrou uma resposta satisfatória. Vamos agora verificar os problemas, ainda maiores, gerados pela inseminação artificial heteróloga.

3.4. A inseminação artificial heteróloga[106]

A inseminação artificial heteróloga, assim como a homóloga, ocorre também *in vivo*, todavia o material fertilizante será proveniente de terceiro, estranho à relação matrimonial ou união estável.

Neste tipo de inseminação, desde que haja concordância do marido ou companheiro, o vínculo de filiação deve basear-se na relação conjugal. Cabe ressaltar a importância do consentimento neste caso, o qual deverá ser expresso e inequívoco, não podendo ser substituído por nenhuma autorização judicial. Havendo esse consentimento, não poderá o marido ou companheiro, posteriormente, contestar a

---

106 Obras pesquisadas: Ana Cristina Rafful, *A reprodução artificial*, cit., p. 37-39; Deborah Ciocci Alvarez de Oliveira & Edson Borges Jr., *Reprodução assistida*, cit., p. 31-47; Eduardo de Oliveira Leite, *Procriações artificiais*, cit., p. 326-382; Monica Sartori Scarparo, *Fertilização assistida*, cit., p. 8-10; José de Oliveira Ascensão, Problemas Jurídicos da Procriação Assistida, Rio de Janeiro: *Revista Forense*, 1994; Armando Dias de Azevedo, A inseminação artificial em face da moral e do direito, Rio de Janeiro: *Revista Forense*, 1953; Heloisa Helena Barboza, *A filiação em face da inseminação artificial e da fertilização "in vitro"*, Rio de Janeiro: Renovar, 1993; Carlos Alberto Bittar, Problemas ético-jurídicos da inseminação artificial, São Paulo: *Revista dos Tribunais*, 1993; Francesco Maria Cirillo, La fecondazione artificiale eterologa ed il rapporto di paternita, nella filiazione legittima ed in quella naturale, *Rivista di Diritto Civile*, Padova: 1998 ; Luiz Roldão de Freitas Gomes, Questões jurídicas em torno da inseminação artificial, *Revista dos Tribunais*, São Paulo: 1992; José Celso de Camargo Sampaio, A inseminação artificial no direito de família, *Revista dos Tribunais*, São Paulo: 1991; Ingrid Brena Sesma, Algunas consideraciones em torno al derecho a la reprodución por médio de inseminación artificial, *Boletim Mexicano de Derecho Comparado*, México: 1995; J. Antunes Varella, A inseminação artificial e a filiação perante o direito português e o direito brasileiro, *Revista Brasileira de Direito Comparado*, São Paulo: 1993.

paternidade de seu filho (*nemo auditur propriam turpitudinem allegans*), uma vez que se-lhe retira o direito de impugnar a legitimidade do filho havido por sua esposa ou companheira, salvo se provar que houve infidelidade da mulher e que a criança não nasceu da inseminação.

Todavia, se a inseminação heteróloga for levada a cabo sem a autorização do marido ou companheiro, cabe a este o direito de se socorrer da ação negatória de paternidade para impugnar o vínculo de filiação.

Existem muitas pessoas contrárias a esse tipo de inseminação; os argumentos mais freqüentes são os seguintes: alguns entendem que não deveria haver a introdução de um terceiro estranho no projeto parental do casal; outros acreditam que a "ajuda" de um terceiro acarreta adultério (casto ou científico).

Não se pode afirmar que existe adultério, uma vez que não existe na inseminação heteróloga nenhuma relação "carnal" entre a esposa e o doador, a qual ignora, inclusive, a identidade do pai biológico da criança. Ademais, como a decisão de se recorrer a essa técnica foi tomada de comum acordo pelo casal, não há como se entender que existe ameaça ao casamento, visto que o projeto parental engendrado pelo casal só vem a confirmar seu profundo entendimento e total solidariedade.

A doação de esperma deve ser entendida como um ato de generosidade daqueles que, em plena maturidade afetiva, dão um bem seu, a outro casal privado do direito de procriar. O anonimato dos doadores é uma forma de proteção tanto à criança, quanto a eles mesmos.

Através de recentes pesquisas estatísticas comprovou-se que os casais que enfrentando o problema da esterilidade, optaram pela inseminação heteróloga, tornaram-se mais unidos, pois o desejo em comum de ter e criar um filho, bem como a ajuda mútua na luta contra os obstáculos encontrados, vieram a estreitar os laços de afetividade solidificando a união conjugal.

Outra questão que se coloca neste contexto diz respeito à filiação, ou melhor, como se atribuir filiação à criança nascida de uma inseminação heteróloga. Ocorre aqui uma contraposição entre a filiação biológica e a filiação afetiva; cabendo ressaltar que se considera crime de falsidade ideológica registrar como seu filho de outrem[107], assim o marido da mulher que concebeu por inseminação heteróloga, estará, aos olhos da legislação penal, cometendo um crime.

Uma solução para este tipo de problema poderia ser a adoção da criança gerada pelo marido da mãe, principalmente nos países, como é o caso do Brasil, que ainda não legislaram sobre o assunto. Sendo a adoção irrevogável[108], à criança oriunda de inseminação artificial heteróloga estar-se-ia conferindo a condição de filho de forma imutável.

Pode, todavia, o marido ou companheiro de mulher que se submeteu a esse tipo de inseminação sem o seu consentimento, ajuizar ação de separação judicial com base na injúria grave[109], pois o fato de uma mulher se submeter a inseminação heteróloga sem a autorização do marido ou companheiro evidencia que existe uma divergência entre sua determinação em ser mãe e a posição de seu marido ou

---

107 Código Penal, artigo 242: *"Dar parto alheio como próprio; registrar como seu o filho de outrem; ocultar recém-nascido ou substituí-lo, suprimindo ou alterando direito inerente ao estado civil:*
Pena — reclusão, de dois a seis anos."

108 Lei 8.069/90 — Estatuto da Criança e do Adolescente, artigo 48: *"A adoção é irrevogável."*.

109 A injúria grave pode ser entendida como toda ofensa à honra, à respeitabilidade, à dignidade do cônjuge, quer consista em atos, quer consista em palavras. Consultar a respeito: Maria Helena Diniz, *Curso de Direito Civil Brasileiro — 5º volume — Direito de Família*, cit., 1996, p. 230-231.

companheiro, que não quer assumir esse tipo de paternidade; tal fato provocaria a insuportabilidade da vida em comum, ensejando a separação judicial com base também na violação do dever de lealdade[110].

Para o homem, em especial, constitui prova de grande doação o fato de aceitar uma inseminação artificial heteróloga, com sêmen de doador fértil, pois enquanto toda mulher já tem a percepção da maternidade dentro de si, o homem só se tornará realmente pai quando vier a conviver com a criança após o nascimento.

Cabe ressaltar que no caso acima apontado a separação não exime o marido ou companheiro do dever alimentar[111]; sendo certo que para se desobrigar dos deveres devidos ao suposto filho, teria que promover a ação negatória de paternidade.

Diante do acima exposto podemos dizer que essa técnica de reprodução artificial pode acarretar problemas tanto no campo ético quanto no campo jurídico, ressaltando-se o fato de que o indivíduo nascido da utilização desta técnica não possuirá o material genético pertencente a um dos cônjuges, fato que poderá ocasionar rejeição e uma eventual impugnação de paternidade.

---

110 Segundo o artigo 5º da Lei 6.515/77 (Lei do Divórcio), o dever de lealdade é um dos deveres do casamento.
111 Novo Código Civil, artigo 1.566: *"São deveres de ambos os cônjuges:*
IV — sustento, guarda e educação dos filhos."
No mesmo sentido dispunha o artigo 231, inciso IV do Código Civil de 1916; sendo certo que a violação dessa obrigação, relativamente ao que concerne aos filhos menores e não emancipados, acarretava a suspensão ou destituição do pátrio poder, remediando-se o mal pela ação de alimentos, podendo, ainda, configurar crime de abandono material, intelectual e moral da família, conforme artigos 244 a 247 do Código Penal.

Conforme entendimento de Maria Helena Diniz[112], os principais problemas oriundos da inseminação artificial heteróloga são os seguintes:

a) pode ocorrer um desequilíbrio na estrutura básica do matrimônio, em decorrência da concepção sem o ato sexual entre pai e mãe;
b) abre-se a possibilidade ao transexual ou homossexual de poder utilizar-se dessa técnica de procriação;
c) poderá ocorrer a falsa inscrição no registro civil, diante da presunção de que é filho do marido aquele concebido na constância do casamento;
d) se a esposa não anuir com a doação de material genético, poderá o homem fazê-lo, dando ensejo à separação judicial com base em injúria grave;
e) do mesmo modo, a falta de consentimento do marido também poderá ser motivo para separação judicial por injúria grave;
f) a possibilidade de arrependimento posterior de uma das partes, provocando problemas de ordem física e psicológica na criança, que poderá ser rejeitada, abandonada ou maltratada, após o nascimento;
g) a alegação de que houve adultério e não inseminação artificial heteróloga, que poderá gerar demanda de separação judicial;
h) a ocorrência de paternidade incerta, negando-se ao filho seu direito à identidade, pois se houver impugnação daquela, a necessidade do anonimato do doador do material fertilizante torna impossível sua identificação;

---

112 Maria Helena Diniz, *Reflexões sobre a problemática das novas técnicas científicas de reprodução humana assistida e a questão da responsabilidade civil por dano moral ao embrião e ao nascituro*, Livro de Estudos Jurídicos, nº 8, apud *O estado atual do biodireito*, cit., p. 458-463.

i) a rejeição de ambas as partes, pais e filho, se este vier a saber que foi gerado por inseminação artificial heteróloga;
j) a possibilidade de incesto, resultante do encobrimento da verdadeira descendência;
k) pessoas não vinculadas pelo matrimônio ou união estável poderão, utilizando-se de material fertilizante de terceiro doador, fazer uso dessa técnica, comprometendo toda a estrutura familiar da criança;
l) o doador do material fertilizante poderá reclamar judicialmente a paternidade, pretendo beneficiar-se, economicamente, ao reconhecer como seu o filho, ou vice-versa.

Assim como Maria Helena Diniz, entendem outros juristas que esse tipo de inseminação desrespeita princípios éticos e jurídicos básicos, visto que fere a estrutura básica do matrimônio, introduzindo numa família ser humano com patrimônio genético diverso ao dos cônjuges; além de possibilitar a compra e venda de células germinais, bem como dificulta o estabelecimento da paternidade, em decorrência do sigilo que deve ser guardado em relação à identidade do doador do material genético.

Contudo, não se pode olvidar que a criança nascida dessa técnica, apesar de não ser filho biológico do casal que propiciou seu nascimento, torna-se filho legítimo, uma vez que tal nascimento ocorreu em decorrência de uma decisão tomada anteriormente pelo casal, que deu seu consentimento. Ademais, podemos afirmar que em casos de adoção, também o adotado não terá o patrimônio genético dos adotantes, e nem por isso a estrutura familiar estará destruída, visto que o direito inibe qualquer tipo de discriminação em relação à filiação[113].

---

113 Eduardo de Oliveira Leite, *Procriações artificiais*, cit., p. 201-214

Com relação à falta de patrimônio genético, é, ainda, importante destacar que a criança terá 50% do patrimônio genético familiar, aquele que é proveniente da mãe; mesmo a falta do patrimônio genético, como em caso de adoção, se torna irrelevante, se houver verdadeiro afeto pela criança.

Atualmente a filiação afetiva está sendo amplamente aceita em contraposição à filiação biológica; isso decorre da utilização de técnicas de reprodução assistida heterólogas onde a filiação passa a se estabelecer independentemente da carga genética, demonstrando-se assim a complexidade das relações humanas.

Tanto na adoção quanto nas técnicas heterólogas de reprodução assistida deparamo-nos com o problema da revelação ou não da verdade à criança. Torna-se angustiante a situação, mas a revelação da verdade ainda é muito importante para que pais e filhos possam viver de forma tranqüila, sem o fantasma de uma revelação traumatizante feita por terceiros.

O direito de ter filhos próprios é inerente ao ser humano, não podendo ser-lhe negado; sendo certo que mesmo o altruísmo da adoção não pode superar o esforço de um casal estéril na obtenção de um filho seu. Assim, cumpre a sociedade o dever de ajudar os casais estéreis a terem respeitado seu direito à procriação, bem como a criança, gerada através dessas técnicas seu direito de ter um pai e uma mãe.

Como sabemos, a inseminação artificial heteróloga não é, como a adoção, um direito legitimamente regulado; to-

---

e 358-382; Deborah Ciocci Alvarez de Oliveira & Edson Borges Jr., *Reprodução assistida*, cit., p. 37-42; João Baptista Villela, *Desbiologização*, cit., p. 45-51; Zeno Veloso, *Direito Brasileiro de Filiação e Paternidade*, cit., p. 151.

davia, é um remédio bastante eficaz, que visa atenuar a esterilidade do casal e suas naturais conseqüências psicológicas e sociais.

Ainda, com relação à inseminação artificial heteróloga, cumpre-nos alertar a respeito da possibilidade de utilização desta técnica por mulheres solteiras, viúvas, separadas ou divorciadas, ou seja, aquelas que não têm marido ou companheiro; bem como por homossexuais e transexuais.

Na prática, não existe lei que proíba o acesso de tais pessoas aos tratamentos de infertilidade, pois se considera, sem qualquer restrição, que toda mulher capaz pode se utilizar das técnicas de reprodução artificial, mas a questão, como veremos, não é pacífica.

A Resolução CFM nº 1.358/92 dispõe que: "Toda mulher, capaz nos termos da lei, que tenha solicitado e cuja indicação não se afaste dos limites desta Resolução, pode ser receptora das técnicas de Reprodução Assistida, desde que tenha concordado de maneira livre e consciente em documento de consentimento informado."[114] não há qualquer ressalva ou exigência de marido ou companheiro; entretanto, surge divergência no tocante a *"afastar-se dos limites da Resolução"*, visto que conforme a mesma Resolução: "As técnicas de Reprodução Assistida têm o papel de auxiliar na resolução dos problemas de infertilidade humana, facilitando o processo de procriação quando outras terapêuticas tenham sido ineficazes ou ineficientes para a solução atual de infertilidade."[115]

Cabe ressaltar, também, que apesar da licitude do procedimento, o médico pode se recusar a realizá-lo, baseando-se nos ditames de sua consciência; uma vez que as técnicas de reprodução assistida devem ser utilizadas por ca-

---

114 Resolução CFM nº 1.358/92, seção II, item 1.
115 Resolução CFM nº 1.358/92, seção I, item 1.

sais que não podem ter filhos por processo natural e não por vaidade ou capricho.

Pode parecer contradição aceitar a adoção por pessoa solteira[116] e não permitir que essas mesmas pessoas se submetam a inseminações artificiais; todavia a adoção visa dar um lar a uma criança abandonada, já nascida, enquanto a inseminação dá origem a uma nova vida, que deve ter uma família, pelo menos a princípio, composta por um pai e uma mãe.

O artigo 226 e seus §§ da Carta Magna estabelecem a forma de constituição da família, incluída aí aquela composta por qualquer dos pais e seus descendentes (família monoparental); contudo, isso somente ocorrerá em caso de morte ou separação; por isso não podemos admitir o uso de inseminação artificial por mulher solteira.

Não se pode pensar em crianças nascidas em famílias monoparentais, que desde o início somente têm ou o pai ou a mãe. Pretender o nascimento de uma criança órfã é totalmente contrário à noção de direito natural e ordem pública.

O acesso a tratamentos de esterilidade não se pode apoiar única e exclusivamente no casamento, visto que nossa Constituição reconhece a união estável como entidade familiar. O casal, apto a se submeter às técnicas de procriação artificial, deve ser entendido como sendo um casal heterossexual vivendo em união estável, casado ou não; sempre se deve respeitar o direito da criança a ter um pai e uma mãe.

Isto posto, deve ficar entendido que as pessoas solteiras, viúvas, separadas, divorciadas, homossexuais ou tran-

---

116 Lei 8.069/90 — Estatuto da Criança e do Adolescente, artigo 42: *"Podem adotar os maiores de 21 (vinte e um) anos, independentemente de estado civil."*

sexuais estão impedidas de se socorrerem das técnicas de reprodução assistida, as quais visam atenuar os problemas de esterilidade de um casal.

A grande maioria da doutrina[117] já afirma que a procriação artificial só pode ser destinada às mulheres casadas, desde que haja consentimento de seu marido; visto que a criança nascida da técnica tem direito a ter um pai e uma mãe, nos moldes da família tradicional. Mesmo nos casos de inseminação ou fecundações heterólogas, a paternidade do marido da paciente é uma paternidade social, calcada no amor e na vontade de ter um filho.

A mulher solteira, viúva, separada ou divorciada, fértil, poderia fazer nascer uma criança através de técnicas heterólogas; todavia, parece-nos incorreto reconhecer-lhe esse direito, uma vez que além de desvirtuar o objetivo dessas técnicas, qual seja: dar artificialmente filhos a um casal estéril, ainda haveria desvantagens para a criança, que nasceria órfã de pai, sendo-lhe negada sua ascendência paterna. A pessoa nessas condições, mesmo movida pelas melhores intenções em relação à criança, não teria condições de garantir-lhe um mínimo padrão familiar.

Como já por muitas vezes salientamos, as técnicas de reprodução assistida não foram desenvolvidas para satisfazer caprichos ou vontades egoístas de certas pessoas, seu fundamento visa garantir um projeto parental ao casal estéril; não se pode querer equiparar o "direito de ter filhos" aos demais direitos fundamentais do homem, como o direito à vida, à liberdade, à igualdade; porque aquele nem chega a ser um direito e sim uma faculdade, o que existe é a liberdade de procriar.

---

117 Debora Ciocci Alvarez de Oliveira & Edson Borges Jr., *Reprodução assistida*, cit., p. 42-45; Ana Cristina Rafful, *A reprodução artificial*, cit., p. 115-117; Eduardo de Oliveira Leite, *Procriações artificiais*, cit., p. 344-358.

Para reforçar nossa postura, encontramos no artigo 227 da Constituição Federal entre os deveres da família, da sociedade e do Estado relativamente às crianças e adolescentes, o dever de assegurar o direito à convivência familiar; ora, uma mulher sem marido ou companheiro ou mesmo casais homossexuais não tem como prover essa convivência familiar a uma criança concebida através de técnica de reprodução assistida.

Não cabe ao caso alegar a proteção da família monoparental, constitucionalmente resguardada. A família monoparental, como já dissemos, resulta do divórcio ou da morte de um dos cônjuges, sendo que, neste caso, a criança tem a manutenção da dupla relação parental, seja no vínculo do nome, na vocação alimentar ou na vocação sucessória. A família transformou-se, em virtude das circunstâncias, em monoparental, mas inicialmente era uma família normal, constituída pelo pai, pela mãe e pelos filhos.

Além disso, não se pode querer equiparar este caso à adoção por pessoa celibatária, aceita como recurso extremo, tendo em vista que a criança, neste último caso, já está nascida, sendo certo que, para ela, melhor seria ser adotada por uma única pessoa do que permanecer abandonada.

Todo e qualquer projeto de criação de seres humanos fora da finalidade de constituição de família está terminantemente proibido pela ética. As técnicas de reprodução assistida só podem ser utilizadas com o objetivo de dar filhos artificialmente a quem a natureza os negou.

Não há consenso a esse respeito, tanto que tal prática é expressamente vedada na Alemanha, Egito e Israel; sendo permitida na Holanda, África do Sul e Espanha. Na Dinamarca e na França, proíbe-se expressamente o uso de tais técnicas em homossexuais.

A fim de concluir nossa explanação acerca dos problemas gerados pela inseminação artificial heteróloga, não podíamos nos olvidar do novo Código Civil, que em seu artigo 1.597, inciso V[118], disciplina esse tipo de técnica. Todavia, tal presunção de filiação pouco acrescentou a nosso ordenamento jurídico, provocando, inclusive, sérios problemas na esfera jurídica; dentre os quais podemos citar:

a) o problema da falsa inscrição no registro público se torna mais grave, porque aprovada por lei, fere-se a fé cartorária;
b) se o doador for casado, imprescindível seria a anuência de sua esposa; há omissão do novo Código relativamente a esse ponto;
c) se para que haja a inseminação artificial heteróloga é necessária a autorização do marido, como será a formalização desta anuência? A forma dessa anuência também não é regulada pelo novo Código;
d) o novo Código também é omisso no que diz respeito a como poderia ser evitado o arrependimento do marido. A única forma cabível seria a criação de uma norma de irretratabilidade para esses casos;
e) a omissão também se faz presente no novo Código com referência a autorização viciada (dolo, coação, etc. ...). Poderia a presunção ser anulada?
f) Além disso, quando a lei fala em "marido", parece-nos que se esqueceu das uniões estáveis, nas quais não existe a figura do marido, mas sim do companheiro ou convivente.

Diante do exposto, podemos perceber que o legislador

---

118 Novo Código Civil, artigo 1.597, inciso V: *"Presumem-se concebidos na constância do casamento os filhos:*
V — havidos por inseminação artificial heteróloga, desde que tenha prévia autorização do marido."

na ânsia de regular as situações decorrentes da evolução da biomedicina no campo da reprodução assistida, não agiu de forma acertada, uma vez que adentrou numa seara que mereceria ser regulada por normas especiais.

A seguir, estudaremos os problemas advindos com a utilização da fertilização *in vitro*, bem como a questão tormentosa da tutela jurídica da vida humana embrionária.

3.5. A fertilização *in vitro*

A fecundação *in vitro*, que se dá fora do corpo da mulher, é uma técnica relativamente simples: o óvulo maduro é extraído do ovário um pouco antes do momento em que ele seria naturalmente liberado. Depois, é misturado em tubo de ensaio ao esperma para que ocorra a fecundação. Fecundado, o óvulo é transplantado para o útero da mulher a fim de que possa se desenvolver.

O sucesso da implantação continua sendo um mistério para os médicos e por esse motivo é comum o transplante de mais de um embrião de cada vez. Para tanto, é necessário que se retire mais de um óvulo e, portanto, que se estimule a ovulação; além disso, deve-se tomar cuidado com a ocorrência de gravidezes múltiplas, que podem gerar abortos, partos precoces ou nascimentos prematuros, extremamente prejudiciais à saúde da gestante e também à da criança por nascer.

A redução embrionária tem sido utilizada no caso de gestações múltiplas; todavia essa prática está proibida pela Resolução CFM nº 1.358/92, item I, nº 7[119], sendo consi-

---

119 Resolução CFM nº 1.358/92, seção I, item 7: *"Em caso de gravidez múltipla, decorrente do uso de técnicas de RA, é proibida a utilização de procedimentos que visem a redução embrionária."*

derada criminosa, pois se trata de uma forma de interrupção da gravidez, com a destruição intra-uterina de um ou mais embriões.

Ao mesmo tempo em que se pretende coibir a redução embrionária seletiva e indiscriminada, uma vez que os pacientes devem estar informados e esclarecidos sobre os riscos de uma gestação múltipla, a maioria dos médicos, especialistas em reprodução humana, tentam evitar a gravidez múltipla, havendo inclusive limitação legal quanto ao número de embriões que podem ser transferidos para o útero materno; atualmente adota-se a prática de não se transferirem mais do que quatro embriões por ciclo[120].

Este fato gera o problema dos embriões excedentes e que destino dar a eles, uma vez que parece ser moralmente inaceitável deixá-los morrer.

Existem, neste caso, pelo menos três alternativas: os embriões excedentes poderão ser doados para outro casal, doados para a pesquisa científica ou destruídos, sendo certo que as duas últimas alternativas são extremamente po-

---

[120] A transferência de um número superior a 3 ou 4 embriões não assegura uma porcentagem maior de êxito no tratamento, e pode originar graves riscos na gestação múltipla, tais como ameaças de aborto e nascimentos prematuros. Daí por que esse é o número máximo recomendado pela maioria dos autores, constando, ademais, das recomendações do Comitê de Ética da European Society of Reproduction and Embryology, publicados em junho de 1.991 (Leo Pessini & Christian de Paul de Barchifontaine, *Problemas atuais de bioética*, São Paulo: Editora Loyola, 1996, p. 220, apud Jussara Maria Leal de Meirelles, *A vida humana embrionária e sua proteção jurídica*, Rio de Janeiro: Renovar, 2000, p. 20). No Brasil, a Resolução CFM nº 1.358/92, seção I, item 6 limita em quatro o número de embriões a ser transplantados: "*O número ideal de oócitos e pré-embriões a ser transferidos para a receptora não deve ser superior a quatro, com o intuito de não aumentar os riscos já existentes da multiparidade.*"

lêmicas e objeto de várias discussões, como veremos a seguir em item específico sobre o assunto.

Outra possibilidade decorrente da utilização da fertilização *in vitro* é o aparecimento da figura da mãe gestacional, ou seja, aquela que cede seu útero para levar a cabo uma gestação no lugar da mãe biológica ou institucional. A mãe de substituição pode ser apenas quem cede seu útero para a gestação ou pode inclusive doar seus óvulos, neste caso será mãe gestacional e biológica da criança por nascer.

Na fecundação *in vitro* podem aparecer três figuras de doadores: doadora de óvulos, doadora temporária de útero e doador de sêmen; isso porque essa técnica pode ser homóloga, se é utilizado o material fertilizante do próprio casal solicitante, ou heteróloga, se feita com material genético de terceiros doadores, seja sêmen ou óvulos; o embrião gerado, por sua vez, poderá ser implantado no útero da solicitante ou de terceira pessoa[121].

Nas palavras de Maria Helena Diniz[122], podem ser citadas como questões ético-jurídicas decorrentes da utilização da fertilização *in vitro* as seguintes:

> a) o desequilíbrio na estrutura familiar, porque o filho pode não ter nenhum caractere genético do casal encomendante;
> b) a falta de consentimento do marido pode ser motivo justificador de separação judicial, embasada em injúria grave;
> c) os riscos que podem ser ocasionados à saúde da doadora de óvulos, bem como ao embrião em situação extracorpórea;

---

121 Maria Helena Diniz, O *estado atual do biodireito*, cit., p. 465.
122 Maria Helena Diniz, O *estado atual do biodireito*, cit., p. 466-486.

d) o arrependimento posterior do casal, que possibilitaria a existência de "órfãos de ninguém";
e) a falsa inscrição de identidade no registro civil;
f) a possibilidade de transmissão de doenças genéticas ou psicoses hereditárias;
g) a eventualidade dos doadores do material fertilizante, visando interesses econômicos, quererem reclamar judicialmente como seu o filho;
h) o conflito de maternidade e de paternidade, no caso de doação de sêmen, óvulos e gestação de substituição;
i) a violação do direito de identidade da criança em decorrência do anonimato dos doadores; aumentando, ainda, os riscos de uniões incestuosas;
j) a questão da eugenia e a possibilidade de criação de aberrações genéticas;
k) o destino dos embriões excedentes, bem como a possibilidade de experimentações e destruição dos mesmos;
l) a permissão jurídica do congelamento e a propriedade do material fertilizante congelado;
m) a responsabilidade civil médica e dos centros de procriação assistida; bem como dos doadores de gametas.

Como se pode verificar são inúmeros os problemas decorrentes da utilização da fertilização *in vitro*; isso nos coloca diante de um impasse, pois se a ciência tem por objetivo tornar o homem mais homem, com maiores condições e possibilidades de viver com qualidade, não se justifica que essa mesma ciência possa ser usada para a destruição ou menosprezo da espécie humana.

A ética, como arte de dirigir a conduta, deve garantir a harmonia resultante do encontro do homem com o meio social, agindo como a moral de um ser humano em relação a seu semelhante. Veda-se a busca do ser humano perfeito, ideal, para que ele não venha a ser "coisificado", de forma a prejudicar o desenvolvimento das futuras gerações de forma espontânea e saudável.

O desenvolvimento da ciência é irreversível e necessário, desde que não viole normas éticas e jurídicas desconsiderando a dignidade humana. O papel do direito é o de assegurar o bem comum das pessoas pelo reconhecimento e defesa dos direitos fundamentais, sem perder de vista a dimensão.

A lei não tem o poder de se substituir à consciência, nem mesmo pode ditar normas sobre aquilo que escapa de sua competência, mas o fascínio da ciência, as conquistas tecnológicas e a ousadia das descobertas científicas no campo das manipulações biológicas, não devem fazer do ser humano um deus; assim sendo, o respeito devido à pessoa humana justifica todas as intervenções do direito.

O novo Código Civil em seu artigo 1.597, inciso IV[123], dispõe acerca da presunção de filiação em caso de fertilização "in vitro"; todavia, restringiu-a aos casos onde o material fertilizante é do próprio casal (fertilização "in vitro" homóloga), esquecendo-se de regular as fertilizações "in vitro" heterólogas.

Esse novo diploma infraconstitucional, aliás, está repleto de incoerências como esta, se admite a fertilização homóloga porque não a heteróloga? Além disso, em vários aspectos, o novo Código Civil é omisso; não faz referência, por exemplo, a como deve ser feita a anuência de todos os envolvidos na fertilização "in vitro"; também não dispõe a

---

123 Novo Código Civil, artigo 1.597, inciso IV: *"Presumem-se concebidos na constância do casamento os filhos:*
IV — havidos, a qualquer tempo, quando se tratar de embriões excedentários, decorrentes de concepção artificial homóloga."

respeito da possibilidade de a criança ser gerada com óvulo ou sêmen de pessoas já falecidas; não trata da irretratabilidade quando da utilização da técnica; dentre outras omissões.

Veremos, agora, as duas maiores discussões resultantes da utilização da fertilização *in vitro*: a gestação de substituição e os embriões excedentes.

3.5.1. A gestação de substituição

A prática da utilização de mães de substituição tem trazido sérios problemas éticos e jurídicos[124]. O apelo a esse recurso não é recente, tendo sido até mesmo mencionado em passagens bíblicas.

A mãe de substituição era sempre a mãe biológica da criança; contudo, com o avanço das técnicas de reprodução assistida, atualmente, a mãe de substituição pode não ter nenhuma ligação genética com a criança que está gestando. Isso ocorre porque existe apenas uma impossibilidade feminina de gestar; tanto o marido ou companheiro quanto a mulher ou companheira são férteis, mas a ausência de útero ou problemas nas trompas de Falópio impedem que a gestação seja levada a termo.

---

124 Obras consultadas: Mônica Sartori Scarparo, *Fertilização assistida*, cit., p. 10-18; Deborah Ciocci Alvarez de Oliveira & Edson Borges Jr., *Reprodução assistida*, cit., p. 47-58; Eduardo de Oliveira Leite, *Procriações artificiais*, cit., p. 398-428; Ana Cristina Rafful, *A reprodução artificial*, cit., p. 73-80; Gláucia Savin, Crítica aos conceitos de maternidade e paternidade diante das novas técnicas de reprodução artificial, São Paulo: *Revista dos Tribunais*, 1990, p. 234-242; Eugênio Carlos Callioli, *Aspectos da fecundação artificial "in vitro"*, cit., p. 71-95; Alexandre Gonçalves Frazão, *A fertilização "in vitro": uma nova problemática jurídica*, cit., Internet site: www.jus.com.br/doutrina/invitro.htm.

A mãe de substituição, durante um determinado período, carrega em seu ventre uma criança para outra mulher; findo esse prazo entregará a esta mulher a criança que alimentou, carregou e protegeu durante toda a gravidez. Se a mulher solicitante forneceu o óvulo, será a mãe genética; se foi a mãe de substituição quem forneceu também o óvulo, será esta mãe genética e geradora, ao mesmo tempo. O pai genético, por sua vez, pode ser o marido ou companheiro da mulher solicitante, bem como um doador anônimo.

Os avanços da biomedicina no campo da reprodução, contudo, não conseguiram, ainda, entender a relação de interdependência que se cria entre o embrião e a pessoa que o está gerando; daí os grandes problemas éticos e jurídicos que decorrem da aplicação deste procedimento.

Para o direito, até então, a maternidade era tida como sempre certa e determinada pelo notório fato de que a criança era filha da mãe de cujo ventre havia nascido; os conceitos legais indicavam que mãe era aquela que deu à luz, indicando que a filiação resulta do nascimento.

O novo Código Civil, bem como o de 1916, nem declinam quem seja a mãe, baseado no conceito de maternidade: "mater semper certa est", permitindo apenas ao pai a hipótese de contestar a paternidade. Já o Código Civil Português, em seu artigo 1796º, 1 dispõe que: "*Relativamente à mãe, a filiação resulta do facto do nascimento e estabelece-se nos termos dos artigos 1803º a 1825º.*" Também o Código Civil argentino, em seu artigo 242 estabelece que: "*La maternidad quedará establecida aun sin reconocimiento expreso, por la prueba del nacimiento y la identidad del nacido.*" Ambos diplomas legais enfatizam a maternidade biológica, consagrada secularmente na constituição da família.

Ora, diante da possibilidade da cessão temporária de útero com a gestação de substituição e posterior entrega da criança gerada sem o material genético da mãe substituta, o conceito de maternidade deve sofrer adaptações para se adequar à nova realidade.

A reprodução desassocia-se da gestação e do nascimento; os pais genéticos podem não ter nenhuma obrigação em relação à criança que vai nascer; a mãe pode limitar sua responsabilidade à gestação; criam-se várias formas de parentesco: genético, de gestação, de educação, social.

Os limites impostos à maternidade de substituição decorrem da própria sociedade, com destaque para o consentimento informado, para a convenção entre os envolvidos e para as normas éticas do Conselho Federal de Medicina[125]; devendo a cessão temporária de útero ser gratuita.

Deve-se sempre levar em consideração o maior interesse da criança, perguntando-se até que ponto é legítimo o desejo de procriar a qualquer custo, recorrendo-se a um processo, em que, após o nascimento, a criança é retirada de sua mãe natural. Há uma total ignorância sobre as conseqüências que a revelação de sua procriação poderiam causar na criança; assim, nada nos legitima dizer que nas gestações de substituição o melhor interesse da criança esteja satisfeito.

Em vários outros sentidos, esse procedimento é questionável. O papel de pai durante a gestação fica comprometido,

---

125 Resolução CFM nº 1.358/92, seção VII, itens 1 e 2:
"*VII — Sobre a gestação de substituição (doação temporária do útero).*
As clínicas, centros ou serviços de reprodução humana podem usar técnicas de RA para criarem a situação identificada como gestação de substituição, desde que exista um problema médico que impeça ou contra-indique a gestação na doadora genética.
1 — As doadoras temporárias do útero devem pertencer à família da doadora genética, num parentesco até o segundo grau, sendo os demais casos sujeitos à autorização do Conselho Regional de Medicina.
2 — A doação temporária do útero não poderá ter caráter lucrativo ou comercial."

diante da impossibilidade do pai genitor dificilmente estar ao lado da mãe de substituição. A angústia vivida pelo casal solicitante os perseguirá durante toda a gravidez e, em alguns casos, após o parto. A castidade da mãe de substituição é relevante, pois se esta mantém relações sexuais com seu marido ou companheiro ou com outros homens, a criança pode não ser fruto da fertilização, o que acarretaria problemas em relação à maternidade e/ou à paternidade biológicas.

Além disso, a mãe de substituição pode correr, além dos riscos obstetrícios, inerentes à gravidez, riscos psicológicos graves, sabendo que após o parto deverá entregar a criança. O casal solicitante, por sua vez, não tem nenhuma garantia de que a criança lhe será entregue, podendo a mãe de substituição mantê-la consigo.

Pode ainda acontecer de a criança nascer com alguma anomalia ou malformação e ser rejeitada por todos, casal solicitante e mãe de substituição.

Outro problema acerca do tema diz respeito à segurança dos encomendantes em relação à entrega da criança, uma vez que, no Brasil, qualquer tipo de contrato, em conformidade com o artigo 185 combinado com o artigo 104, ambos do novo Código Civil, bem como o artigo 82 do Código Civil de 1916[126], deve ter por objeto coisas móveis ou imóveis lícitas e possíveis; sendo a vida um direito indisponível, não pode ser objeto de contrato; sendo a substân-

---

126 Artigo 185 do Novo Código Civil: *"Aos atos jurídicos lícitos, que não sejam negócios jurídicos, aplicam-se, no que couber, as disposições do Título antecedente."*
Artigo 104 do Novo Código Civil: *"A validade do negócio jurídico requer: I — agente capaz; II — objeto lícito, possível, determinado ou determinável; III — forma prescrita ou não defesa em lei."*
Artigo 82 do Código Civil de 1916: *"A validade do ato jurídico requer agente capaz (art. 145, I), objeto lícito e forma prescrita ou não defesa em lei (arts. 129, 130 e 145)."*

cia humana um bem incomercializável, também não pode ser objeto de contrato. Logo, o contrato de locação de útero, segundo nosso ordenamento jurídico vigente, é considerado nulo.

Como inexiste, ainda, legislação referente ao estado de filiação nesses casos, em havendo disputa entre a mãe genética/social e a mãe substituta, caberá ao Poder Judiciário decidir o caso concreto, sempre no melhor interesse da criança.

É comum o arrependimento da mãe substituta durante a gravidez; por esse motivo, existe norma ética estabelecida pelo Conselho Federal de Medicina de que a mãe de substituição deva pertencer à família da mãe genética/social, num parentesco até segundo grau; sendo certo que, se inexiste parentesco, a cessão temporária de útero só poderá ocorrer com a prévia autorização do Conselho Regional de Medicina.[127]

Em todos os casos, os envolvidos devem estar esclarecidos e cientificados a respeito da técnica e seu consentimento produz inúmeros efeitos, servindo de prova para instruir eventual processo de disputa pela maternidade da criança. Existem várias sugestões para a solução das possíveis ocorrências, tais como:

a) adoção pré-natal pelo casal solicitante;
b) adoção, após o nascimento, pela esposa do solicitante e pelo pai biológico;
c) permissão de contrato de prestação de serviço ou trabalho eventual da gestante;
d) obtenção de declaração da gestante contratada, mediante escritura pública, garantindo aos pais solicitantes o direito de reconhecer o filho após o nascimento.

---

127 Resolução CFM n° 1.358/92, seção VII, item 1.

No Brasil, existe a obrigatoriedade do vínculo familiar entre a mãe social e a mãe gestacional; isso porque quer se eliminar a possibilidade de exploração comercial, uma vez que as pessoas estão ligadas por laços familiares. Nos EUA, por exemplo, estabelece-se uma relação de caráter comercial, a mãe substituta recebe, mediante um contrato, uma remuneração pelo período em que estiver gestando o bebê; neste caso, visa-se preservar a criança de futuros contatos com a mãe gestacional.

Assim, a maternidade de substituição deve ser utilizada como recurso derradeiro, quando todos os demais tratamentos disponíveis tenham se tornados inócuos para a solução daquele caso de esterilidade.

A tendência mundial é proibir a cessão temporária de útero devido aos grandes problemas dela decorrentes, uma vez que se considera nula toda e qualquer convenção que diga respeito à entrega da criança após o nascimento. O direito francês privilegia a mãe que teve a gravidez e o parto[128]; o mesmo ocorrendo na Espanha[129] e em Portugal.[130]

Na Alemanha e na Suécia, a maternidade de substituição é proibida. Na Inglaterra, não se proíbe, mas os contratos de mães de substituição são nulos e não reconhecidos juridicamente. No Canadá, a Comissão Quebec considera ilícita a maternidade de substituição. Na França, o Comitê Consultivo de Ética também considerou essa prática ilícita.

---

128 Jacqueline Rubellin-Devichi, *Mères porteuses, Premier et Deuxieme Types*. In: Bio-Ethique, vol. II, n. 6, p. 318, apud Eduardo de Oliveira Leite, *Procriações artificiais*, cit., p. 424.

129 Lei Espanhola nº 35/88, artigo 10, 2: *"La filiación de los hijos nacidos por gestación de sustitución será determinada por el parto."*

130 Código Civil Português, artigo 1.796, 1: *"Relativamente à mãe, a filiação resulta do facto do nascimento e estabelece-se nos termos dos artigos 1803º a 1825º."*

Em não havendo problemas e em ocorrendo a entrega da criança aos pais solicitantes, deparamo-nos com o problema de como fazer o registro civil da criança, uma vez que os cartórios somente lavram o assento de nascimento com base na declaração de nascido vivo emitida pelo hospital ou maternidade, que certamente fará constar como mãe a parturiente e não a mãe biológica ou social. Existem algumas soluções para o problema, mas todas muito trabalhosas; assim caberá ao legislador disciplinar de forma clara e precisa como proceder ao registro civil de criança nascida através da cessão temporária de útero, uma vez que se deve considerar como mãe legal a mulher que se submeteu ao tratamento e não a mãe de substituição.

Pode-se perceber pelo exposto que a maioria dos países é hostil às mães de substituição sob o argumento de que esta terceira pessoa que interfere no processo de procriação, tem uma participação muito íntima e pessoal na relação de amor entre o casal solicitante. Não parece condizente com a dignidade humana que uma mulher utilize seu útero como incubadora para a criança de outra mulher.

A utilização das mães de substituição nos parece extremamente excessiva e pouco louvável para justificar o desejo de ter um filho, porque a gravidez levada a termo por uma terceira pessoa, estranha à relação do casal, parece ser contrária a todos os ensinamentos éticos que sempre pautaram os movimentos sociais.

3.5.2. O destino dos embriões excedentes

Diante da possibilidade de se formarem embriões excedentes, visto que como já nos referimos alhures, a fim de obter sucesso na fertilização *in vitro*, os médicos fertilizam vários óvulos, podendo contudo transferir ao útero número não superior a quatro, é necessário questionarmos qual destino eles deverão ter?

De antemão os pacientes deverão autorizar seu congelamento ou, na linguagem médica, sua criopreservação. Os embriões excedentes podem ser criopreservados por longos períodos de tempo sem que sua viabilidade fique comprometida.

Mas neste caso, colocam-se as seguintes questões: Quem autoriza o congelamento? Quem tem a custódia do embrião? Tem o embrião congelado direito sucessório *"in potentia"*? Quem paga a manutenção do embrião? Quem zelará por seus interesses, poderá ter curador? Se o casal encomendante morrer, quem decidirá seu destino? Se o casal encomendante se separar, poderá a mulher pedir a implantação do embrião, mesmo contra a vontade do marido? A situação dos embriões excedentes é muito triste, porque, na verdade, eles podem vir a se tornar órfãos de ninguém. Deveria ser juridicamente definida a responsabilidade dos usuários, clínicas e doadores a fim de se proteger o embrião em situação extracorpórea[131].

No Brasil, a Resolução CFM nº 1.358/92 não deixa claro o destino que deve ser dado aos embriões excedentes[132], pois ao dispor sobre criopreservação de gametas e

---

131 Reflexões a partir das anotações feitas no curso sobre Reprodução Assistida no Novo Código Civil, ministrado em 20 de outubro de 2001, no Instituto Internacional de Direito, pela Professora Doutora Maria Helena Diniz.

132 Resolução CFM nº 1.358/92, seção V, itens 1, 2 e 3:
"V — Criopreservação de gametas e pré-embriões
1 — As clínicas, centros ou serviços podem criopreservar espermatozóides, óvulos e pré-embriões.
2 — O número total de pré-embriões produzidos em laboratório será comunicado aos pacientes, para que se decida quantos pré-embriões serão transferidos a fresco, devendo o excedente ser criopreservado, não podendo ser descartado ou destruído.

pré-embriões, coloca que os mesmos não poderão ser descartados ou destruídos; todavia, deixa a cargo dos cônjuges ou companheiros a decisão, por escrito, sobre o destino que será dado aos embriões criopreservados. Essa redação causa dúvidas, poderiam os cônjuges ou companheiros, ao expressar sua vontade, optar pelo descarte ou destruição dos embriões ou mesmo destiná-los à pesquisa?

A primeira alternativa da qual falaremos será a doação de embriões para a pesquisa científica.

Do ponto de vista científico, pode-se admitir a pesquisa em embriões humanos desde que esta reverta em benefício da técnica ou do próprio embrião; neste caso, torna-se essencial que os princípios da bioética sejam observados, não se podendo perder de vista, principalmente, o princípio da autonomia, ou seja, da expressa manifestação de vontade daqueles que solicitaram o embrião, o princípio da beneficência, pois a pesquisa só se pode realizar em benefício do embrião ou da humanidade, e do princípio da não-maleficência e justiça, segundo o qual certos benefícios podem vir a justificar alguns prejuízos e devem-se assumir riscos para consegui-los.

Do ponto de vista ético[133], o embrião não pode, em

---

3 — *No momento da criopreservação, os cônjuges ou companheiros devem expressar sua vontade, por escrito, quanto ao destino que será dado aos pré-embriões criopreservados, em caso de divórcio, doenças graves ou de falecimento de um deles ou de ambos, e quando desejam doá-los.".*

133 Obras consultadas: Jussara Maria Leal de Meirelles, *A vida humana embrionária e sua proteção jurídica*, cit., p. 17-37; Sérgio Abdalla Semião, *Os direitos do nascituro — Aspectos cíveis, criminais e do biodireito*, Belo Horizonte: Del Rei, 2000, p. 33-64; Silmara J. A. Chinelato e Almeida, *Tutela civil do nascituro*, São Paulo: Saraiva, 2000, p. 99-170; Mônica Sartori Scarparo, *Fertilização assistida*, cit., p. 18-24; Deborah Ciocci Alvarez de Oliveira & Edson Borges Jr., *Reprodução assistida*, cit., p. 69-78; Eduardo de Oliveira Leite,

nenhum estágio de sua existência, ser tratado como coisa; logo, sua utilização industrial ou comercial está totalmente proibida. Todavia, a pesquisa em embriões pode ser aceita nos seguintes casos: se for capaz de provocar progressos do diagnóstico ou da terapêutica e desde que não provoque modificações artificiais no genoma humano transmissíveis à descendência. Visa-se proteger ao indivíduo e à espécie humana.

A fim de se resgatar o respeito à dignidade humana, as experiências com embriões devem estar em conformidade com três princípios éticos básicos:

✓ não se devem produzir embriões exclusivamente para pesquisa;
✓ não devem ser reimplantados embriões já testados em experiências;
✓ deve haver o consentimento dos genitores para utilização dos embriões excedentes em pesquisa.

A tônica da discussão a respeito da utilização de embriões para a pesquisa científica está inserida na questão em torno do início da vida e dos direitos dos embriões, a qual não encontra consenso entre os juristas brasileiros e também não é pacífica no direito comparado. Há uma tendência, como veremos adiante, de se considerar o embrião como uma pessoa potencial, sem, contudo, lhe conferir "status" legal.

A pesquisa em embriões é proibida pela Igreja Católica, por entender que os fins, neste caso, não justificam os

---

Procriações artificiais, cit., p. 131-198; Eugênio Carlos Callioli, *Aspectos da fecundação artificial "in vitro"*, cit., p. 71-95; Alexandre Gonçalves Frazão, *A fertilização "in vitro": uma nova problemática jurídica*, cit., Internet *site*: www.jus.com.br/doutrina/invitro.htm.

meios e porque o embrião é considerado vida, em sentido amplo, desde a fecundação, não podendo ser tratado como material biológico.

Nos países onde se admite a pesquisa científica, exige-se, em contrapartida, sua posterior destruição. Nesses países há consenso de que a experimentação tem prazo-limite até o décimo quarto dia após a fecundação, não podendo os embriões ter utilização industrial ou cosmetológica.

Novamente, neste caso, a chave para a aceitação desse procedimento repousa no consentimento dos doadores do material genético ou dos beneficiários do tratamento; é o que ocorre na França e na Dinamarca, onde há regulamentação e sujeição à prévia aprovação de um Comitê de Ética.

Cinco países europeus proibiram formalmente a pesquisa em embriões. Na Irlanda o embrião é considerado pessoa e protegido constitucionalmente. Na Áustria, assim como na Noruega, qualquer pesquisa sobre embriões é inadmissível. Na Alemanha, toda e qualquer forma de pesquisa em embriões é proibida. Na Dinamarca, alguns tipos de experiências são proibidos. Na Austrália, aceita-se a pesquisa desde que limitada à possibilidade de se fazerem experiências até o 14º dia após a fecundação. Na Espanha[134], proíbem-se as experiências com embriões, todavia existem exceções em que a pesquisa é admitida. Nos Estados Unidos, o governo não concede subvenções federais às pesquisas sobre embriões.

Cabe ressaltar que a fecundação de óvulos, com vistas à pesquisa, está terminantemente excluída, pois tal fato implicaria na transformação do embrião humano em simples material de experiência científica.

---

[134] Lei Espanhola nº 35/88, Capítulo IV — Crioconservación y otras técnicas, artículos 11 a 17.

A segunda alternativa que se apresenta para os embriões supranumerários seria sua destruição.

A destruição dos embriões excedentes traz novamente à tona os conflitos existentes a respeito do início da vida. O artigo 225, § 1º, II[135], da Constituição Federal, dispõe que o patrimônio genético nacional tem que ser preservado; assim, com base neste artigo, não se pode admitir a destruição de embriões congelados, porque constituem o patrimônio genético nacional.

A Suprema Corte dos Estados Unidos, interpretando a emenda 14, que trata da pessoa humana, não inclui os não nascidos. Na Inglaterra, milhares de embriões congelados não são considerados seres vivos, pois a vida ainda não teria começado para eles; logo poderiam ser descartados. Já na Alemanha, pela legislação de 13 de dezembro de 1990, considera-se o embrião como pessoa a partir da fecundação.

A aceitação do descarte ou da destruição de embriões excedentes criopreservados é permitida na maioria dos países que se utilizam da técnica de criopreservação; sendo que em Israel e na Dinamarca, onde a transferência *post mortem* é proibida, o descarte é obrigatório.

No âmago da questão, quer com relação à doação de embriões para a pesquisa quer em relação a seu descarte ou destruição, encontra-se o problema de se determinar se o embrião é ou não nascituro. Aqui, duas teorias se confrontam na solução do problema.

Para a teoria genético-desenvolvimentista, o ser humano passa desde sua concepção por uma série de fases (pré-

---

135 Constituição Federal, artigo 225, § 1º, II: *"Para assegurar a efetividade desse direito, incumbe ao Poder Público: I — preservar a diversidade e a integridade do patrimônio genético do País e fiscalizar as entidades dedicadas à pesquisa e manipulação de material genético."*

embrião, embrião e feto), sendo que se poderia admitir o uso de embriões para a pesquisa, desde que com o consentimento dos genitores e devendo ser os mesmos destruídos posteriormente, visto que até determinada fase os mesmos ainda não teriam adquirido dignidade humana.

A ciência entende que o embrião, até um certo estágio, não passa de um conjunto de células, podendo, como qualquer outro material genético, ser objeto de experiências. A grande dúvida, contudo, ainda persiste: A partir de que momento o conjunto de células transforma-se em pessoa?

Alguns segmentos científicos entendem que a passagem para a condição de pessoa, ou melhor, a vida só existe a partir do décimo quarto dia após a concepção, quando ocorre a individualização das células. Outra corrente considera que enquanto não for atingido o estágio de desenvolvimento de oito células não é lícito falar-se da existência de individualidade humana. Existe, ainda, um outro grupo que sustenta que a origem da vida apenas se daria depois da nidação, ou seja, a partir do implante do blastócito no útero materno, que ocorreria somente no sétimo dia após a concepção, a partir de então, o embrião passa a ser alimentado pela mãe e tem possibilidades de evoluir como um novo ser. Para este grupo, o embrião fecundado *in vitro* e criopreservado não tendo qualquer viabilidade de desenvolvimento, não é vida, logo não necessita ser protegido.

Ora tal teoria é inaceitável perante o direito, uma vez que o embrião não pode ser visto como uma coisa antes, e outra depois de determinada fase de seu desenvolvimento.

Já a teoria concepcionista entende o embrião, desde a fecundação, como um ser humano em potencial, um ser distinto de sua mãe, com características genético-biológicas próprias, tendo direito de ser respeitado em sua dignidade, o que limita as experiências a que possa ser submetido. A origem da vida se confunde com o instante em que o espermatozóide se une ao óvulo num novo projeto ativo, inserindo um patrimônio genético, o que ocorre, nas condições naturais, durante a concepção. Com base nesta corrente podemos afirmar que se a vida começa com a concepção, o embrião criopreservado é concepto desde o início; logo, deve ser protegido.

A doutrina majoritária opina neste sentido, assim os direitos do nascituro devem ser tutelados desde a concepção, esteja ele implantado no útero da mãe ou *in vitro*.

Se pela teoria concepcionista, a destruição dos embriões excedentes configura-se como crime de aborto; para a teoria genético-desenvolvimentista, o crime de aborto inexiste neste caso, porque não se pode falar ainda em gravidez.

Essa questão requer uma análise acurada de nossos penalistas e a doutrina majoritária entende que a destruição de um embrião, quer no útero materno, quer fora dele, na medida em que promove a destruição de uma vida, deve ser punida. Contudo diante do princípio adotado no Direito Penal de que *"nullum crime, nulla poena sine praevia lege"*, como não existe em nosso Código Penal previsão de atentado contra a vida de embrião *in vitro*, neste caso não há, ainda, a configuração do crime de aborto na destruição dos embriões excedentes, produto da fertilização *in vitro*.

A literatura médica[136] ensina que a gravidez seria compreendida como o período em que a mulher conservaria o ovo dentro de si, alimentando-o até o nascimento, sendo que tal período poderia ser considerado somente a partir da nidação, entendida como a implantação do ovo no útero. Desse modo, o embrião *in vitro* ou criopreservado seria considerado organismo vivo (vida humana em potencial), mas não nascituro.

---

136 Bruce Alberts, *Fundamentos*, cit., p. 52-67.

Tal entendimento nos parece simplista demais e equivocado, pois se nosso ordenamento jurídico confere proteção à vida intra-uterina, punindo, como já dissemos, o aborto, deveria se preocupar ainda mais com o embrião criopreservado, por sua fragilidade e porque seus direitos podem ser mais facilmente violados.

O congelamento de embriões é uma técnica eficaz para a solução dos problemas de infertilidade e de esterilidade humanas, mas expõe os embriões a sérios riscos em virtude das manipulações térmicas, afora o fato de poderem ser descartados a qualquer tempo.

Em nossa legislação o direito à vida é reconhecido desde a concepção; ao tutelar a vida intra-uterina, entendeu o legislador que o nascituro é pessoa em condicional, sendo-lhe garantido o direito à sobrevivência.

Do mesmo modo que o embrião com vida intra-uterina merece proteção legislativa, também o que foi fecundado *in vitro*, analogicamente, por ser pessoa em potencial, deve ser protegido, pois tem as mesmas condições de sobrevivência daquele que foi fecundado naturalmente, bastando para tanto sua implantação no útero da mulher.

Todo embrião fecundado *in vitro* deve ter o direito de ser implantado em um útero, como forma de ter protegida sua vida e sua integridade física, podendo se desenvolver de forma normal e sadia. Assim, não pode ser objeto de pesquisas laboratoriais, utilização em cosmetologia ou mesmo ser eliminado sumariamente como se coisa fosse.

Na discussão sobre as técnicas de reprodução assistida, o embrião em situação extracorpórea assume papel de destaque no processo, como resultado direto dos procedimentos adotados, devendo, em função disto, ser protegido, mesmo quando gerado no tubo de ensaio.

O embrião deve ser protegido em relação à definição de sua personalidade jurídica, à sua significação como ser humano e à sua integridade física; assim sendo, qualquer deficiência jurídica no tocante às técnicas de reprodução assistida pode colocar em risco seus direitos à preservação, ao desenvolvimento e à vida, já que, atualmente, cabe tão-somente à engenharia genética decidir qual destino deverá ter este ou aquele embrião.

O embrião criopreservado, fecundado *in vitro*, deve ser considerado como um ser em potencial, todavia por não se encontrar no corpo materno (condição *sine qua non* para que ocorra seu reconhecimento pela lei brasileira), não está tutelado juridicamente.

Pelo exposto, percebe-se que extensas são as discussões a respeito do momento exato em que se inicia a vida; mas, mesmo assim, existe a necessidade de se estabelecer um ponto de equilíbrio entre a liberdade de pesquisa e o respeito à dignidade inerente a toda forma de vida gerada pelo homem.

Conforme bem coloca Monica Sartori Scarparo: "*Os múltiplos aspectos da questão levam a concluir pela urgente necessidade de se regulamentar, no Brasil, a atividade de todos aqueles que já estão ou possam vir a estar envolvidos com o processo da procriação artificial humana, com especial referência ao cientista da área de engenharia genética, visando proteger o ser humano desde o início de sua formação, com a finalidade precípua de resguardar o princípio da dignidade humana em todas as etapas da vida.*"[137] Concluindo que: "*o princípio a ser adotado para dirimir estas questões seria o da prioridade da pessoa humana sobre os interesses da ciência, pelo simples fato de que esta, a ciência, só tem sentido na medida em que está a serviço da humanidade. Em conseqüência, deverá encontrar formas de desenvolver as atividades de pesquisa que preservem os va-

---

137 Monica Sartori Scarparo, *Fertilização assistida*, cit., p. 44.

lores inerentes ao embrião humano, porque é vida e merece ser respeitado."[138]

A ética e o direito consideram o embrião um ser humano em potencial, desde o momento da fecundação, devendo ele ter sua dignidade respeitada desde esta época; logo, devem ser impostas limitações a experiências neles praticadas.

Voltando um pouco a questão da dúbia interpretação causada pela redação da Resolução CFM 1.358/92 relativamente ao destino dos embriões e com base no acima exposto podemos concluir que a partir do momento em que não se admitem nem a destruição, muito menos a pesquisa em embriões, não se pode falar "em decisão por escrito"; uma vez que os embriões excedentes só poderão ser doados a outro casal estéril para a concretização de seu projeto parental.

Agora, falaremos a respeito da adoção pré-natal.

3.5.3. A adoção pré-natal

Diante de todas as discussões a respeito do destino dos embriões supranumerários, parece-nos que a melhor solução a ser dada ao caso seria a adoção, visto que com essa prática resolver-se-iam, ao mesmo tempo, o problema dos embriões excedentes sem destino, bem como o do casal infértil que não pode procriar.

Assim, os casais que se submetessem às técnicas de fertilização artificial deveriam, de antemão, optar pela implantação de todos os embriões, com os altíssimos riscos inerentes ao processo, ou pela doação de seus embriões excedentes, a partir de um certo período de tempo. Essa adoção pré-natal deveria analogicamente se equiparar à adoção prevista em nossa legislação civil.

---

138 Monica Sartori Scarparo, *Fertilização assistida*, cit., p. 44 e 45.

A adoção pré-natal não se confunde com a doação de embriões; se levarmos em conta que a vida humana tem início com a concepção, ou seja, a partir da fusão do espermatozóide ao óvulo, podemos deduzir que o embrião, mesmo que em estado extra-uterino, possui vida e todos os direitos inerentes a sua condição; desse modo, esse ser humano em potencial não pode ser objeto de contrato, motivo pelo qual não se pode falar em doação de embriões.

Como todos sabemos a adoção, regulamentada no novo Código Civil[139] e no Código Civil de 1916[140], bem como na Lei nº 8.069/90[141], vem a ser o ato jurídico solene pelo qual, observados os requisitos legais, alguém estabelece, independentemente de qualquer relação de parentesco consangüíneo ou afim, um vínculo fictício de filiação, trazendo para sua família, na condição de filho, pessoa que, geralmente, lhe é estranha[142]. Dá origem, portanto, a uma relação jurídica de parentesco civil entre adotante e adotado[143]. É uma ficção legal que possibilita que se constitua

---

139 Novo Código Civil, artigos 1.618 a 1.629.
140 Código Civil de 1916, artigos 368 a 378.
141 Estatuto da Criança e do Adolescente, artigos 39 a 52.
142 Conceito baseado nas definições formuladas por Silvio Rodrigues, *Direito Civil — Direito de Família*, p. 333; Antonio Chaves, *Adoção*, in *Enciclopédia Saraiva de Direito*, v.4, p. 361; Orlando Gomes, *Direito de Família*, p. 387; Caio M. S. Pereira, *Instituições de Direito Civil*, p. 256, apud Maria Helena Diniz, *Curso de Direito Civil Brasileiro — 5º volume — Direito de Família*, cit., p. 416.
143 Caio M. S. Pereira, *Instituições de Direito Civil*, p. 256; Antonio José Azevedo Pinto, *A adoção no Código Civil vigente e no Projeto — um estudo comparativo*, Cadernos de Direito Privado da Universidade Federal Fluminense, 2:163-75, 1979, apud Maria Helena Diniz, *Curso de Direito Civil Brasileiro — 5º volume — Direito de Família*, cit., p. 416.

entre o adotante e o adotado um laço de parentesco de 1º grau na linha reta[144].

Trata-se de um instituto jurídico de caráter humanitário, que visa dar filhos a quem a natureza negou; tendo também uma finalidade assistencial, na medida em que procura melhorar a condição moral e material do adotado[145].

A adoção faz com que a pessoa adotada passe a ser, de forma irrevogável, para todos os efeitos legais, filho do adotante, desligando-se de qualquer vínculo com os pais de sangue e parentes, salvo os impedimentos matrimoniais[146],

---

144 Orlando Gomes, *Direito de Família*, p. 20; Sebastião José Roque, Direito de Família, p. 157-164; RT 684:156, *apud* Maria Helena Diniz, *Curso de Direito Civil Brasileiro — 5º volume — Direito de Família*, cit., p. 416.

145 Silvio Rodrigues, *Direito Civil — Direito de Família*, p. 331-2; W. Barros Monteiro, *Curso de Direito Civil: Direito de Família*, p. 262; Paulo Lúcio Nogueira, *Adoção e procedimento judicial*, Coleção Saraiva de Prática do Direito, n. 38, 1988; Liborni Siqueira, Adoção no Estatuto e no Código Civil, in *Direitos de família e do menor* (Coord. Sálvio de F. Teixeira), Belo Horizonte, Del Rey, 1993, p. 273-6; id. *Adoção no tempo e no espaço: Doutrina e Jurisprudência*, Rio de Janeiro, Forense, 1993; Valdir Sznick, *Adoção*, Ed. Universitária de Direito, 1994; Elaine Hârzheim Macedo, Tentativa de justificação do instituto da adoção segundo o agir moral no sistema do Direito Liberal, *Advogado*, n. 19:63 e s., Rio Grande do Sul; Ivan Lira de Carvalho, Adoção — enfoque multidisciplinar do instituto, in *Direito de família*, São Paulo, Revista dos Tribunais, 1996, p. 125-59; Mª Estella V. Souto Lopes Rodrigues, *A adoção na Constituição Federal*, São Paulo, Revista dos Tribunais, 1994; Giovane Serra Azul Guimarães, *Adoção, tutela e guarda*, São Paulo, Juarez de Oliveira, 2000, *apud* Maria Helena Diniz, *Curso de Direito Civil Brasileiro — 5º volume — Direito de Família*, cit., p. 417.

146 Lei nº 8.069/90 (Estatuto da Criança e do Adolescente), artigo 41: *"A adoção atribui a condição de filho ao adotado, com os mesmos direitos e deveres, inclusive sucessórios, desligando-o de qualquer vínculo com pais e parentes, salvo os impedimentos matrimoniais."*

de forma que os genitores não mais poderão exigir qualquer relação com a criança, mesmo quando esta se tornar maior de idade. Nem mesmo a morte do adotante restabelecerá o pátrio poder dos pais naturais[147].

Com a adoção as relações sucessórias que prendiam o adotado a seus pais de origem, bem como as obrigações alimentícias decorrentes do parentesco natural, não mais subsistirão; além disso, se um dos cônjuges ou concubinos adotar o filho do outro, manter-se-ão os vínculos de filiação entre o adotado e o consorte ou concubino do adotante e os respectivos parentes[148].

Criam-se verdadeiros laços de parentesco entre o adotado e a família do adotante, sendo recíproco o direito sucessório entre o adotado, seus descendentes, o adotante, seus ascendentes, descendentes e colaterais até o 4º grau, observando-se a ordem de vocação hereditária[149].

A adoção visa atender o desejo de um casal de trazer para o seio familiar uma criança, que se encontre em determinadas situações estabelecidas por lei, como filho, a fim de protegê-lo e assegurar-lhe uma convivência familiar e comunitária, conforme disposto nos artigos 19 e 28, 1ª parte, da Lei nº 8.069/90 (Estatuto da Criança e do Adolescente).

Pelo novo Código Civil[150], a adoção pode ser feita por qualquer pessoa maior de 18 anos, independentemente de

---

[147] Conforme artigo 49 da Lei nº 8.069/90 (Estatuto da Criança e do Adolescente).

[148] Vide parágrafo 1º do artigo 41 da Lei nº 8.069/90 (Estatuto da Criança e do Adolescente).

[149] Vide parágrafo 2º do artigo 41 da Lei nº 8.069/90 (Estatuto da Criança e do Adolescente).

[150] Artigo 1.618 da Lei nº 10.406 de 10 de janeiro de 2.002: *"Só a pessoa maior de 18 (dezoito) anos pode adotar."*

seu estado civil ou por casal, ligado pelo matrimônio ou união estável, desde que um deles tenha completado 18 anos de idade, comprovada a estabilidade familiar[151]; desde que se respeite a diferença mínima de 16 anos entre adotante e adotado (novo Código Civil, artigo 1.619 e Lei nº 8.069/90, artigo 42, § 3º). Cabe ressaltar que atualmente, conforme o Estatuto da Criança e do Adolescente, a idade mínima do adotante deve ser de 21 (vinte e um) anos (Lei nº 8.069/90, artigo 42 e §§).

Como se pode verificar o instituto da adoção, disciplinado no Código Civil de 1916 e também em legislação especial poderia ser adaptado para sanar a tão tormentosa questão dos embriões excedentes sem destino. Contudo, aparentemente o legislador infraconstitucional ao elaborar o novo Código Civil parece ter se esquecido do embrião humano em situação extracorpórea.

Como já mencionamos, o artigo 1.597, inciso IV, do novo Código Civil admite a existência dos embriões excedentes, mas não dispõe nada sobre eles, ou seja, não chega a resolver a questão da personalidade jurídica do embrião, não lhe dá proteção jurídica; assim sendo, enquanto isso não ocorre, a adoção, como ato jurídico solene pelo qual se estabelece, independentemente de qualquer relação de parentesco consangüíneo ou afim, um vínculo fictício de filiação, gerando então um parentesco civil entre adotante e adotado, parece-nos ser a melhor maneira de se solucionar o problema dos embriões excedentes.

No entanto, tal solução deve passar por um crivo ético, pois ainda que a possibilidade de adotar embriões venha a

---

151 Parágrafo único do artigo 1.618 da Lei nº 10.406/02: *"A adoção por ambos os cônjuges ou conviventes poderá ser formalizada, desde que um deles tenha completado 18 (dezoito) anos de idade, comprovada a estabilidade da família."*

ter a mesma conotação protecional da adoção dos já nascidos, poderia sujeitar os adotandos aos riscos inerentes ao congelamento a fim de que pudessem no futuro ser adotados; além disso, tal prática, se não fosse muito bem monitorada e controlada, poderia implicar a instrumentalização do ser humano, pois passariam a ser "fabricados" embriões que se destinariam à adoção e isso seria uma afronta à dignidade da pessoa humana.

É por todas essas razões que devemos ter em mente a necessidade urgente de regulamentação legal da situação do embrião humano gerado *in vitro* através das técnicas de reprodução assistida, pois conforme bem coloca Jussara Maria Leal de Meirelles[152]: *"Todavia, ao se reconhecer nos seres embrionários natureza e valor próprios da pessoa humana, toda e qualquer atividade prejudicial ao seu saudável desenvolvimento atinge o bem jurídico vida assegurado à sociedade.*

O respeito à vida dos embriões "in vitro" equivale ao respeito à vida humana que é mantida em laboratório, e que pode representar as gerações vindouras, ou mesmo a humanidade presente, em face da similitude originária.

Essa indeterminação subjetiva também se verifica no que concerne à dignidade humana, à medida que as atividades desastrosas de uso e experimentação sobre seres embrionários como material biológico podem atingir toda a coletividade humana na sua dignidade, e não apenas os embriões isoladamente considerados.

O atingimento à vida e à dignidade embrionárias faz evidenciar, também, a indivisibilidade objetiva característica dos interesses difusos: os atos lesivos à vida e à dignidade do embrião "in vitro" atingem, pela semelhança, toda

---

152 Jussara Maria Leal de Meirelles, *A vida humana embrionária*, cit., p. 223 e 224.

a espécie humana; por outro lado, as atividades voltadas ao sadio desenvolvimento dos seres embrionários trazem a indivisível satisfação à humanidade nascida, eis que podem assegurar o desenvolvimento das futuras gerações. O valor da pessoa humana que informa todo o ordenamento estende-se, pelo caminho da similitude, a todos os seres humanos, sejam nascidos, ou desenvolvendo-se no útero, ou mantidos em laboratório, e o reconhecimento desse valor dita os limites jurídicos para as atividades biomédicas. A maior ou menor viabilidade em se caracterizarem uns e outros como sujeitos de direitos não implica diversificá-los na vida que representam e na dignidade que lhes é essencial. Reconhecer esse dado significa respeitar o ser humano em si mesmo, durante todo o seu desenvolvimento, e para além dele próprio, nos seus semelhantes."

Veremos a seguir como o legislador brasileiro pretende regulamentar as técnicas de reprodução assistida, bem como dar proteção aos embriões mantidos em laboratório ou crioconservados.

3.6. Projetos de lei sobre reprodução assistida

Como já tivemos oportunidade de mencionar ao longo deste trabalho, inexiste no Brasil uma legislação infraconstitucional específica que cuide da reprodução humana assistida; o texto que mais se assemelha a disposições com força de lei se encontra na Resolução CFM nº 1.358/92 do Conselho Federal de Medicina, que, a partir da adoção de normas éticas pelos profissionais da área médica, pretende disciplinar a utilização dessas técnicas.

Essa resolução dispõe sobre os princípios gerais que devem nortear a utilização de qualquer das técnicas, dando ênfase ao consentimento informado e proibindo a fecundação com outra finalidade que não a procriação humana. Dispõe, ainda, quem poderá utilizar-se das técnicas de reprodução assistida e sobre os deveres a que as clínicas e os centros especializados em reprodução humana estão adstritos.

A Resolução dispõe também sobre a doação de gametas ou pré-embriões, bem como sobre sua criopreservação, diagnóstico e tratamento; falando, ainda, da difícil questão da gestação de substituição.

Tenta-se, na medida do possível, através desta Resolução, inibir qualquer "experimento genético" que possa atingir o homem em sua dignidade; mas somente tal iniciativa, apesar de louvável, parece inócua diante do avassalador progresso da medicina com relação às técnicas de reprodução humana.

Em março de 2002, encontrava-se em tramitação pelo Congresso Nacional três projetos de lei sobre reprodução humana assistida.

O primeiro (PL nº 3.638[153]), em antigüidade, era de autoria do Deputado Luiz Moreira, datado de 29 de março de 1993, instituindo normas para a utilização das técnicas de reprodução assistida, incluindo as questões relativas a fertilização *in vitro*, inseminação artificial e gestação de substituição. Desde junho de 2002, encontrava-se na Mesa Diretora da Câmara dos Deputados com remessa ao Senado Federal; foi arquivado sem aprovação.

O segundo (PL nº 2.855[154]), datado de 13 de março de 1997, era de autoria do Deputado Confúcio Moura, dispondo sobre a utilização de técnicas de reprodução humana assistida e dando outras providências, incluindo a fecundação *in vitro*, a transferência de pré-embriões, a transferência intratubária de gametas, a criopreservação de embriões

---

153 A íntegra deste projeto encontra-se no Anexo IX a esta obra.
154 A íntegra deste projeto encontra-se no Anexo X a esta obra.

e a gestação de substituição. Foi apensado a este projeto, em 18 de maio de 2001, o projeto de lei nº 4.665 de autoria do Deputado Lamartine Posella que dispunha sobre a autorização da fertilização humana *in vitro* para os casais comprovadamente incapazes de gerar filhos pelo processo natural de fertilização. Desde abril de 2003, o projeto se encontrava na Comissão de Constituição e Justiça e de Redação da Câmara dos Deputados. Em 02 de julho de 2003, este projeto foi apensado ao PL nº 1184/2003.

O terceiro projeto de lei (PLS nº 90[155]), de autoria do senador Lúcio Alcântara, foi apresentado em 9 de março de 1999 e dispunha sobre a reprodução assistida relativamente a seus princípios gerais, consentimento informado, estabelecimentos e profissionais que podem aplicar técnicas de reprodução assistida, doação de gametas, estado de filiação e crimes conexos com a utilização das técnicas. Desde novembro de 2000 encontrava-se na Comissão de Assuntos Sociais do Senado Federal, tendo sido arquivado sem aprovação.

Fazendo-se uma análise comparativa dos três projetos acima referidos e dos mesmos com a Resolução CFM 1.358/92 podemos chegar aos seguintes resultados:

a. O projeto de lei do Deputado Luiz Moreira não passa de uma cópia dos mesmos termos da Resolução CFM 1.358/92;

b. Todos os três projetos, bem como a Resolução, dispõem que a aplicação das técnicas de reprodução assistida deve se restringir ao auxílio na resolução de problemas de infertilidade; sendo que o projeto de lei do Senador Lúcio Alcântara ainda prevê a aplicação dessas técnicas para prevenir doenças genéticas ligadas ao sexo;

---

155 A íntegra deste projeto encontra-se no Anexo XI a esta obra.

c. Pelos três projetos e pela Resolução, a utilização das técnicas é indicada quando houver probabilidade de sucesso, outros tratamentos tenham sido ineficazes e não exista risco grave de saúde para a receptora da técnica ou sua prole. O projeto do Senador Lúcio Alcântara dispõe, ainda, que deve haver a constatação de infertilidade irreversível e que a paciente esteja em idade reprodutiva.

d. Em relação aos usuários das técnicas, a Resolução e o projeto do Deputado Luiz Moreira dispõem que toda mulher capaz pode ser usuária das técnicas de reprodução assistida; já o projeto do Deputado Confúcio Moura coloca expressamente que toda a mulher capaz *independente do estado civil* (grifo nosso) pode ser usuária das técnicas; o projeto do Senador Lúcio Alcântara dispõe que somente os cônjuges ou os companheiros capazes em união estável podem utilizar-se das técnicas de reprodução assistida;

e. Relativamente ao consentimento informado, este é obrigatório para os pacientes e os doadores, sendo que somente o projeto de lei do Deputado Confúcio Moura dispõe sobre a exigência de um formulário especial para tanto;

f. A doação de gametas é regida pelo consentimento dos doadores, anonimato e gratuidade; sendo que o projeto do Senador Lúcio Alcântara dispõe que deve existir a possibilidade do nascido com gameta doado de conhecer a identidade civil do doador quando atingir a maioridade;

g. Com relação ao controle sobre a fecundação do doador para evitar casamentos consangüíneos, a Resolução, o projeto do Deputado Luiz Moreira e o do Senador Lúcio Alcântara são unânimes: "Duas gestações de sexos diferentes numa área de 1 milhão de habitantes, por doador"; o projeto do Deputado Confúcio Moura dispõe: "Dois nascimentos por Estado da Federação, por doador.";

h. No tocante à cessão temporária de útero novamente a Resolução e os dois projetos citados no item anterior são idênticos ao permiti-la desde que com indicação médica, de forma gratuita, havendo parentesco de até 2º grau entre a mãe gestadora e a mãe social; o projeto do Senador Lúcio Alcântara dispõe expressamente que o direito de filiação pertence à beneficiária da técnica e não a mãe substituta; somente o projeto do Deputado Confúcio Moura diverge em relação ao grau de parentesco entre a mãe gestadora e a mãe social, que pode ser até 4º grau, devendo sempre existir autorização do Conselho Nacional de Reprodução Humana Assistida (órgão a ser criado);

i. A Resolução CFM nº 1.358/92 e os projetos dos Deputados Luiz Moreira e Confúcio Moura admitem a criopreservação de gametas e pré-embriões, com a obrigatoriedade do consentimento, sendo que os dois primeiros não estipulam o prazo de criopreservação, que no último é de, no máximo, 5 anos; o projeto do Senador Lúcio Alcântara autoriza a criopreservação somente para gametas pelo prazo de 2 anos, proibindo a de pré-embriões;

j. A inseminação *post mortem* é considerada crime pelo projeto do Senador Lúcio Alcântara, obrigando o descarte de gametas em caso de falecimento do doador; no projeto do Deputado Confúcio Moura impõe-se que o casal determine o destino do material conservado em caso de morte do doador; a Resolução, bem como o projeto do Deputado Luiz Moreira não proíbem nem permitem expressamente esse tipo de inseminação, mas, pelos princípios gerais, depende de consentimento em vida;

k. A Resolução e o projeto do Deputado Luiz Moreira proíbem o descarte de pré-embriões, mas ressalvando que o mesmo não constitui aborto; já o projeto do Deputado Confúcio Moura permite o descarte, considerando-o obrigatório após 5 anos de congelamento ou em caso de constatação de alterações genéticas, após o consentimento dos pacientes; o projeto do Senador Lúcio Alcântara proíbe o congelamento de pré-embriões, considerando crime o descarte de pré-embriões congelados antes da proibição;
l. Quanto à utilização de pré-embriões em pesquisas científicas, o projeto do Senador Lúcio Alcântara não faz menção a mesma; assim como a Resolução CFM nº 1.358/92 e o projeto do Deputado Luiz Moreira, que apenas dispõem sobre uma avaliação até a viabilidade; já o projeto do Deputado Confúcio Moura admite essa utilização, que depende de consentimento e aprovação do Conselho Nacional de Reprodução Assistida de projeto previamente apresentado, com caráter diagnóstico, terapêutico e preventivo;
m. A Resolução 1.358/92, o projeto do Deputado Luiz Moreira e do Deputado Confúcio Moura permitem a manipulação genética com finalidade diagnóstica e terapêutica, sendo obrigatório o consentimento e limitando-se o tempo máximo de desenvolvimento do pré-embrião *in vitro* a 14 dias; o projeto do Deputado Confúcio Moura proíbe a seleção eugênica; o projeto do Senador Lúcio Alcântara não menciona acerca da manipulação genética, mas admite a pré-seleção sexual para prevenir doenças.

Diante do exposto podemos perceber que os projetos de lei anteriormente citados deixavam muito a desejar relativamente ao controle das técnicas de reprodução assistida, divergindo, inclusive, em alguns pontos com o novo Código Civil, fato que poderia causar um certo desconforto jurídico a nossa sociedade.

Em 3 de junho de 2.003, foi apresentado ao Plenário do Congresso Nacional o projeto de lei nº 1184[156], de autoria do Senado Federal, que dispõe sobre a Reprodução Assistida, definindo normas para realização de inseminação artificial e fertilização *in vitro*, proibindo a gestação de substituição e os experimentos de clonagem radical. Em 15 de julho de 2003, foi apensado a esta proposição, o projeto de lei nº 120, de 19 de fevereiro de 2003, de autoria do Deputado Roberto Pessoa, que dispunha sobre a investigação de paternidade de pessoas nascidas de técnicas de reprodução assistida, permitindo à pessoa em tal situação saber a identidade de seu pai ou mãe biológicos. Na mesma data, foi também apensado a este, o projeto de lei nº 2855/1997, anteriormente citado. Em 08 de outubro de 2.003, o projeto de lei nº 2061 (Anexo XIII), de autoria da Deputada Maninha, que disciplinava o uso das técnicas de reprodução humana assistida como um dos componentes auxiliares no processo de procriação, em serviços de saúde, estabelecendo penalidades e dando outras providências, o qual tinha sido apresentado ao Plenário da Câmara dos Deputados em 29 de setembro de 2.003, foi também apensado ao PL — 1184/2003. Em 13 de fevereiro de 2004, a Comissão de Constituição e Justiça e de Cidadania (CCJC) designou o deputado Colbert Martins como relator do projeto; anteriormente já havia sido designada a deputada Perpétua Almeida, que devolveu o projeto para a CCJC sem manifestação.

O projeto em questão nos parece mais estruturado e adequado à realidade que os demais. A princípio não deixa claro que a utilização das técnicas só poderá ser feita por

---

[156] A íntegra deste projeto encontra-se no Anexo XII a esta obra.

casais; mas ao dispor sobre o consentimento livre e esclarecido, exige que este também seja dado pelo marido ou companheiro.

Do instrumento particular de consentimento livre e esclarecido deverão constar as condições em que o doador autoriza a utilização de seus gametas, inclusive postumamente.

Proíbe-se expressamente a maternidade de substituição (artigo 3º).

Regula a atuação dos serviços de saúde e profissionais que realizam as técnicas de reprodução assistida, exigindo o registro de todas as informações.

Exige que a doação de material fertilizante só possa beneficiar uma única receptora, até o êxito da gestação, não podendo haver utilização do mesmo material para mais de um casal.

Dispõe sobre a quebra de sigilo relativa à identidade civil dos doadores e receptores, bem como sobre a pessoa nascida por processo de reprodução assistida.

Com relação aos embriões produzidos na fertilização *in vitro*, obriga-se a produção e transferência *a fresco* de somente 2 embriões a cada ciclo; parece-nos que o congelamento de embriões não será mais permitido. Além disso, nega-se claramente (artigo 12, § 2º) personalidade jurídica ao embrião em situação extracorpórea, fato que se choca frontalmente com o disposto no artigo 2º, 2ª parte do novo Código Civil.

Com relação à filiação também não informa como será feito o registro civil da criança em caso de inseminação ou fertilização heteróloga, atribuindo aos beneficiários da técnica a condição de paternidade e maternidade.

Cria infrações e comina penas.

Informa, nas disposições finais, que os embriões congelados até a data da entrada em vigor da lei poderão ser "doados" (note que defendemos a adoção e não a doação) para fins reprodutivos, com o consentimento dos primeiros beneficiários no prazo de 60 dias; no silêncio destes a dita doação presume-se autorizada.

Perguntamos: O que será feito com eles depois? Serão descartados como se coisa fossem? O que acontecerá se não encontrarem um casal que os adote?

Infelizmente, apesar de termos evoluído um pouco em relação à propositura de uma legislação que regule a utilização das técnicas de reprodução assistida, ainda nos falta maior embasamento técnico e humano para tratarmos dessas questões.

No capítulo 4 verificaremos os reflexos da utilização das técnicas de reprodução humana assistida no instituto da responsabilidade civil e no capítulo 5 analisaremos o pensamento e as diretrizes de outros países e outras legislações a respeito do tema, a fim de que possamos concluir nosso estudo com sugestões *de lege ferenda* que realmente conciliem o progresso da ciência com a preservação da vida, uma vez que o respeito à vida em uma sociedade organizada promove a manutenção da integridade da dignidade humana.

CAPÍTULO 4

RESPONSABILIDADE CIVIL NA REPRODUÇÃO HUMANA ASSISTIDA

Deve-se ressaltar a importância de se investigar a questão da responsabilidade civil decorrente da utilização das técnicas de reprodução humana artificial, visto que todos os agentes que participam do processo, sejam eles médicos, clínicas, doadores, receptores, embriões, estão sujeitos a sofrerem ou causarem dano a outrem; assim sendo, verificaremos a responsabilidade civil médica, dos centros de procriação humana assistida, dos doadores, dos receptores, bem como os possíveis danos que possam vir a ser causados ao embrião, não sem antes abordarmos a responsabilidade civil propriamente dita.

4.1. Aspectos gerais da responsabilidade civil

A responsabilidade civil pode ser definida como sendo a aplicação de medidas que obriguem uma pessoa a reparar dano moral ou patrimonial causado a terceiros, em razão de ato por ela mesma praticado, por pessoa por quem ela responde, por alguma coisa a ela pertencente ou de simples imposição legal.[157]

Tem como pressupostos a existência de uma ação comissiva ou omissiva qualificada juridicamente, que se apresenta como um ato ilícito ou lícito (culpa e risco), a ocorrência de um dano moral ou patrimonial causado à vítima e o nexo de causalidade entre o dano e a ação que o produziu[158].

A ação, como fato gerador da responsabilidade, é todo ato humano voluntário que pode ser objetivamente imputado ao próprio agente ou terceiro, ou fato de animal ou coisa inanimada, que causa dano a alguém, gerando o dever de satisfazer os direitos do lesado. Essa ação poderá ser ilícita ou lícita; se ilícita basear-se-á na idéia de culpa, caso contrário estaremos diante da fundamentação no risco. Poderá, ainda, ser comissiva ou omissiva; será comissiva quando o agente comete qualquer ato que não deveria se efetivar, será omissiva se ocorrer a não-observância de um dever de agir ou da prática de um ato que se deveria realizar[159].

---

157 Maria Helena Diniz, *Curso de Direito Civil Brasileiro — 7º volume — Responsabilidade Civil*, São Paulo: Saraiva, 1998, p. 33-34. Consultar também: Silvio Rodrigues, *Direito Civil — volume 4 — Responsabilidade civil*, São Paulo: Saraiva, 2002, p. 13-18; Caio Mário da Silva Pereira, *Instituições de Direito Civil — volume III — Fontes de Obrigações*, Rio de Janeiro: Forense, 2001, p. 361-69.

158 Maria Helena Diniz, *Curso de Direito Civil Brasileiro — 7º volume — Responsabilidade Civil*, cit., p. 35-99. Consultar também: Silvio Rodrigues, *Direito Civil — volume 4 — Responsabilidade civil*, cit., p. 13-18; Caio Mário da Silva Pereira, *Instituições de Direito Civil — volume III — Fontes de Obrigações*, cit., p. 361-69.

159 Maria Helena Diniz, *Curso de Direito Civil Brasileiro — 7º volume — Responsabilidade Civil*, cit., p. 37-38. Consultar também: Silvio Rodrigues, *Direito Civil — volume 4 — Responsabilidade civil*, cit., p. 13-18; Caio Mário da Silva Pereira, *Instituições de Direito Civil — volume III — Fontes de Obrigações*, cit., p. 361-69.

Em nosso ordenamento jurídico, a obrigação de indenizar pela prática de ato ilícito decorre da culpa, que vem a ser a inexecução de um dever que o agente podia e devia conhecer.

O novo Código Civil adota, em seus artigos 186 e 187[160], a teoria da responsabilidade civil que se baseia na culpa do agente; assim, sempre que for caracterizada a culpa do autor, haverá o dever de indenização. Isso porque o direito visa a proteção de vários bens jurídicos como a vida, a integridade física e moral do ser humano, o patrimônio e a honra das pessoas, entre outros; sendo certo que quando algum desses bens for violado, causando prejuízo, tem-se a obrigação de reparar o dano. No mesmo sentido, dispunha o Código Civil de 1916, artigo 159[161], quando tratava dos atos ilícitos.

Ato ilícito é aquele praticado de forma culposa em desacordo com norma jurídica que se destina a proteger interesses alheios; o direito subjetivo é violado, causando prejuízos a terceiro, criando o dever de reparar a lesão; assim, para que se configure o ato ilícito é imprescindível que o dano tenha sido causado por culpa do agente[162]. A verifica-

---

160 Novo Código Civil, artigo 186: *"Aquele que, por ação ou omissão voluntária, negligência ou imprudência, violar direito e causar dano a outrem, ainda que exclusivamente moral, comete ato ilícito"*; artigo 187: *"Comete ato ilícito o titular de um direito que, ao exercê-lo, excede manifestamente os limites impostos pelo seu fim econômico ou social, pela boa-fé ou pelos bons costumes."*

161 Código Civil de 1916, artigo 159: *"Aquele que, por ação ou omissão voluntária, negligência, ou imprudência, violar direito, ou causar prejuízo a outrem, fica obrigado a reparar o dano."*

162 Maria Helena Diniz, *Curso de Direito Civil Brasileiro — 7º volume — Responsabilidade Civil*, cit., p. 38-39. Consultar também: Silvio Rodrigues, *Direito Civil — volume 4 — Responsabilidade civil*, cit., p. 13-18; Caio Mário da Silva Pereira, *Instituições de Direito Civil — volume III — Fontes de Obrigações*, cit., p. 361-69.

ção da culpa, bem como a avaliação da responsabilidade, se regula pelo disposto nos artigos 927 a 954 do novo Código Civil.

Com base no exposto, podemos dizer que qualquer ação ou omissão que cause prejuízo a outrem nos remete ao problema da responsabilidade civil, a qual possui um campo ilimitado de atuação; o que se pretende com esse instituto é a reconstituição do equilíbrio moral ou patrimonial atingido pelo ato lesivo, em conformidade com os ditames da justiça[163].

A responsabilidade civil é uma relação obrigacional que tem por objeto o ressarcimento de dano causado a outrem, desfazendo os efeitos da ação lesiva e retornando-se ao *status* anterior à lesão. Pretende-se restabelecer o equilíbrio jurídico alterado ou desfeito pela ação/omissão do agente; assim, a responsabilidade civil se constitui como uma sanção civil de natureza compensatória, abrangendo indenização ou reparação de dano causado por ato ilícito, contratual ou extracontratual, e por ato lícito[164].

Existem, ainda, os casos em que há responsabilidade sem culpa, baseando-se o dever de reparação do dano na idéia de risco, com o intuito de permitir ao lesado, ante as dificuldades que venha a ter para provar a culpa do agente, o ressarcimento de seu prejuízo. Essa responsabilidade é imposta por lei, também chamada responsabilidade objetiva, sendo que o dever de indenizar ou ressarcir ocorre sempre que se positivar a autoria do fato lesivo, sem a necessidade de se indagar se houve ou não erro de conduta.

A responsabilidade objetiva está fundada no princípio da eqüidade, segundo o qual aquele que lucra com uma situação deve responder pelo risco ou pelas desvantagens

---

163 Ana Cristina Rafful, *A reprodução artificial*, cit., p. 95.
164 Ana Cristina Rafful, *A reprodução artificial*, cit., p. 96.

dela resultantes. A atividade exercida pelo agente, pelos danos que pode causar à vida, à saúde ou a outros bens, já é considerada lesiva, ensejando a reparação da lesão, independentemente da prova de culpa do agente[165].

Nosso ordenamento jurídico reconhece em determinadas hipóteses a responsabilidade civil objetiva; todavia, ainda, conserva a responsabilidade civil subjetiva, fundada na culpa. Desse modo, temos a culpa e o risco como fontes da responsabilidade civil.

Nas palavras de Maria Helena Diniz[166]: *"Na responsabilidade subjetiva o ilícito é o fato gerador, de modo que o imputado, por ter-se afastado do conceito de* bonus pater familias, *deverá ressarcir o prejuízo, se se provar que houve dolo ou culpa na ação. Sua responsabilidade será individual, podendo ser direta ou indireta. Será direta, quando o agente responder por ato próprio. Será indireta, apenas nas situações previstas em lei, nas quais se admite culpa presumida, operando-se, conseqüentemente, a inversão do ônus* probandi. *Logo, relativamente à responsabilidade indireta, o imputado responderá por ato de terceira pessoa, com a qual tenha vínculo legal de responsabilidade (é o que ocorre com os pais, tutores, curadores etc.), e por fato de animal ou de coisas inanimadas sob sua guarda (como sucede com donos ou detentores de animais, donos de edifícios, habitantes de casas, pelas coisas caídas ou lançadas etc.). O lesado será obrigado a provar a culpa do lesante na produção do dano.*

Na responsabilidade objetiva, a atividade que gerou o dano é lícita, mas causou perigo a outrem, de modo que aquele

---

165 Maria Helena Diniz, *Curso de Direito Civil Brasileiro — 7º volume — Responsabilidade Civil*, cit., p 48.
166 Maria Helena Diniz, *Curso de Direito Civil Brasileiro — 7º volume — Responsabilidade Civil*, cit., p 50.

que a exerce, por ter a obrigação de velar para que dela não resulte prejuízo, terá o dever ressarcitório, pelo simples implemento do nexo causal. A vítima deverá pura e simplesmente demonstrar o nexo de causalidade entre o dano e a ação que o produziu. Nela não se cogita de responsabilidade indireta, de sorte que reparará o dano o agente ou a empresa exploradora, havendo tendência de solicitação dos riscos, nem do fortuito como excludente de responsabilidade..."

Ainda, com relação aos pressupostos da responsabilidade civil, contratual ou extracontratual, devemos falar a respeito do dano; uma vez que somente a existência de um prejuízo, patrimonial ou moral, poderá dar ensejo a uma ação de indenização.

Para que haja direito à indenização deve ocorrer uma injusta invasão da esfera jurídica do lesado por fato de outrem que desequilibre sua posição jurídica, seja no âmbito patrimonial, seja no âmbito moral. O dano se configura pela lesão sofrida pelo ofendido em seu conjunto de valores juridicamente protegidos, quer quanto a sua pessoa (física ou moralmente), quer quanto a seus bens ou seus direitos. Essa lesão provoca uma perda ou diminuição, total ou parcial, de seus bens físicos, psíquicos, morais ou materiais[167]. Além disso, para que possa haver ressarcimento, o dano deve ser indenizável e, para tanto, devem estar presentes os seguintes requisitos[168]:

a) diminuição ou destruição de um bem jurídico, patrimonial ou moral, pertencente a uma pessoa — lesão a interesses de outrem juridicamente tutelados;

---

167 Carlos Alberto Bittar, *Responsabilidade Civil — Teoria e Prática*, Rio de Janeiro: Forense Universitária, 1999, p. 9.
168 Maria Helena Diniz, *Curso de Direito Civil Brasileiro — 7º volume — Responsabilidade Civil*, cit., p. 58-61.

b) efetividade ou certeza do dano, que deve ser real e efetivo, sendo necessária sua demonstração e evidência em face dos acontecimentos e sua repercussão pessoal ou patrimonial;

c) causalidade — relação entre a ação e o prejuízo causado;

d) subsistência do dano no momento da reclamação do lesado — o dano não pode já ter sido reparado;

e) legitimidade — somente os titulares do bem jurídico lesado poderão pleitear sua indenização;

f) ausência de causas excludentes de responsabilidade (caso fortuito, força maior, culpa exclusiva da vítima, etc.).

Diante de tudo o que até aqui foi exposto, inclusive em capítulos anteriores, podemos perceber como o instituto da responsabilidade civil, por sua abrangência, deve estar presente também na utilização das técnicas de reprodução assistida, atingindo a todos que tomam parte neste processo. Vejamos agora como se comporta a classe médica perante a responsabilidade civil.

4.2. Responsabilidade civil médica

O vínculo que une médico e paciente é eminentemente contratual; de um lado temos uma pessoa (paciente) que procura os serviços especializados de um profissional para atender a um problema seu de saúde, de outro o profissional detentor do conhecimento especializado necessário para ajudar na cura de seu paciente. Somente em casos excepcionais, quando o médico cometer um ato ilícito ou violar normas regulamentares no exercício de sua profissão, poderemos verificar a natureza delituosa de sua conduta.

Desse modo, somente quando agir com negligência, imprudência ou imperícia[169] poderá o profissional médico ser responsabilizado por sua conduta, tendo o dever de reparar os danos causados a seu paciente.

Quando um médico atende a um chamado, desde logo, ocorre o nascimento de um contrato com o paciente. Na doutrina, há divergência quanto à natureza deste contrato; uns classificam-no como prestação de serviços, outros como contrato *sui generis*[170].

Esse contrato que se firma entre médico e paciente tem por objeto uma obrigação de meio[171], porque não comporta o dever de curar, mas sim a prestação de cuidados conscienciosos e atentos conforme as novas tecnologias médicas disponíveis. Ressalte-se, ainda, que em alguns casos, como na cirurgia estética e no contrato de hospitalização, nos quais o médico assume o dever de obter um resultado ou preservar o doente de acidentes, estamos diante de um

---

169 Negligência é a inércia psíquica, a indiferença do agente que, podendo tomar as cautelas exigíveis, não o faz por displicência ou preguiça mental.
Imprudência é uma atitude em que o agente atua com precipitação, inconsideração, com afoiteza, sem cautela, não usando de seus poderes inibidores.
Imperícia é a incapacidade, a falta de conhecimentos técnicos no exercício de arte ou profissão, não tomando o agente em consideração o que sabe ou deve saber.
(Definições retiradas da obra de Júlio Fabbrini Mirabete, *Manual de Direito Penal — volume 1 — parte geral*, São Paulo: Atlas, 1985, p. 147).
170 Eduardo de Oliveira Leite, *Procriações artificiais*, cit., p. 238-239.
171 Obrigação de meio é aquela em que o devedor se obriga tão-somente a usar de prudência e diligência normais na prestação de certo serviço para atingir um resultado, sem, contudo, se vincular a obtê-lo (Maria Helena Diniz, *Curso de Direito Civil Brasileiro — 2º volume — Teoria geral das obrigações*, São Paulo: Saraiva, 1985, p. 162).

contrato que tem por objeto uma obrigação de resultado[172]; neste caso, a responsabilidade civil médica passará a ser objetiva.

Afora os casos supramencionados, como o médico não assume o dever de curar, mas apenas de tratar o paciente adequadamente, não há que se falar em presunção de culpa, pois incumbe ao paciente provar que houve inexecução da obrigação, demonstrando que a lesão resultou de negligência, imprudência ou imperícia do profissional, ou seja, provando o nexo de causalidade entre o dano e a conduta médica.

Assim sendo, podemos afirmar que a responsabilidade civil médica decorre da culpa provada; se não se puder demonstrar que o dano resultou de negligência, imprudência, imperícia ou erro grosseiro do profissional médico, afastada estará a responsabilidade civil[173].

No mesmo sentido, a Lei n° 8.078/90 (Código de Defesa do Consumidor), em seu artigo 14, § 4°[174], dispõe que a responsabilidade dos profissionais liberais será apurada mediante culpa.

No campo das procriações medicamente assistidas, podemos inferir e perceber que a vulnerabilidade dos procedimentos pode causar várias lesões aos direitos da persona-

---

172 Obrigação de resultado é aquela em que o credor tem o direito de exigir do devedor a produção de um resultado, sem o que se terá o inadimplemento da relação obrigacional (Maria Helena Diniz, *Curso de Direito Civil Brasileiro — 2º volume — Teoria geral das obrigações*, cit., p.163).

173 Maria Helena Diniz, *Curso de Direito Civil Brasileiro — 7º volume — Responsabilidade Civil*, cit., p. 246.

174 Lei n° 8.078/90 (Código de Defesa do Consumidor), artigo 14, § 4°: *"A responsabilidade pessoal dos profissionais liberais será apurada mediante a verificação de culpa."*.

lidade das pessoas envolvidas no processo, decorrentes da conduta culposa dos médicos.

O médico tem o dever de aconselhar o paciente, advertindo-o dos riscos a que estará sujeito, respeitando sua autonomia de vontade, obtendo seu consentimento livre e consciente para qualquer intervenção cirúrgica ou tratamento que lhe pretenda propor.

Deve-se enfatizar a importância do consentimento informado no que diz respeito às técnicas de reprodução artificial, uma vez que, segundo o artigo 68 do Código de Ética Médica[175], é vedado ao médico praticar fecundação artificial sem que os participantes estejam de acordo e devidamente esclarecidos sobre os procedimentos a serem executados. Também o artigo 46 do mesmo Código destaca a importância do consentimento ao dispor que não se pode *"efetuar qualquer procedimento médico sem o esclarecimento e o consentimento prévios do paciente ou de seu representante legal, salvo em iminente perigo de vida"*.

O motivo da importância e do prestígio do consentimento informado reside no fato de que a própria evolução dos tempos trouxe consigo o destaque para o respeito à dignidade da pessoa humana, fortalecido pelo princípio da autonomia que prestigia o livre-arbítrio do paciente na relação médico-paciente.

Sendo o ser humano dotado de razão e consciência, sua autonomia deve ser respeitada em todos os sentidos e muito mais no que diz respeito a qualquer procedimento de natureza física ou psíquica sobre seu organismo; assim o respeito pela autonomia, da qual o consentimento esclarecido é a essência, conjuga-se perfeitamente com o respeito à dignidade da pessoa humana.

---

175 Resolução CFM nº 1.246/88.

Diante de tão relevantes valores fundamentais, torna-se imprescindível o consentimento esclarecido do paciente para qualquer intervenção médica ou cirúrgica a que venha a ser submetido, pois, podendo dispor de sua consciência, tem o direito de proteger sua integridade física e psíquica e de se autodeterminar de acordo com sua vontade. É por esse motivo que somente quando o paciente se encontrar em iminente perigo de vida o consentimento pode ser dispensado.

No caso de reprodução artificial, a importância do esclarecimento é fundamental uma vez que o médico não se obriga a garantir os resultados esperados num tratamento de infertilidade, quais sejam, o êxito na ocorrência da gestação e seu termo. Não se pode falar em responsabilidade somente em virtude do resultado negativo do tratamento, desde que o médico tenha dado ao paciente todas as informações necessárias e o tratamento adequado, consoante os métodos científicos mais atuais disponíveis, mas há que se provar, como já dissemos, a conduta culposa do mesmo.

O consentimento deve ser livre e esclarecido, devendo o médico informar ao paciente tudo aquilo que puder influenciar sua decisão; esse consentimento é considerado um ato jurídico, pois é capaz de gerar efeitos na órbita do direito. Além disso, o objeto jurídico do consentimento deve ser lícito, isto é, não contrário à lei ou aos interesses morais e éticos da sociedade. A capacidade jurídica do paciente para os atos da vida civil ao dar seu consentimento também deve ter relevância especial, pois o querer do paciente não pode ter deficiências.

O consentimento esclarecido constitui a legitimação e o fundamento dos atos médicos e reflete uma atitude eticamente correta. No tocante às técnicas de reprodução artificial, o consentimento tem maior relevância ainda, uma vez que decorrentes do avanço tecnológico, hoje podem ser realizadas técnicas muito mais sofisticadas que geram inúmeras conseqüências no campo jurídico.[176]

Todo e qualquer procedimento de procriação artificial deve atentar para a inviolabilidade do direito à vida, a dignidade e respeito à pessoa humana, sempre priorizando o livre-arbítrio do paciente desde que devidamente informado.

4.3. Responsabilidade civil das clínicas de reprodução assistida e dos bancos de depósito de material fertilizante

No que se refere às clínicas de reprodução assistida, bem como aos bancos de depósito de gametas e embriões, a responsabilidade civil recai sobre seus proprietários e diretores, advindo do contrato firmado entre as clínicas e os bancos com os pacientes[177].

A clínica tem o dever de prestar assistência médico-hospitalar e de hospedagem, sendo responsável pelos fatos danosos cometidos por seus funcionários, pelos danos à incolumidade dos pacientes e pela omissão de diligências necessárias à prestação dos serviços hospitalares.

Trata-se da responsabilidade por fato de terceiro, também chamada de indireta ou reflexa; assim, os proprietários e/ou diretores das clínicas de reprodução assistida, mesmo que não sejam médicos, se responsabilizam por ato praticado por outra pessoa que tenha causado qualquer espécie de lesão ao paciente[178]. Essa responsabilidade pelos

---

176 Deborah Ciocci Alvarez de Oliveira & Edson Borges Jr., *Reprodução assistida*, cit., p. 19-29.
177 Maria Helena Diniz, *Tratado teórico e prático dos contratos — volume 2*, São Paulo: Saraiva, 1999, p. 574-576.
178 Novo Código Civil, artigo 952, inciso III: *"São também responsá-*

médicos, enfermeiras, auxiliares e demais funcionários da clínica pode advir da culpa *in eligendo*, entendida como a má escolha a quem se confia a prática de um ato ou o adimplemento de uma obrigação contratual, ou da culpa *in vigilando*, decorrente da falta de atenção com o procedimento de outrem, cujo ato ilícito o responsável deve ressarcir[179].

Por esses motivos, no caso específico das clínicas de reprodução assistida sempre será necessária a existência de um médico responsável pelos procedimentos, bem como um rigoroso controle por parte dos órgãos do Ministério da Saúde[180].

Com relação aos bancos de gametas e embriões, estão eles vinculados por um contrato de depósito[181]; assim sendo aplicam-se as mesmas regras que foram mencionadas para as clínicas de reprodução assistida.

Somente com relação ao depósito de sêmen, há que se fazer uma ressalva de que com a morte do depositante (doador), extingue-se o contrato de depósito, uma vez que ninguém poderá ter direito ao material germinativo depositado, porque sendo ele uma parte do corpo humano, não pode ser posto à disposição, por ser direito personalíssimo.

---

veis pela reparação civil: III — O empregador ou comitente, por seus empregados, serviçais e prepostos, no exercício do trabalho que lhes competir, ou em razão dele." No mesmo sentido o artigo 1.521, III do Código Civil de 1916.

179 Maria Helena Diniz, *Curso de Direito Civil Brasileiro — 7º volume — Responsabilidade Civil*, cit., p. 43.

180 Eduardo de Oliveira Leite, *Procriações artificiais*, cit., p. 246.

181 O depósito é o contrato pelo qual o depositário recebe do depositante um bem móvel, obrigando-se a guardá-lo, temporariamente, para restituí-lo quando lhe for exigido, conforme disposto nos artigos 627 e 628 do novo Código Civil e no artigo 1.265 do Código Civil de 1916.

Diante do grande avanço tecnológico no campo da reprodução humana artificial, cada vez mais nossos tribunais hão de se deparar com questões atinentes à responsabilidade civil, visto que os usuários das técnicas, quando se sentirem lesados por ato do corpo médico, recorrerão ao Judiciário para ver ressarcido seu dano.

4.4. Responsabilidade civil perante os doadores e receptores[182]

A doação de material fertilizante, sêmen e óvulos, ainda não se encontra juridicamente regulamentada; todavia, analogicamente, podemos compará-la à doação de sangue ou de órgãos, que se encontra devidamente regulamentada na Lei nº 8.489, de 18 de novembro de 1992[183], bem como o Decreto nº 879, de 22 de julho de 1993[184].

A doação de esperma humano, diante dos princípios éticos oriundos da dignidade da pessoa humana, há de ser gratuita. Entre doador e clínica ou banco de esperma estabelecer-se-á um contrato de doação, por meio do qual o doador se compromete a transferir gratuitamente patrimônio pessoal seu; é a gratuidade que faz com que o procedimento seja lícito, pois os bens advindos de direitos da personalidade não podem ser objeto de contrato oneroso. A doação deve ser feita em estabelecimentos autorizados para esse fim, sob estrito controle médico.

O doador terá direito a receber toda a informação ne-

---

[182] Informações obtidas na obra de Eduardo de Oliveira Leite, *Procriações artificiais*, cit., p. 249-256.
[183] A Lei nº 8.489/92 dispõe sobre a retirada e transplante de tecidos, órgãos e partes do corpo humano, com fins terapêuticos e científicos.
[184] O Decreto nº 879/93 regulamenta a Lei nº 8.489/92.

cessária referente aos procedimentos que serão realizados, devendo dar seu consentimento para a utilização do esperma; podendo, ainda, cancelar a autorização dada a qualquer momento, valendo-se das regras de resilição unilateral de contrato[185].

Como estamos falando de elementos ou produtos do corpo humano, sua utilização deve estar embasada em dois princípios fundamentais de direito: o da inviolabilidade do corpo humano e o da indisponibilidade do corpo humano. Assim, a violação desses princípios, quando da utilização do material fertilizante, pode causar lesão à integridade física ou moral do doador, dando ensejo à reparação do dano.

Se, por exemplo, por algum erro laboratorial (imperícia ou negligência da pessoa que manipula o material), o esperma de um doador se misturar ao de outros, não podendo mais se saber quem o doou; ou se a identidade do doador, por imprudência da clínica ou do banco de sêmen, for revelada, cabe a exigência de reparação dos danos sofridos.

Entre o médico e a receptora existe um contrato de prestação de serviços que encerra em si, ao mesmo tempo, uma obrigação de meio e uma obrigação de resultado[186]. De meio, porque deve o médico empregar diligentemente todas as técnicas disponíveis para atingir o resultado almejado, ou seja, a concepção. De resultado, porque o médico tem a obrigação de zelar pela vida e integridade física da receptora; isso porque o respeito aos direitos da personalidade (vida e integridade física) deve estar sempre presente em qualquer procedimento de reprodução humana assistida.

Assim, para que se minimizem os riscos de dano aos doadores e receptores das técnicas de reprodução artificial

---

185 Maria Helena Diniz, *Tratado teórico e prático dos contratos — volume 1*, São Paulo: Saraiva, 1999, p. 185-186.
186 Remeter às notas 171 e 172.

será necessário que as clínicas ou bancos de sêmen detenham o monopólio da política de coleta de material fertilizante, bem como seu preparo e manutenção, sob a direção de um médico geneticista.

Também a confidencialidade das informações a respeito dos doadores e receptores deve ser preservada, cabendo às clínicas ou bancos de sêmen a coleta e o arquivo dos dados de forma sigilosa, sob pena de responderem civil e penalmente[187] pelos danos causados.

4.5. Responsabilidade civil por danos ao embrião *in vitro*

Como demonstramos no capítulo 3 deste estudo, o problema dos embriões excedentes é o tema central que deve ser abordado em qualquer legislação que pretenda regulamentar as reproduções assistidas.

Assim sendo, deve-se pensar também acerca dos danos morais e patrimoniais que estes possam vir a sofrer quando *in vitro*, pois a responsabilidade civil de todos os envolvidos no processo deve ser claramente apurada.

Sabemos que o embrião tem seus direitos resguardados desde a concepção[188], quando passa a ter vida própria e independente da de sua mãe. Deve-se respeitar sua personalidade jurídica formal, garantindo-se-lhe os direitos da personalidade de que já é titular.

---

187 Código Penal, artigo 154: *"Revelar a alguém, sem justa causa, segredo, de que tem ciência em razão de função, ministério, ofício ou profissão, e cuja revelação possa produzir dano a outrem:*
Pena — detenção, de três meses a um ano, ou multa."
188 Constituição Federal, artigo 5º; Código Civil de 1916, artigo 4º; novo Código Civil, artigo 2º; Lei nº 8.974/95, artigo 8º, III, por exemplo.

Reconhece-se, plenamente, o direito à vida desde a concepção; cabendo ao Estado resguardar a inviolabilidade da vida humana[189]; por isso pune-se penalmente o aborto[190], o qual fere a dignidade da pessoa humana em sua essência.

Os embriões crioconservados *in vitro* devem ter respeitado seu direito à vida e à integridade física e mental; assim, qualquer lesão que venham a sofrer deve ser indenizada.

Como bem coloca Maria Helena Diniz[191], os embriões pré-implantatórios têm direito de se ver indenizados por qualquer dano que venham a sofrer decorrente de:

"*1) Manipulações genéticas, que somente serão lícitas se feitas para corrigir alguma anomalia hereditária (Lei n.*

---

189 Constituição Federal, artigo 5º, *caput* :"*Todos são iguais perante a lei, sem distinção de qualquer natureza, garantindo-se aos brasileiros e aos estrangeiros residentes no País a inviolabilidade do direito à vida, à liberdade, à igualdade, à segurança e à propriedade, ...*" (grifo nosso).

190 Código Penal, artigo 124: "*Provocar aborto em si mesma ou consentir que outrem lho provoque:*
Pena — detenção, de um a três anos."
Código Penal, artigo 125: "*Provocar aborto, sem o consentimento da gestante:*
Pena — reclusão, de três a dez anos."
Código Penal, artigo 126: "*Provocar aborto, com o consentimento da gestante:*
Pena — reclusão de um a quatro anos."
Parágrafo único. Aplica-se a pena do artigo anterior, se a gestante não é maior de quatorze anos, ou é alienada ou débil mental, ou se o consentimento é obtido mediante fraude, grave ameaça ou violência."
Código Penal, artigo 127: "*As penas cominadas nos dois artigos anteriores são aumentadas de um terço, se, em conseqüência do aborto ou dos meios empregados para provocá-lo, a gestante sofre lesão corporal de natureza grave; e são duplicadas, se, por qualquer dessas causas, lhe sobrevém a morte.*".

191 Maria Helena Diniz, O *estado atual do biodireito*, cit., p. 116 a 124.

8.974/95, arts. 8º, III e IV, e 13, II e III) *devendo-se sempre respeitar seu patrimônio genético.*
2) Experiências científicas de toda a sorte, ...
3) Uso de espermatogone ou espermátide, que poderá causar aberrações genéticas, ...
4) Reprogramação celular, para alterar o limite de vida do nascituro por herança dos pais.
5) Congelamento dos embriões excedentes, que, na fertilização assistida, não foram reimplantados.
6) Comercialização de embriões excedentes para fins experimentais, cosmetológicos ou para a fabricação de armas biológicas de extermínio.
7) Defeitos apresentados no material fertilizante doado para fins de reprodução assistida, não detectados pelo profissional da saúde ou provocados pela sua deterioração, em virtude do mau funcionamento dos aparelhos pertencentes à clínica.
8) Diagnóstico pré-natal, pois, mediante testes e exames, o desenvolvimento do embrião pode ser acompanhado ao vivo, possibilitando prever e até corrigir defeitos de formação antes do nascimento, gerando responsabilidade civil médica se algum dano lhe for causado pelas técnicas empregadas, ...
(...)
10) Cirurgias ...
(...)
14) Transmissão de doenças, ...
15) Omissões em terapias gênicas por parte dos médicos.
(...)
17) Radiações (raios X, que podem lesar o feto, acarretando hidrocefalia, mongolismo, defeitos de ossificação etc.)"
Trata-se, aqui, de indenização pelos danos morais sofridos pelo embrião; a lesão atinge direitos que se encontram

em estado potencial, os quais serão plenamente adquiridos quando do nascimento com vida[192].

O dano moral é a lesão de interesses não patrimoniais de pessoa física ou jurídica, provocada pelo fato lesivo[193]; resulta da violação de um bem juridicamente tutelado, sem repercussão patrimonial.

Como nos ensina Zannoni[194], *"o dano moral não é a dor, a angústia, o desgosto, a aflição espiritual, a humilhação, o complexo que sofre a vítima do evento danoso, pois estes estados de espírito constituem o conteúdo, ou melhor, a conseqüência do dano. A dor que experimentam os pais pela morte violenta do filho, o padecimento ou complexo de quem suporta um dano estético, a humilhação de quem foi publicamente injuriado são estados de espírito contingentes e va-*

---

[192] Código Civil de 1916, artigo 4º; novo Código Civil, artigo 2º; Código Civil argentino, artigo 70: *"Desde la concepción em el seno materno comienza la existencia de las personas; y antes de su nacimiento pueden adquirir algunos derechos, como si ya hubiesen nacido. Esos derechos quedan irrevocablemente adquiridos si los concebidos en el seno materno nacieren con vida, aunque fuera por instantes después de estar separados de su madre."*

[193] Conceito baseado nas definições de: Wilson Melo da Silva, O dano moral; Zannoni, El daño en la responsabilidad civil; De Cupis, El daño, Orlando Gomes, Obrigações; H. Lalou, Traité pratique de la responsabilité civile; José Pedro Aramendia, A reparação do dano moral na doutrina e no Código uruguaio; Mario Pogliani, Responsabilitá e risarcimento da illecito civile; Roberto H. Brebbia, El daño moral; Carlos Alberto Bittar, Reparação civil por danos morais; R. Limongi França, Reparação do dano moral; Ganot, La réparation du préjudice moral; M. Helena Diniz, A responsabilidade civil por dano moral e patrimonial, apud Maria Helena Diniz, Curso de Direito Civil Brasileiro — 7º volume — Responsabilidade Civil, cit., p. 80-81; Artur Oscar de Oliveira Deda, A reparação dos danos morais, São Paulo: Saraiva, 2000, p. 3-8.

[194] Zannoni, El daño em la responsabilidad civil, Buenos Aires: Astrea: 1982, p. 234-235, apud Maria Helena Diniz, Curso de Direito Civil Brasileiro — 7º volume — Responsabilidade Civil, cit., p. 82.

riáveis em cada caso, pois cada pessoa sente a seu modo. O direito não repara qualquer padecimento, dor ou aflição, mas aqueles que forem decorrentes da privação de um bem jurídico sobre o qual a vítima teria interesse reconhecido juridicamente." "*... os lesados indiretos e a vítima poderão reclamar a reparação pecuniária em razão de dano moral, embora não peçam um preço para a dor que sentem ou sentiram, mas, tão-somente, que se lhes outorgue um meio de atenuar, em parte, as conseqüências da lesão jurídica por eles sofrida.*"

Ora, não se pode negar a condição de ser humano ao embrião *in vitro*, o qual tem direito à paternidade certa[195], à identidade[196], a alimentos[197], à imagem e à honra[198], entre outros.

Logo, qualquer lesão que sofrer a algum desses direitos deverá ser indenizada, daí a importância de se legislar de forma precisa e efetiva a respeito da responsabilidade civil

---

195 O embrião excedente tem direito a ser adotado e reconhecido por seus genitores, caso contrário, poderá mover ação contra aqueles através de curador ao ventre (Maria Helena Diniz, *O estado atual do biodireito*, cit., p. 125).

196 Esse direito, no caso das reproduções assistidas, diante da exigência de anonimato dos doadores e receptores do material fertilizante, vem sendo constantemente violado; mas esse anonimato não significa que se deva esconder tudo, os antecedentes genéticos do doador podem ser revelados quando a pessoa atingir a idade nupcial, para que se evitem uniões incestuosas. É por isso que se torna necessária a criação de um banco de dados dos participantes do processo, controlado pelo Estado, que possa inclusive avaliar as doações feitas (Maria Helena Diniz, *O estado atual do biodireito*, cit., p. 125).

197 Silmara J.A. Chinelato e Almeida, *Tutela civil do nascituro*, cit., p. 239-245.

198 Maria Helena Diniz, *O estado atual do biodireito*, cit., p. 126; Silmara J.A. Chinelato e Almeida, *Tutela civil do nascituro*, cit., p. 320-321.

nas reproduções assistidas; mesmo porque urge que se dê proteção jurídica ao embrião pré-implantatório, enquanto ainda *in vitro* ou crioconservado e que se lhe defina a natureza jurídica; este é um dos problemas fundamentais do Biodireito.

Tem-se notícia de que somente a Lei espanhola (Lei nº 35/88)[199], partindo do pressuposto de que o assunto responsabilidade civil nas reproduções assistidas merece atenção e, portanto, não se pode deixá-lo a cargo dos cientistas, legislou com realismo a respeito da matéria.

Logo nas disposições gerais, o legislador espanhol reconheceu que *"Los avances científicos, por otra parte, cursan generalmente por delante del Derecho, que se retrasa em su acomodación a las consecuencias de aquéllos. Este asincronismo entre la ciencia y el Derecho origina un vacio jurídico respecto de problemas concretos que deben solucionarse, si no es a costa de dejar a los individuos y a la sociedad misma en situaciones determinadas de indefension. Las nuevas técnicas de Reproducción Asistida han sido generadoras de tales vacios, por sus repercusiones jurídicas de índole administrativa, civil o penal. Se hace precisa una revisión y valoración de cuantos elementos confluyen en la realización de las técnicas de Reproducción Asistida y la adaptación del Derecho allí onde proceda,"*

Nas mesmas Disposições Gerais, fala, ainda, sobre o controle dos Centros de reprodução humana, ao declarar que *"Los Centros o Estabelecimientos donde se realicen estas técnicas habrán de ser considerados de caráter sanitario em los términos de la Ley General de Sanidad que se establezcan normativamente; contarán con los medios necesarios para sus fines y deberán someterse a los requisitos legales de acreditación, homologación, autorización, evelua-*

---

[199] Eduardo de Oliveira Leite, *Procriações artificiais*, cit., p. 258-260.

ción y control oportunos. Los equipos sanitarios que en ellos actúen habrán de estar contrastadamente cualificados y actuarán bajo la responsabilidad de un Jefe de Centro o Servicio, en el ámbito de equipos de trabajo."

No capítulo V, quando trata dos Centros sanitários e equipes biomédicas, assegura que os Centros de reprodução assistida estão subordinados a uma política nacional estabelecida pelo Ministério da Saúde; que as equipes biomédicas devem ser qualificadas, que os diretores dos Centros são totalmente responsáveis por qualquer falha nos procedimentos; que as equipes médicas têm responsabilidade pela ruptura do anonimato dos doadores, pela não utilização das técnicas de forma correta e pela omissão de informações que venham a causar prejuízo aos doadores e usuários ou transmitir doenças genéticas aos descendentes, as quais poderiam ser evitadas com informação e estudo prévios; que as equipes médicas devem fazer um histórico de todos os participantes das técnicas (doadores, receptores, maridos/companheiros) com os consentimentos dados para a realização da doação ou procedimento, sendo certo que a não realização desse histórico ou a omissão de qualquer referência determina a responsabilidade das equipes e dos Centros.[200]

---

[200] Ley nº 35/88, Artículo 18: *"Todos los Centros o Servicios em los que se realicen las técnicas de Reproducción Asistida o sus derivaciones, así como los Bancos de recepción, conservación y distribución de material biológico humano, tendrán la consideración de Centros y Servicios sanitarios públicos o privados, y si regirán por lo dispuesto en la Ley General de Sanidad y en la normativa de desarrollo de la misma o correspondiente a las Administraciones Públicas con competencias en la materia sanitaria."*
Artículo 19: "1. Los Equipos biomédicos que trabajen en estos Centros o Servicios sanitarios deberán estar especialmente cualificados para realizar las técnicas de Reproducción Asistida, sus aplicaciones complementarias, o sus derivaciones científicas, y contarán para ello con el

Essa preocupação com o detalhamento e a enumeração de hipóteses em que haverá responsabilidade civil nas procriações medicamente assistidas deve pautar qualquer intenção de legislar acerca do assunto.

Talvez seja, ainda, importante mencionar que os direitos dos embriões excedentes *in vitro* ou crioconservados devem ser resguardados; todavia, enquanto não houver legislação que discipline sua capacidade jurídica, milhares de atentados continuarão sendo cometidos, todos os dias, contra seres tão indefesos.

Os embriões humanos conservados extracorporeamen-

---

equipamiento y medios necesarios. Actuarán interdisciplinarmente y el Director del Centro o Servicio del que dependen será el responsable directo de sus actuaciones.
2. Los Equipos biomédicos y la Dirección de los Centros o Servicios en que trabajan, incurrirán en las responsabilidades que legalmente correspondan si violan el secreto de la identidad de los donantes, si realizan mala práctica con las técnicas de Reproducción Asistida o los materiales biológicos correspondientes, o si por omitir la información o los estudios protocolizados se lesionaran los intereses de donantes o usuarios o se transmitieran a los descendientes enfermedades congénitas e hereditarias, evitables con aquella información y estudio previos.
3. Los Equipos biomédicos deberán realizar a los donantes y a las receptoras cuantos estudios estén protocolizados reglamentariamente.
4. Los Equipos médicos recogerán en una Historia Clínica, a custodiar con el debido secreto y protección, todas las referencias exigibles sobre los donantes, las receptoras y los varones, en su caso, con los que estas constituyen matrimonio o pareja estable, así como los consentimientos firmados para la realización de la donación o de las técnicas.
5. La no realización de las Historias Clínicas o la omisión de las citadas referencias, datos o consentimientos, determinará responsabilidad de los equipos biomédicos y de los Centros o Servicios en los que trabajan.
6. Los datos de las Historias Clínicas, exceptuando la identidad de los donantes, y en caso deseado la identidad de las receptoras o varones con los que constituyen matrimonio o pareja estable, deberán ser puestos a disposición de estos últimos, receptoras y su pareja, o del hijo nacido por estas técnicas cuando llegue a su mayoría de edad, si así lo solicitan.".

te devem ser considerados como pertencentes à mesma natureza das pessoas humanas nascidas, a eles deve-se aplicar o princípio fundamental relativo à dignidade humana e a proteção ao direito à vida, uma vez que o respeito à sua vida equivale ao respeito às futuras gerações.

Verificaremos agora como os países que já legislaram sobre as técnicas de reprodução humana assistida trataram tão intrincado assunto.

CAPÍTULO 5

A REPRODUÇÃO ASSISTIDA NO DIREITO COMPARADO

Os princípios gerais de direito, conhecidos internacionalmente, que são aplicáveis à reprodução assistida, envolvem questões fundamentais da pessoa humana, daí existir a crescente preocupação de vários países em regulamentar as técnicas de reprodução artificial, tentando solucionar os problemas existentes.

Existe, todavia, uma diversidade de posturas éticas e jurídicas que deriva essencialmente da grande influência de tradições, usos e costumes, bem como das religiões e ideologias dominantes em cada país, que até o momento tentaram legislar a respeito das técnicas de reprodução assistida.

De distintas maneiras as legislações estrangeiras abordam o assunto; todavia, cabe ressaltar que a principal preocupação ainda recai sobre a melhor maneira de se tentar conciliar a liberdade das pesquisas científicas, diante dos avanços tecnológicos no campo da reprodução humana, com a proteção dos direitos do corpo humano, objeto dessas experiências.

Passaremos, então, a relatar como alguns países têm legislado acerca de questões tão importantes para a humanidade como o próprio direito à vida e, por conseguinte, o respeito à dignidade humana.

5.1. Alemanha[201]

Em 1985, foi apresentado o "Relatório Benda" sobre fecundação *in vitro*, análise do genoma e terapias gênicas; este foi o primeiro documento alemão a tratar sobre o tema.

A idéia de se fazer um Relatório sobre as reproduções artificiais ocorreu devido ao fato de não haver um controle efetivo por parte das autoridades do que se fazia na esfera médica privada a esse respeito.

Havia diretrizes médicas no sentido de que tais técnicas deveriam ser utilizadas com fim terapêutico única e exclusivamente em casais estéreis, afastando assim sua utilização para satisfazer conveniências pessoais.

Com base no referido "Relatório Benda" e nas diretrizes da Associação de Médicos, foram determinadas algumas regras a serem seguidas quando da utilização das técnicas de reprodução assistida.

Assim sendo, as técnicas de reprodução assistida só podem ser utilizadas no tratamento da esterilidade, limitando-se o seu uso aos casais casados; excepcionalmente, casais não casados poderiam utilizar-se das técnicas.

Somente instituições hospitalares que preencherem as exigências médicas e submetidas ao controle dos poderes públicos podem proceder a técnica de fecundação *in vitro*. Admite-se o congelamento de embriões somente quando

---

[201] Informações obtidas nas seguintes obras: Eduardo de Oliveira Leite, *Procriações artificiais*, cit., p. 275-286; Luiz Roldão de Freitas Gomes, *Questões Jurídicas*, cit., p. 271.

sua transferência não for possível imediatamente após a concepção; sendo certo que a transferência não poderá ocorrer após o prazo de dois anos do congelamento.

A doação de esperma deve se limitar a casos excepcionais; não podendo ser feitas mais de dez inseminações heterólogas com o esperma de um mesmo doador.

A doação de embriões só encontra justificativa se se pretende proteger o embrião e mesmo assim só pode ser feita a casais casados.

Não se garante o anonimato dos doadores; recomenda-se que as instituições médicas conservem o registro relativo aos doadores de gametas ou embriões, sendo que as informações poderão ser postas à disposição da criança assim concebida, a qual poderá ter conhecimento de sua origem biológica a partir do 16º ano de vida.

A pesquisa em embriões é proibida, salvo se for feita para prevenir ou curar uma doença grave do embrião pesquisado ou se permitir realizar descobertas médicas importantes previamente definidas.

Em 1989, foi apresentado um projeto de lei (hoje lei) relativo à proteção dos embriões; por esse projeto, estava proibida toda pesquisa sobre embriões *in vitro*; os embriões excedentes deveriam ser eliminados; não era admitido o congelamento de embriões; a maternidade de substituição estava proibida; condenava-se a utilização de embriões humanos para outros fins que não a "cura" da infertilidade; proibia-se a realização de manipulações genéticas transmissíveis à descendência. Percebe-se aqui, claramente, uma tendência da doutrina alemã em restringir o acesso às técnicas de reprodução assistida.

Atualmente, a legislação alemã no tocante às técnicas de reprodução assistida encontra-se elaborada da seguinte maneira:

A inseminação artificial homóloga só pode ser feita por indicação médica, após consulta, e a autorização por escrito do marido é obrigatória; proíbe-se a inseminação homóloga *post mortem*.

A inseminação artificial heteróloga pode ser autorizada em casos extremos, ou seja, quando houver perturbação duradoura da fecundidade do marido. O casal deve ter acompanhamento psicológico e o médico só poderá realizar este tipo de inseminação após receber consentimento escrito do marido, formalizado perante um notário. O esperma do doador somente poderá ser utilizado em uma única inseminação bem-sucedida; sendo que as misturas seminais estão proibidas. O consentimento do marido exclui a possibilidade de contestação da paternidade.

A criança tem a possibilidade de conhecer sua origem genética, assim sendo, os Centros de Reprodução deverão conservar em banco de dados as informações relativas aos doadores.

Proíbe-se a remuneração do doador de esperma. A conservação do esperma não poderá ser superior a dois anos, proibindo-se ao médico sua utilização se o doador já houver falecido.

Somente a fecundação *in vitro* homóloga está autorizada, sendo que somente as instituições médicas autorizadas pelo Estado podem fazê-la. Para evitar os embriões excedentes, somente se autoriza a fecundação do número de óvulos necessários para uma só transferência. Proíbe-se o congelamento de embriões, salvo casos excepcionais; bem como a transferência de embriões *post mortem*.

Não se proíbe a utilização das técnicas de reprodução assistida às pessoas não casadas, desde que se utilize o esperma do companheiro ou concubino; proíbe-se, entretanto, a utilização de esperma de terceiro. Está proibida a procriação artificial às mulheres solteiras.

A doação de óvulos fecundados é proibida, assim como a fecundação de óvulos com objetivo de doação. Está também proibida a doação de embrião se não foi possível transferi-lo para sua mãe genética.

Proíbe-se, ainda, a maternidade de substituição.

Relativamente à proteção dos embriões, a lei alemã se manifesta nos seguintes termos: ficam proibidas as pesquisas sobre embriões, inclusive aqueles que não puderam ser transferidos para o útero materno; são vedadas a clonagem e a modificação artificial de células humanas; somente a mulher que dá à luz é a mãe.

5.2. Austrália[202]

Este foi o primeiro país do mundo a regulamentar os procedimentos relativos à reprodução assistida através do *Australian State of Victoria's Infertility (Medical Procedures) act 1984*, o qual se baseou em recomendações da Comissão Walter.

Desde a década de 1970, a Austrália tem desenvolvido estudos e determinações legais sobre a matéria, uma vez que é intensa a utilização dessas técnicas em seu território.

O estado de Vitória fez as principais estipulações sobre o tema, definindo, por exemplo, que as técnicas só poderão ser desenvolvidas em hospitais aprovados pelo Departamento de Saúde, os quais deverão manter um arquivo com todas as informações sobre doadores e requisitantes. Está proibida a venda de gametas, mas os doadores podem ser reembolsados das despesas médicas e de viagem. Os contratos de locação de útero são proibidos; bem como

---

[202] Informações colhidas na obra de Mônica Sartori Scarparo, *Fertilização assistida*, cit., p. 80-81.

qualquer anúncio ou oferta de serviços das mães de substituição.

Existe, também, uma lei que determina que: a) o marido da mulher submetida à inseminação artificial sempre será o pai da criança; b) presume-se mãe da criança a mãe biológica; c) a clínica pode decidir sobre o destino e o armazenamento das células reprodutivas doadas; d) existe a possibilidade de pesquisas científicas em embriões humanos criopreservados.

5.3. Canadá[203]

Neste país, somente Quebec e Yukon dispõem de legislação específica sobre o tema. Em Ontário, foi produzido um relatório que discutiu acerca da regulamentação da inseminação artificial, do consentimento do marido ou companheiro, do controle e armazenamento de embriões, do 14º dia como data limite para pesquisas científicas em embriões humanos. Com relação à locação de útero, foi sugerido que a mesma deveria ser regulamentada em lei, criando comitês específicos para supervisionar os acordos daí decorrentes.

Proíbe-se a impugnação de paternidade pelo marido que consentiu na inseminação artificial heteróloga. As informações nominativas relativas à procriação medicamente assistida de um filho são confidenciais; todavia, quando a saúde de uma pessoa assim procriada, ou de seus descendentes, estiver em grave risco, se ela for privada das informações que necessita, pode um tribunal permitir que essas informações, confidencialmente, sejam transmitidas às autoridades médicas competentes.

---

[203] Informações colhidas na obra de Mônica Sartori Scarparo, *Fertilização assistida*, cit., p. 78.

5.4. Espanha[204]

Na Espanha, há uma lei específica[205] sobre as técnicas de reprodução assistida, a qual estipula que o médico deve empregar todos os esforços necessários para combater a esterilidade humana. Tal lei determina que poderão se submeter às técnicas de reprodução assistida todas as mulheres maiores de 18 anos e que tenham um bom estado de saúde, desde que previamente informadas sobre o procedimento, proibindo-se a fecundação de óvulos humanos com finalidade diversa da de procriação. Assim, tanto as mulheres solteiras como as viúvas poderão se submeter ao uso das técnicas. As mulheres casadas necessitarão do consentimento prévio e formal de seu marido[206].

---

204 Informações obtidas nas seguintes obras: Eduardo de Oliveira Leite, *Procriações artificiais*, cit., p. 275-286; Monica Sartori Scarparo, *Fertilização assistida*, cit., p. 76-77; Ana Maria Vega Gutiérrez, *Ética, legalidad y familia em las técnicas de reproducción humana asistida*, Pamplona: Ius Canonicum, 1995, p. 673-728; Juan Luis Iglesias Prada, *La protección jurídica de los descubrimientos genéticos y el proyecto genoma humano*, Madrid: Civitas, 1995; Jesus Diez Del Corral Rivas, "La Filiación de los nacidos con ayuda de las nuevas técnicas de procreación artificial humana", Madrid: *Revista de Derecho Privado*, 1988; Francisco Lledó Yagüe, *Fecundación Artificial y Derecho*, Madrid: Tecnos, 1988.
205 Lei nº 35, de 22 de novembro de 1988.
206 Lei nº 35/88, artigo 6º, apartados 1 a 4:
"*1. Toda mujer podrá ser receptora o usuaria de las técnicas reguladas en la presente Ley, siempre que haya prestado su consentimiento a la utilización de aquéllas de manera libre, consciente, expresa y por escrito. Deberá tener dieciocho años al menos y plena capacidad de obrar.*
2. La mujer que desee utilizar estas técnicas de Reproducción Asistida deberá ser informada de los posibles riesgos para la descendencia y durante el embarazo derivados de la edad inadecuada.

A doação de gametas ou embriões deve ser feita por contrato gratuito, formal e sigiloso, entre os doadores e o centro médico autorizado. Referida lei prevê em seu artigo 5º, apartado 5[207], que a doação de gametas e pré-embriões será anônima, arquivando-se os dados sobre a identidade do doador no mais estrito segredo nos bancos respectivos e no Registro Nacional de Doadores, porém os filhos nascidos têm direito, por si ou por seus representantes legais, de obter informações gerais sobre os doadores, que não incluam sua identidade, e, excepcionalmente, em circunstâncias extraordinárias que representem um comprovado perigo para a vida do filho, poderá ser revelada a identidade do doador, sempre que esta revelação seja indispensável

---

3. Si estuviere casada, se precisará además el consentimiento del marido, con las características expresadas en el apartado anterior, a menos que estuvieren separados por sentencia firme de divorcio o separación, o de hecho o por mutuo acuerdo que conste fehacientemente.
4. El consentimiento del varón, prestado antes de la utilización de las técnicas, a los efectos previstos en el artículo 8º, apartado 3, de esta Ley, deberá reunir idénticos requisitos de expresión libre, consciente y formal.".

207 Lei nº 35/88, artigo 5º, apartado 5: *"La donación será anónima, custodiándose los datos de identidad del donante en el más estricto secreto y en clave en los Bancos respectivos y en el Registro Nacional de Donantes.*
Los hijos nacidos tienen derecho, por si o por sus representantes legales, a obtener información general de los donantes que no incluya su identidad. Igual derecho corresponde a las receptoras de los gametos.
Sólo excepcionalmente, en circunstancias extraordinarias que comporten un comprobado peligro para la vida del hijo, o cuando proceda con arreglo a las leyes procésales penales, podrá revelarse la identidad del donante, siempre que dicha revelación sea indispensable para evitar el peligro o para conseguir el fin legal propuesto. En tales casos se estará a lo dispuesto en el artículo 8º, apartado 3. Dicha revelación tendrá carácter restringido y no implicará, en ningún caso, publicidad de la identidad del donante."

para evitar o perigo. O doador deverá ter mais de 18 anos, plena capacidade para o trabalho e não padecer de nenhuma doença genética ou infecciosa transmissível[208].

Cabe à equipe médica responsável pela técnica a escolha do doador, devendo-se garantir que este guarde a maior semelhança fenotípica e imunológica com o casal solicitante[209].

O marido e a mulher, que consentirem prévia e expressamente acerca de inseminação com doadores, não poderão posteriormente impugnar a filiação da criança assim concebida, a qual em tudo será equiparável aos filhos decorrentes de procriação natural. A idéia parte do pressuposto de que em toda operação de reprodução assistida heteróloga, o casal deve ser amplamente informado de todas as implicações decorrentes de sua decisão. Assim, proíbe-se a impugnação de paternidade pelo marido que consentiu na inseminação artificial heteróloga[210].

É nulo de pleno direito o contrato de locação de útero, ou seja, aquele em que se convenciona a gestação, com ou

---

208 Lei nº 35/88, artigo 5º, apartado 6: *"El donante deberá tener más de dieciocho años y plena capacidad de obrar. Su estado psicofísico deberá cumplir los términos de un protocolo obligatorio de estudio de los donantes, que tendrá caráter general e incluirá las características fenotípicas del donante, y con previsión de que no padezca enfermedades genéticas, hereditarias o infecciosas transmisibles."*

209 Lei nº 35/88, artigo 6º, apartado 5: *"La elección del donante es responsabilidad del equipo médico que aplica la técnica de Reproducción Asistida. Se deberá garantizar que el donante tiene la máxima similitud fenotípica e inmunológica y las máximas posibilidades de compatibilidad con la mujer receptora y su entorno familiar."*

210 Lei nº 35/88, artigo 8º, apartado 1: *"Ni el marido, ni la mujer, cuando hayan prestado su consentimiento, previa y expresamente, a determinada fecundación con contribución de donante o donantes, podrán impugnar la filiación matrimonial del hijo nacido por consecuencia de tal fecundación."*

sem preço, a cargo de uma mulher que renuncia a filiação materna em favor da contratante ou de terceiro; a filiação é determinada pelo parto[211], sendo assim, as mães de substituição foram quase que totalmente contestadas, uma vez que, segundo os doutrinadores, tal prática atenta contra a dignidade humana e deve, portanto, ser desestimulada.

O sêmen e os embriões excedentes poderão ser criopreservados pelo prazo máximo de cinco anos[212]; sendo certo que, passados dois anos, os embriões excedentes ficam à disposição dos bancos, que poderão utilizar o material conforme suas necessidades e finalidades[213].

Toda e qualquer intervenção sobre embriões não poderá ter outra finalidade que não a de tratamento nele próprio, a fim de viabilizar sua existência ou detectar alguma doença hereditária. Autoriza-se, entretanto, a utilização de gametas para fins de investigação experimental, com vistas ao aperfeiçoamento das técnicas de criopreservação[214].

---

211 Lei nº 35/88, artigo 10, apartado 2: *"La filiación de los hijos nacidos por gestación de sustitución será determinada por el parto."*

212 Lei nº 35/88, artigo 11, apartado 1: *"El semen podrá crío conservarse en Bancos de gametos autorizados durante un tiempo máximo de cinco años."*

213 Lei nº 35/88, artigo 11, apartado 4: *"Pasados dos años de crío conservación de gametos o preembriones que no procedan de donantes, quedarán a disposición de los Bancos correspondientes."*

214 Lei nº 35/88, artigo 12, apartados 1 e 2, e artigo 13, apartados 1, 2 e 3:
"Artículo 12
Toda intervención sobre el preembrión, vivo, in vitro, con fines diagnósticos, no podrá tener otra finalidad que la valoración de su viabilidad o no, o la detección de enfermedades hereditarias, a fin de tratarlas, si ello es posible, o de desaconsejar su transferencia para procrear.
Toda intervención sobre el embrión en el útero o sobre el feto, en el útero o fuera de él, vivos, con fines diagnósticos, no es legítima si no tiene por objeto el bienestar del nasciturus y el favorecimiento de su desarrollo, o si está amparada legalmente.

As clínicas de reprodução assistida, bem como os bancos de material biológico humano, deverão ser supervisionados pela Secretaria de Saúde Pública; devendo toda e qualquer aplicação de técnica de reprodução assistida ser assessorada amplamente e registrada com detalhes em fichas técnicas[215].

Artículo 13
Toda intervención sobre el preembrión vivo, in vitro, con fines terapéuticos no tendrá otra finalidad que tratar una enfermedad o impedir su transmisión, con garantizas razonables y contrastadas.
Toda intervención sobre el embrión o sobre el feto en el útero vivos, o sobre el feto fuera del útero, si es viable, no tendrá otra finalidad terapéutica que no sea la que propicie su bienestar y favorezca su desarrollo.
La terapéutica a realizar en preembriones in vitro, o en preembriones, embriones y fetos, en el útero, sólo se autorizará si se cumplen los siguientes requisitos:
Que la pareja o, en su caso, la mujer sola, hayan sido rigurosamente informados sobre los procedimientos, investigaciones diagnósticas, posibilidades y riesgos de la terapéutica propuesta y las hayan aceptado previamente.
Que se trate de enfermedades con un diagnóstico muy preciso, de prognóstico grave o muy grave, y cuando ofrezcan garantizas, al menos, razonables, de la mejoría o solución del problema.
Si se dispone de una lista de enfermedades en las que la terapéutica es posible con criterios estrictamente científicos.
Si no se influye sobre los caracteres hereditarios no patológicos, ni se busca la selección de los individuos e la raza.
Si se realiza en Centros sanitarios autorizados, y por Equipos cualificados y dotados de los medios necesarios."

215 Lei nº 35/88, artigo 18: *"Todos los Centros o Servicios em los que se realicen las técnicas de Reproducción Asistida, o sus derivaciones, así como los Bancos de recepción, conservación y distribución de material biológico humano, tendrán la consideración de Centros y Servicios sanitarios públicos o privados, y se regirán por lo dispuesto en la Ley General de Sanidad y en la normativa de desarrollo de la misma o correspondiente a las Administraciones Públicas con competencias en materia sanitaria."*

Desde que a Espanha iniciou suas tentativas de legislar sobre a reprodução assistida nota-se que este esforço sempre teve um caráter permissivo, devido a uma tendência francamente realista dos doutrinadores espanhóis.

A questão dos embriões excedentes foi resolvida partindo-se do entendimento de que não há vida humana antes da nidação no útero. São considerados excedentes todos os embriões remanescentes de uma fecundação que não resultou em gravidez, bem como aqueles que não puderam, por qualquer motivo, ser transplantados para o útero da mulher, à qual estavam inicialmente destinados.

Definiu-se que as técnicas de reprodução assistida só poderão ser realizadas quando existe a possibilidade de êxito e desde que não se coloque em risco a saúde da mulher e de seus filhos[216].

A possibilidade de inseminação *post mortem* não é vedada; contudo não se poderá determinar legalmente a filiação, nem se reconhecer efeito ou relação jurídica alguma entre o filho nascido pelas técnicas de reprodução assistida e o marido falecido, quando o material reprodutor deste não se acha no útero da mulher na data do falecimento do varão, podendo o marido, todavia, consentir em escritura pública ou testamento, que seu material genético possa ser utilizado, nos meses seguintes ao seu falecimento, para fecundar sua mulher, produzindo tal geração os efeitos legais que decorrem da filiação matrimonial. Ressalte-se que a

---

216 Lei nº 35/88, artigo 2º, apartado 1: *"Las técnicas de Reproducción Asistida se realizarán solamente:*
Cuando haya posibilidades razonables de éxito y no supongan riesgo grave para la salud de la mujer o la posible descendencia.
En mujeres mayores de edad y en buen estado de salud psicofísica, si las han solicitado y aceptado libre y conscientemente, y han sido previa y debidamente informadas sobre ellas.".

mesma possibilidade abre-se aos homens que não estão vinculados a uma mulher pelo matrimônio[217].

A lei espanhola é tão permissiva que chega a autorizar a fecundação entre gametas humanos e animais[218].

5.5. Estados Unidos[219]

As primeiras inseminações heterólogas se desenvolve-

---

217 Lei nº 35/88, artigo 9, apartados 1 a 3:
"*1. No podrá determinarse legalmente la filiación ni reconocerse efecto o relación jurídica alguna entre el hijo nacido por la aplicación de las técnicas reguladas en esta Ley y el marido fallecido, cuando el material reproductor de éste no se halle en el útero de la mujer el la fecha de la muerte del varón.
2. No obstante lo dispuesto en el apartado anterior, el marido podrá consentir, en escritura pública o testamento, que su material reproductor pueda ser utilizado, en los seis meses siguientes a su fallecimiento, para fecundar a su mujer, produciendo tal generación los efectos legales que se derivan de la filiación matrimonial.
3. El varón no unido por vínculo matrimonial, podrá hacer uso de la posibilidad contemplada en el apartado anterior, sirviendo tal consentimiento como título para iniciar el expediente del artículo 49 de la Ley del Registro Civil, sin perjuicio de la acción judicial de reclamación de paternidad.*"
218 Lei nº 35/88, artigo 14, apartado 4: "*Se autoriza el test del hámster para evaluar la capacidad de fertilización de los espermatozoides humanos hasta la fase de división en dos células del óvulo de hámster fecundado, momento en que se interrumpirá el test. Se prohíben otras fecundaciones entre gametos humanos y animales, salvo las que cuenten con el permiso de la autoridad pública correspondiente, o, en su caso, de la Comisión Nacional multidisciplinar, si tiene competencias delegadas.*"
219 Informações obtidas nas seguintes obras: Eduardo de Oliveira Leite, *Procriações artificiais*, cit., p. 269-275; Mônica Sartori Scarparo, *Fertilização assistida*, cit., p. 78-80; Dominick Vetri, *Reproductive technologies and United States law*. London: International and Comparative Law, 1988.

ram nos Estados Unidos, apesar da rígida moral que sempre dominou as relações familiares naquele país.

A partir de 1964, trinta Estados adotaram algum tipo de legislação regulamentando a inseminação artificial heteróloga; restringindo sua utilização às pessoas casadas. Em 1974, cerca de vinte e cinco Estados proibiram ou limitaram a pesquisa em embriões; fato que impede, em alguns casos, a realização de procedimentos específicos da fecundação *in vitro*.

Cada estado americano estabeleceu seus procedimentos referentes à utilização das técnicas de reprodução assistida; somente para se ter uma idéia do que isto significa podemos relatar que:

a) No estado de Illinois, cabe à pessoa que teve seu óvulo fertilizado *in vitro* o direito à custódia da criança.
b) Na Pensilvânia, há determinação de que quando houver utilização de fertilização *in vitro* todas as informações pertinentes devem ser registradas.
c) O Ministério da Saúde, da Educação e dos Assuntos Sociais admite que sejam feitas experiências com embriões humanos desde que os métodos utilizados sejam considerados aceitáveis; todavia, a maioria dos estados americanos tem sérias restrições a essas práticas.
d) Nos estados da Califórnia e Connecticut, exige-se que sejam feitos exames médicos e testes psicológicos na mãe biológica, antes da realização do contrato de locação de útero.
e) Em Rhode Island, exige-se que o casal contratante seja legalmente casado e que haja prova da infertilidade da mulher.
f) No Alasca, na Califórnia e no Havaí, a criança, ao nascer, deverá ser registrada com o nome do pai biológico e de sua mulher, os quais terão todos os direitos da mãe substituta.

g) Em Michigan, exigem-se testes biológicos para averiguação da paternidade, quando do nascimento da criança gerada por mãe substituta.
h) Na Carolina do Sul, em Connecticut e no Havaí, existe a necessidade de adoção da criança pelo casal solicitante quando do nascimento.

Atualmente, fazendo-se um apanhado geral da legislação americana a respeito das técnicas de reprodução assistida, podemos verificar o seguinte.

Relativamente às fecundações *in vitro* percebe-se uma clara oposição às mesmas, visto que os avanços tecnológicos e científicos em reprodução humana, permitindo ao ser humano que se reproduza sem relações sexuais, são indícios de dissolução da sociedade familiar; a procriação deve ser limitada pela natureza. Assim, recomenda-se o uso das técnicas apenas em benefício de casais estéreis.

Quanto ao emprego das técnicas, o princípio fundamental continua sendo o do consentimento inequívoco do casal; sendo certo que em alguns estados norte-americanos exige-se que o consentimento seja dado diante do médico e que a inseminação seja praticada sob controle.

Impõe-se, em alguns estados, a necessidade de uma autorização governamental para que se possam adquirir os equipamentos necessários à fecundação *in vitro*; procedimento semelhante é previsto para os bancos de esperma.

Em cerca de seis estados, proíbe-se o congelamento de embriões. A doação de gametas, todavia, não sofre limitações; proibindo-se somente a doação de esperma aos portadores de doenças transmissíveis. A doação de embriões é aprovada, não havendo nenhuma disposição legal a respeito do anonimato dos doadores, bem como sobre a remuneração das doações.

Tanto a inseminação heteróloga quanto a maternidade de substituição provocam conseqüências aos vínculos de filiação segundo a legislação norte-americana.

Em vinte e oito estados americanos, se o marido consentir com a inseminação de sua mulher por esperma de terceiro, ele é o pai legal da criança assim concebida, não podendo negar essa paternidade.

A mulher que dá à luz é a mãe da criança, assim havendo maternidade de substituição, o casal solicitante deverá adotar a criança nascida da técnica, a fim de regularizar seu vínculo de filiação.

Como se pode perceber, sendo os Estados Unidos um país onde existe a necessidade de se conciliar os interesses dos estados federados com o interesse nacional, não se pode, ainda, falar de uma doutrina ou legislação dominante norte-americana a respeito das reproduções assistidas. O que se percebe é a ausência de um efetivo controle nacional, já que cada estado legisla e tem competência para julgar de forma distinta a mesma matéria.

5.6. França[220]

Na França, assim como na Itália, várias propostas legislativas já foram apresentadas, todavia nenhuma delas ainda foi aprovada; isso decorre da realidade fática daquele país, onde o grande desenvolvimento dos centros de procriação

---

220 Informações obtidas nas seguintes obras: Eduardo de Oliveira Leite, *Procriações artificiais*, cit., p. 301-326; Alain Bénabent, *La procréation artificielle*. In: Droit Civil: la famille, Paris: LITEC – Libraire de la Cour de Cassation, 1997, p. 357-363; Gilda Nicolau, *Le statut juridique de l'embryon congelé*. In: *L'influence des progrès de la genetique sur le droit de la filiation*. Talence: Presses Universitaires de Bordeaux, 1991, p. 297-321.

artificial (CECOS) criou uma estrutura autônoma com um código de ética próprio, que se mantém inabalável até hoje.

Desse modo, independentemente de uma legislação sobre as procriações artificiais, os CECOS franceses, reunidos em uma federação, estabeleceram princípios éticos que visam harmonizar a utilização das técnicas por cada centro, os quais, por sua vez, têm autonomia para sua organização e gestão.

Os princípios básicos do sistema CECOS são: a gratuidade da doação, a exigência da prévia paternidade em relação ao doador, a noção de doação de casal fértil ao casal estéril com o consentimento do marido ou da mulher, e o anonimato dos doadores. A partir deles decorrem direitos e deveres para os doadores, os solicitantes, o corpo médico e o nascituro.

Assim a inexistência de uma lei que discipline a matéria não é encarada como um problema, visto que a doutrina francesa acredita que devido à rapidez com que ocorrem os progressos científicos, uma lei se tornaria ultrapassada mesmo antes de sua votação. Constata-se, ainda, que todas as propostas legislativas propunham quase sempre aquilo que os próprios CECOS tinham imposto ao seu próprio funcionamento. O que se percebe é que, ano após ano, a promulgação de uma legislação clara a respeito das procriações artificiais vem sendo postergada.

Assim sendo, na França, mesmo não havendo uma legislação nacional que discipline as técnicas de reprodução assistida, podemos afirmar que existe um direcionamento ético, muito bem apurado, em relação às procriações artificiais, o qual passaremos a relatar em seguida.

Com relação às inseminações artificiais, quando estas forem feitas com o esperma do marido ou companheiro, devido a uma hipofertilidade ou esterilidade previsível após tratamento quimioterápico, não se cria nenhum problema, seja no plano ético seja no jurídico, visto que a criança estará biologicamente ligada a seu pai e sua mãe.

A inseminação *post mortem* está proibida, visto que neste caso o projeto parental não existe, e a criança, segundo o direito francês[221], só poderia ser considerada como filha exclusiva da mãe. Assim, o artigo 311-20, alínea 3, do Código Civil francês, com redação dada pela Lei nº 94-653, de 1994, dispõe que: "*O consentimento dado para uma procriação medicamente assistida fica sem efeito no caso de morte do declarante.*"

A inseminação artificial efetuada com esperma de doador só pode ser efetivada como um remédio à esterilidade do casal, quando o marido ou companheiro não pode ter filhos com sua mulher ou companheira ou na hipótese da ocorrência de uma doença genética que poderá provocar o nascimento de uma criança anormal. Neste caso, a paternidade, mesmo após o consentimento, pode ser contestada, visto que no direito francês não é permitido renunciar por antecipação a uma ação relativa à filiação[222]; contudo, o marido que aceitou a inseminação e promoveu o reconhecimento do filho, querendo, posteriormente, anulá-lo, será condenado a reparar os danos causados à criança.

A inseminação de conveniência, aquela de uma mulher só ou de homossexuais, não é aceita pela ética dos CECOS, visto que não tem como objetivo remediar a esterilidade de um casal; além disso, não se poderia incentivar um projeto de filiação no qual a criança já nasceria meio órfão.

A fecundação *in vitro*, como técnica que visa propiciar ao casal uma fecundação que de forma natural nunca pode-

---

221 Código Civil francês, artigo 315: "*A legitimidade do filho nascido 300 dias depois da dissolução do casamento pode ser contestada.*"
222 Código Civil francês, artigo 311-9: "*As ações relativas à filiação não podem ser objeto de renúncia.*"

ria ocorrer, não traz maiores problemas; a criopreservação de embriões obtidos por essa técnica é que desperta preocupações. Com relação aos embriões excedentes, compete à equipe médica ditar seu destino, decidindo o que fazer com eles.

A criança nascida desta técnica, quando os gametas são de seu pai e de sua mãe, terá determinada sua filiação jurídica de acordo com a verdade biológica; assim será legítima, se seus pais forem casados, ou natural, se eles não forem casados. Problema surge se o pai vier a falecer após a fecundação, mas antes da transferência ao útero materno; caso em que a criança, pela lei francesa, não poderá vincular-se a este pai, como no caso de inseminação *post mortem*.

Ainda em relação à fecundação *in vitro*, quando houver doação de óvulo fecundado pelo esperma do marido e implantado no útero da mulher, a criança nascida dessa técnica está geneticamente, por sua origem paterna, vinculada a seus pais, levando-se ainda em consideração a gestação. Quanto à paternidade, nenhum problema de ordem biológica ou jurídica se coloca, visto que a criança nascida é biologicamente filha daquele pai e ainda este é o marido ou companheiro de quem lhe deu à luz. Neste caso, biologicamente a maternidade é dividida; todavia na concepção do legislador francês, a mulher que dá à luz é aquela que forneceu o óvulo; logo, ela é mãe porque concebeu e porque gestou a criança. No direito francês, a mãe é aquela que carregou a criança em seu ventre; logo, a mãe biológica, que doou o óvulo, não pode reivindicar qualquer direito sobre esta criança.

No caso de criança nascida por fecundação *in vitro* cujos gametas (óvulo e espermatozóide) são estranhos ao casal, esta somente estará vinculada ao casal pelo fato da gestação. Quanto à maternidade, o parto faz a mãe, não sendo possível ao doador contestar a maternidade da gestadora, seja ela casada ou não. Relativamente à paternidade, entretanto, mesmo detendo a criança a posse de filho legítimo, em decorrência da presunção de paternidade (*pater is est quem justae nuptiae demonstrant*); poderá esta ser contestada nos seis meses seguintes ao nascimento.

Na doutrina francesa faz-se a distinção entre mãe de substituição, que é a mulher que engravida tendo doado seu próprio óvulo para o processo de fecundação, sendo, portanto, mãe genética e mãe gestadora; e a mãe portadora, que é a mulher que hospeda em seu útero um embrião que foi formado com o óvulo da mulher para quem entregará a criança, como previamente combinado. Neste caso, a mãe gestadora (que engravida e pare) e a mãe genética (dona do óvulo que foi fecundado) são pessoas distintas.

O progresso científico, como já ressaltamos, abalou a regra milenar *mater semper certa est*. Considerando-se que, mesmo nos casos em que a utilização da mãe de substituição é proibida, pode ser descumprida tal vedação, praticando-se a procriação daquela maneira, na legislação comparada, em caso de conflito de maternidade, tem prevalecido o princípio de que a mãe é quem dá à luz a criança; a maternidade, portanto, é legalmente estabelecida pelo parto e não pela transmissão do patrimônio genético. Dá-se prioridade à mãe que teve a gravidez e o parto (*mère gestatrice*) sobre a mãe genética (*mère génétique*).

A idéia das mães de substituição não é muito aceita na França. O direito francês não admite qualquer tipo de contrato entre a mãe de substituição e o casal solicitante; assim, como o parto determina a mãe, se a mãe de substituição quiser pode manter a criança concebida fazendo valer sua maternidade, tendo, todavia, que reconhecer a paternidade biológica do marido do casal solicitante. O casal solicitante não tem nenhuma garantia de que irá receber a criança; contudo, se a criança for entregue, a mãe estéril, que cedeu o óvulo, após o nascimento e registro da criança, terá que adotá-la.

Apesar de toda a estrutura dos CECOS franceses e da relativa segurança existente com relação às técnicas de reprodução assistida, acreditamos que o direito francês deveria melhor se posicionar, pois não é possível se prever até quando poderão ser dadas soluções para os sempre novos desafios suscitados pelo avanço da engenharia genética frente às limitações dos textos legislativos que previam realidades completamente ultrapassadas.

5.7. Inglaterra[223]

O Parlamento Britânico incumbiu uma comissão oficial de analisar e propor medidas adequadas às questões relativas à procriação artificial. Em 1984 foi concluído o *Warnock Report*, relatório que analisou os problemas oriundos das técnicas de reprodução assistida e tentou estabelecer os procedimentos médicos a serem seguidos em todos os aspectos da fertilização artificial humana, no qual foram feitas as seguintes recomendações:

a) deveria ser criado um estatuto para regulamentar a atuação dos centros médicos que praticam a inseminação artificial;
b) a doação de óvulos e embriões deveria receber uma licença especial;

---

[223] Informações obtidas nas seguintes obras: Mônica Sartori Scarparo, *Fertilização assistida*, cit., p. 73-75; Andre L. Bonnicksen, *Ethical and policy issues in human embryo twinning*. Cambridge quarterly of healthcare ethics, 1995; Jacqueline A Priest, *Assisted reproduction developments in England*, London: International and Comparative Law Quarterly, 1988.

c) a conservação do embrião *in vitro* não deveria ultrapassar oito ou nove dias após a fertilização, não incluído o tempo de criopreservação;
d) a pesquisa em embriões poderia ser realizada, desde que houvesse permissão expressa do casal doador;
e) as clínicas de reprodução assistida deveriam manter o anonimato do doador, e do casal solicitante;
f) o casal solicitante faria sua requisição por instrumento escrito, onde declinaria as razões para se submeter à técnica, bem como daria seu consentimento para a prática;
g) o tempo de criopreservação de embriões não deveria ultrapassar o prazo de 10 anos; sendo, que em caso de morte de um dos cônjuges, caberia ao outro decidir sobre os mesmos; havendo comoriência, competiria à clínica a responsabilidade sobre o destino dos embriões;
h) o material genético de cada doador não deveria ser utilizado para mais de dez concepções;
i) a implantação, na mulher, de embriões já submetidos a experiência científicas deveria ser proibida por constituir prática criminosa;
j) a produção de embrião para finalidade diversa da sua transferência para o útero da mulher deveria ser classificada como delito;
k) deveria ser vedada a transferência de embrião humano para útero ou qualquer outro órgão de outra espécie animal que não a humana;
l) deveria ser vedada a criação de seres híbridos, considerando-se criminosas as experiências realizadas com tais objetivos;
m) a criança nascida através de inseminação por doador deveria ser tida como filha do casal, sendo assim registrada, não tendo o doador qualquer direito ou dever sobre ela;

n) os filhos com idade superior a 18 anos poderiam saber quais as características de seus genitores, sem contudo identificá-los;

o) em caso de doação de óvulos e embriões, deveria ser reconhecida como mãe a mulher que gestou, que deu à luz;

p) com relação à inseminação *post mortem*, a criança assim concebida não deveria concorrer aos direitos sucessórios de seus pais, salvo se estipulada sua participação na herança em disposição de última vontade;

q) a atuação de agências para recrutamento de mulheres com a finalidade de locação de útero deveria ser considerada criminosa;

r) os contratos de locação de útero deveriam ser privados de valor legal.

5.8. Itália[224]

Duas propostas de lei referentes à reprodução assistida foram apresentadas ao Parlamento italiano em 1990. Ambas pretendiam dar plena liberdade de opção procriativa às pessoas solteiras, legitimando a família como lugar natural para o nascimento dos filhos. Tais propostas visavam de forma clara abrir aos parceiros homossexuais a possibilidade de concepção.

O Comitê Nacional de Bioética italiano, em dezembro de 1994, excluiu das possibilidades de utilização das técnicas de reprodução assistida a doação de óvulos e esperma-

---

[224] Informações obtidas nas seguintes obras: Mônica Sartori Scarparo, *Fertilização assistida*, cit., p. 78; Silvério Grassi, *I nascituri concepiti e i concepiti artificiali*, Torino: G. Giappichelli Editore, 1995; Leonardo Lenti, "Procreazione artificiale". *Rivista di Diritto Civile*, 1994.

tozóides em mulheres fora da idade reprodutiva, em casais do mesmo sexo, em mulher solteira, após a morte de um dos cônjuges e em casais que não proporcionem garantias adequadas de estabilidade afetiva para criar e educar uma criança.

No mesmo sentido, o Colégio Médico italiano interveio, ampliando a proibição de todas as formas de gravidez de substituição, em mulheres em menopausa não-precoce, sob inspiração racial ou socioeconômica e a exploração comercial, publicitária ou industrial de gametas, embriões ou tecidos embrionários.

5.9. Portugal[225]

A atividade referente à procriação artificial humana foi regulada, em Portugal, pelo Decreto-lei nº 319, promulgado em 5 de setembro de 1986; esse documento estabelece que os procedimentos realizados por reprodução assistida devem ser praticados somente por médico ligado a organismo público ou privado, autorizado pelo Ministério da Saúde; sendo certo quando for utilizada a modalidade homóloga, a autorização é dispensada.

Em junho de 1990, o Parlamento português aprovou a criação do Conselho Nacional de Ética para as ciências da vida, o qual deveria analisar os problemas éticos oriundos dos progressos científicos, emitindo pareceres, promovendo conferências periódicas, preparando a sociedade para os problemas que poderiam surgir com o avanço da biotecnologia.

---

225 Informações obtidas nas seguintes obras: Mônica Sartori Scarparo, *Fertilização assistida*, cit., p. 78; José de Oliveira Ascensão, O *direito*, cit., 1994; J. Antunes Varela, A *inseminação artificial*, cit., 1993, p. 1-35.

O Código Civil português dispõe que a filiação materna decorre do parto[226], regulando, inclusive, a ação de investigação de maternidade[227]. Não permitindo, ainda, que se conteste a paternidade em inseminação artificial heteróloga consentida pelo cônjuge[228].

5.10. Suécia[229]

A primeira vez que os legisladores suecos se interessaram pela reprodução assistida foi no final dos anos 40, quando nomearam uma Comissão estatal que, em 1953, apresentou uma proposta de lei especial sobre a matéria, a qual, todavia, nunca chegou a converter-se em lei.

Em dezembro de 1981, outra Comissão estatal, chamada Comissão sobre Inseminações, foi nomeada com a missão de estudar tanto as inseminações artificiais como a fe-

---

226 Código Civil português, artigo 1756º: *"Relativamente à mãe, a filiação resulta do facto do nascimento e estabelece-se nos termos dos artigos 1803º a 1825º."*

227 Código Civil português, artigo 1814º: *"Quando não resulte de declaração, nos termos dos artigos anteriores, a maternidade pode ser reconhecida em acção especialmente intentada pelo filho para esse efeito."*

228 Código Civil português, artigo 1839: *"Não é permitida a impugnação de paternidade com fundamento em inseminação artificial ao cônjuge que nela consentiu."*

229 Informações obtidas nas seguintes obras: Eduardo de Oliveira Leite, *Procriações artificiais*, cit., p. 286-292; Mônica Sartori Scarparo, *Fertilização assistida*, cit., p. 77-78; Göran Ewerlöf, "A inseminação artificial – debates e legislação", trad. Walter Cruz Swensson, São Paulo: *Revista de Direito Civil, Imobiliário, Agrário e Empresarial*, 1987.

cundação *in vitro* e as questões relativas aos direitos das crianças por nascer oriundas da utilização dessas técnicas.

Em setembro de 1983, esta Comissão apresentou sua proposta, que foi enviada a órgãos estatais e de administração local, bem como a organizações não-governamentais, para que estas se manifestassem a respeito.

Em dezembro de 1984, referida proposta foi apresentada ao Parlamento, que após intensas discussões, editou em 1º de março de 1985 a primeira legislação completa sobre reprodução assistida, que dispõe o seguinte:

Com relação à inseminação artificial homóloga, esta é considerada como mais uma medida para remediar a falta involuntária de filhos em um casal, sendo permitida também às mulheres que vivam em condições similares ao matrimônio, sem estarem casadas; condição primordial para que ocorra esse tipo de inseminação é que o marido ou companheiro esteja vivo no momento da inseminação, pois a inseminação *post mortem* está proibida.

Com relação à inseminação artificial heteróloga, entende-se que existem fortes razões para considerá-la comparável à adoção, visto que em ambos os casos, um dos pais, pelo menos, não é o progenitor biológico da criança, tendo como requisito básico a salvaguarda dos interesses e necessidades desta. Estabelece-se o princípio de que o homem que consentiu que sua mulher ou companheira fosse inseminada com esperma de doador será considerado o pai legal da criança, não podendo esquivar-se de suas responsabilidades, já que ao doador não se poderá impor qualquer espécie de vínculo com a criança. Este consentimento deve ser dado por escrito, podendo o marido ou companheiro revogá-lo, também por escrito, até o momento de realizar-se a inseminação.

Esse tipo de inseminação é permitido às mulheres casadas, bem como àquelas que coabitam com um homem em condições similares ao matrimônio; sendo vedada sua utilização por mulheres solteiras ou que vivam uma relação homossexual. Isso decorre da idéia de que o interesse do menor deve ser sempre preservado e prevalecer sobre um possível direito de filiação; desse modo, a utilização das técnicas de reprodução assistida deve se restringir aos casais heterossexuais estáveis.

É de responsabilidade do médico uma avaliação médica do casal que pede a inseminação e a escolha do doador, que deverá estar são, física e psiquicamente, não ter nenhuma doença hereditária demonstrável e ter uma inteligência normal. Somente os hospitais públicos podem realizar a inseminação artificial heteróloga, sob a supervisão de médicos especialistas em ginecologia e obstetrícia.

A criança nascida por processo de inseminação artificial heteróloga, tem o direito de inspecionar os documentos do hospital a respeito da identidade do doador do esperma, dependendo de sua maturidade, que tem lugar normalmente, em torno dos 20 anos, com prévia consulta à assistente social.

A fecundação *in vitro* só é permitida aos casais unidos em matrimônio ou em condições similares às matrimoniais e o material genético utilizado só pode ser proveniente do casal; logo, não se admite a fertilização *in vitro* heteróloga, ou seja, aquela em que ocorre doação de esperma, de óvulos ou de ambos.

A maternidade de substituição não é proibida, sendo possível somente nos casos em que não haja qualquer espécie de compensação econômica; isso é assim porque um requisito para que o procedimento seja legalmente válido é que a mulher estéril adote a criança da mulher que a deu à luz e, segundo o direito sueco, só pode se realizar uma adoção se não existir retribuição econômica.

O esperma criopreservado pode ser utilizado desde que haja autorização do Departamento Nacional de Saúde Pública e da Previdência Social; bem como aquele que comercializar esperma ou realizar inseminações com fins lucrativos será condenado a pena de multa e sofrerá privação de sua liberdade.

A Lei sueca sobre reproduções artificiais é a primeira no mundo a tratar dessas atividades médicas em sua totalidade, partindo do princípio de que ter filhos não é um direito humano incondicional, assim a permissão para a utilização das técnicas de reprodução assistida só deve existir tendo por pressuposto que a criança que irá nascer da técnica terá condições favoráveis para crescer e se desenvolver plenamente.

Após a verificação de tantas posições distintas sobre o mesmo tema, permanece em nós a sensação de que ainda não sabemos, e talvez nunca saibamos, qual é o melhor modelo jurídico capaz de disciplinar de forma efetiva as novas conquistas científicas sem esbarrar em institutos jurídicos ética e moralmente consolidados há muito tempo.

A seguir, estaremos propondo nossas sugestões *de lege ferenda* para disciplinar juridicamente a utilização das técnicas de reprodução assistida, bem como exporemos nossas conclusões sobre tão intrincado tema.

CAPÍTULO 6

SUGESTÕES *DE LEGE FERENDA* PARA UM ANTEPROJETO QUE REGULE A UTILIZAÇÃO DAS TÉCNICAS DE REPRODUÇÃO ASSISTIDA

Como pudemos apreender de nosso estudo, os projetos de lei sobre reprodução assistida que se encontram ou se encontravam no Congresso Nacional estão muito longe de resolver as questões mais intrincadas relacionadas ao tema; simplesmente passaram ao largo destas acreditando que a ciência, sábia como é, se autolimitará. Todavia, os recentes avanços em matéria de medicina reprodutiva demonstram que os cientistas, na ânsia de "brincar de Deus", simplesmente esqueceram que o ser humano tem sua dignidade e esta deve ser respeitada.

Dessa maneira, qualquer país que pretenda legislar sobre reprodução assistida deve, antes de qualquer coisa, partir de princípios éticos básicos de respeito à dignidade da pessoa humana, bem como dos princípios gerais de direito universalmente consagrados.

Embasados na postura que sempre defendemos, na qual a dignidade da pessoa humana sempre terá primazia, gostaríamos de propor algumas sugestões *de lege ferenda* para uma legislação que discipline a utilização das técnicas de reprodução humana assistida, pois entendemos que a chave para o sucesso dessa legislação não está na proibição, mas sim no controle das técnicas. As sugestões são as seguintes:

1) utilização de qualquer técnica de reprodução assistida sempre acompanhada por uma equipe médica especializada, devidamente habilitada para tanto, assegurando a legitimidade dos métodos utilizados.

2) intervenção do Estado, a fim de proteger o ser humano de práticas médicas atentatórias a sua dignidade, bem como evitar injustiças sociais.

A prática das técnicas de reprodução assistida sem o devido controle estatal pode gerar uma série de problemas, tais como: aumento do risco de consangüinidade; desconhecimento da origem do sêmen e, conseqüentemente, possibilidade de transmissão de taras, defeitos genéticos e doenças; as vidas da mãe e da criança colocadas em risco; possibilidade do doador ter sua identidade revelada, podendo sofrer ação de investigação de paternidade; comercialização das forças genéticas e propagação do eugenismo procriativo.

3) intervenção do Estado a fim de limitar e controlar o número de centros de reprodução humana aptos a coletar, tratar e conservar o material genético dos doadores.

4) autorização de funcionamento vinculada a centros públicos, ou seja, estabelecimentos associados ao serviço público.

5) subordinação desses centros ao Ministério da Saúde, os quais somente poderiam realizar as técnicas mediante autorização, a qual poderia ser cancelada a qualquer momento sempre que o centro deixasse de cumprir com seus objetivos ou infringisse normas éticas.

6) proibição da comercialização de elementos ou produtos do corpo humano.

7) exigência de uma declaração médica do diagnóstico de esterilidade ou da impossibilidade de procriação, para que o casal possa se submeter às técnicas de reprodução assistida.

8) restrição da utilização das técnicas a casais heterossexuais casados ou em união estável que pretendem levar a cabo seu projeto parental; não se deve acolher a monoparentalidade em matéria de reprodução assistida.

9) em relação aos casais que vivem em união estável, poderia ser essa uma das formas de conversão desta em casamento; atingindo-se assim um dos objetivos da nossa Constituição que declara: "Para efeito da proteção do Estado, é reconhecida a união estável entre o homem e a mulher como entidade familiar, *devendo a lei facilitar sua conversão em casamento.*" (grifo nosso)[230]. Ora, se um casal pretende formar uma família e, mesmo diante da impossibilidade médica, procura alternativas para prosseguir em seu intento, nada mais natural do que a conversão de sua união em casamento.

10) previsão do anonimato dos doadores e receptores na reprodução heteróloga, pois o sigilo das informações relativas ao(s) doador(es) e ao próprio casal é fator de sucesso para a utilização da técnica.

11) declaração de inexistência de qualquer vínculo entre o doador anônimo e a pessoa concebida através de técnica heteróloga.

12) possibilidade da criança gerada através de técnica de reprodução artificial conhecer sua origem genética, quando relevantes interesses ou o tratamento de doenças genéticas assim o exigirem; tal fato não poderia estabelecer

---

230 Constituição Federal brasileira, artigo 226, § 3º.

qualquer vínculo de filiação jurídica entre a criança os doadores do material genético.

Assim como o Estatuto da Criança e do Adolescente (Lei n° 8.069, de 13 de julho de 1990) regula o registro das adoções em seu Título II, Capítulo III, Subseção IV, proibindo o fornecimento de informações acerca da natureza do vínculo de filiação, mas preservando os dados quanto aos pais biológicos, deveria se instituir semelhante controle para os casos de reprodução heteróloga, a fim de que no futuro, os pais biológicos não venham a constituir união sexual com seus filhos biológicos, não possam adotá-los sob qualquer pretexto e não possam reconhecê-los formalmente para fins de constituição de direitos e deveres pessoais ou patrimoniais.

13) criação do instituto da adoção pré-natal, delimitando seus pressupostos, a fim de que não fosse necessária a reprovável falsificação dos dados naturais, criando-se anteriormente ao nascimento um vínculo jurídico entre a criança e os pais afetivos. Esse tratamento seria válido nos casos de reprodução heteróloga na qual não existe, no todo ou em parte, o vínculo biológico.

14) vedação de qualquer remuneração na doação de material genético, podendo tal fato ser tipificado como crime.

15) previsão das formas para a colheita de esperma para futura inseminação e depósito deste material em um banco.

16) necessidade de uma declaração escrita do doador sobre a utilização do sêmen, bem como a previsão de sua destruição em caso de morte do mesmo. Com a conservação do material através do congelamento por longos períodos, seria imprescindível que esta declaração do doador fosse obtida, podendo ele a qualquer tempo exigir a inutilização do material, que não mais poderia ser empregado em inseminações ou fertilizações.

17) exclusão da hipótese de impugnação de paternidade com fundamento em inseminação artificial ou fecundação *in vitro* heterólogas ao cônjuge que nela consentiu; sendo necessária a obtenção de uma declaração expressa do marido ou companheiro em caso de utilização de sêmen de terceiro visando impedir uma futura ação de estado com o intuito de desvincular a paternidade; assim se preservaria a situação jurídica do filho.

18) previsão do consentimento bilateral formal e por escrito do homem e da mulher para a utilização de qualquer das técnicas de reprodução assistida; a falta deste por uma das partes poderia dar ensejo a uma ação de divórcio por injúria grave.

19) redução ao máximo da utilização de reprodução heteróloga, por introduzir um terceiro estranho à relação familiar, devendo ser autorizada somente quando, através da declaração de dois médicos especialistas, ficasse comprovado que somente este método poderia realizar o projeto parental do casal infértil.

20) restrição da utilização da fecundação *in vitro* a fim de que não se criem embriões excedentes; somente se admitiria o congelamento de embriões quando a transferência não pudesse ocorrer logo após a concepção.

21) limitação do número de óvulos colhidos para proceder à fecundação a 3 ou 4.

22) desencorajamento à utilização de maternidade de substituição, a qual somente poderia ser utilizada em casos extremos e de mãe gestadora.

23) obtenção de uma declaração da mãe gestadora, em caráter irrevogável, por escritura pública, que garanta ao casal solicitante (pais biológicos) o direito de reconhecimento de filiação; essa declaração seria auto-executável, vinculando inclusive o médico que executou a técnica.

24) proibição da experimentação e pesquisa em embriões e fetos humanos, pois tal fato os conduziria, antes de nascer, à condição de coisa.

25) indicação dos casos de responsabilidade civil de todos os envolvidos nos procedimentos de reprodução artificial.

Estas são apenas, como já dissemos, algumas sugestões legislativas para uma tão complexa realidade que se agiganta a nossos olhos e da qual não mais podemos nos furtar.

CAPÍTULO 7

CONSIDERAÇÕES FINAIS SOBRE OS PROBLEMAS ORIUNDOS DO TEMA EM ESTUDO

Como tivemos oportunidade de demonstrar no decorrer deste trabalho, a preocupação com a vida humana em todas as suas formas continua sendo a viga mestra para qualquer intervenção do direito.

O direito, nas sábias palavras do ilustre mestre Goffredo Telles Júnior[231], *"sempre se apresentou como guia para a liberdade e a justiça. Os grandes códigos, inclusive a Constituição, apareciam como extraordinários acervos de respostas, dadas pela experiência dos séculos, às perguntas que permanentemente fazemos, no correr simples de nossa vida quotidiana ... Vivemos perguntando sobre o que podemos fazer e sobre o que não devemos fazer. Vivemos perguntando sobre quais são nossos direitos. Vivemos perguntando sobre quais são as nossas obrigações. As leis nos esclarecem, nos instruem, nos conduzem, nos aconselham. Se queremos chegar a um determinado objetivo, o Direito nos indica o*

---

231 Goffredo Telles Júnior, *A Folha Dobrada: Lembranças de um estudante*, Rio de Janeiro: Nova Fronteira, 1999, p. 70-71.

caminho." " ...o que caracteriza o Direito, antes de mais nada, é sua natureza informativa, instrutiva, conselheira, pedagógica."

Dessa forma, numa matéria tão polêmica e controvertida como esta que apresentamos, na qual a complexidade das questões e a diversidade de tratamentos, mesmo para os quais já foram estabelecidas legislações específicas, continua causando divergências até então insolúveis, a intervenção do direito se faz necessária a fim de que se resguardem o ser humano e as futuras gerações. No Brasil, a questão da reprodução assistida merece tratamento legislativo sistematizado, para:

1) afirmar que o recurso a esses métodos só será autorizado nos casos de impotência, esterilidade, ou quando a utilização do meio natural não é possível ou pode causar graves danos, como enfermidades genéticas ou hereditárias;

2) estabelecer, juridicamente, a paternidade e a maternidade nos casos de inseminação e fecundação com material genético de terceiros doadores;

3) determinar a forma pela qual será dado o consentimento para a intervenção de um terceiro no processo de procriação;

4) definir o destino dos embriões pré-implantatórios;

5) fixar os direitos dos filhos decorrentes da procriação assistida;

6) equacionar as principais questões relativas ao tema, que não são poucas e nem devem ser desprezadas.

O legislador deve ficar atento para, ao menos, não chegar irremediavelmente atrasado, podendo, inclusive, aproveitar algumas soluções uniformes e consensuais do direito comparado, observando também as sugestões que têm sido apresentadas pela doutrina nacional.

A comparação dos diferentes sistemas jurídicos existentes no mundo contribui para o desenvolvimento do direito nacional, pois suscita seu aperfeiçoamento através do auxílio na solução de controvérsias, bem como na construção de novas regras. Com relação a nosso tema, pretende-se a adoção de posturas que sejam coerentes com o significado da existência do homem que procura incessantemente alcançar o bem jurídico mais precioso: a felicidade[232].

Não se pode admitir que em nome do progresso da ciência, a humanidade possa correr algum risco. Não se pretendem criar barreiras ao desenvolvimento científico envolvendo seres humanos a fim de que sejam preservados padrões éticos irreais. O que se pretende é que qualquer experimento científico tenha por base o respeito ao ser humano, pois seria incoerente pensar que sob o pretexto de se beneficiar a humanidade se pudesse agredir a dignidade da pessoa humana.

Neste ponto, a necessidade da consideração jurídica dos valores bioéticos se torna imprescindível para a tutela dos valores humanos fundamentais em benefício de toda a humanidade. Qualquer intervenção da ciência sobre a pessoa humana deve subordinar-se a preceitos éticos compatíveis com o respeito, a vida e a dignidade do ser humano, porque a liberdade da ciência deve partir de um paradigma ético de responsabilidade.

O grande problema relacionado à questão da manipulação genética da vida humana não está na utilização de técnicas de reprodução assistida ainda não aceitas moralmente pela sociedade, mas no seu controle. Esse deve ser um controle ético, preventivo, a fim de que a ciência não se transforme em uma poderosa arma contra o futuro da humanidade.

---

232 Guilherme Calmon Nogueira da Gama, "Filiação e reprodução assistida: introdução ao tema sob a perspectiva do direito comparado", São Paulo: *Revista brasileira de direito de família*, 2000.

O enorme desafio do mundo jurídico, neste momento, está em estimular o desenvolvimento da ciência dentro de suas fronteiras humanas e reprimi-lo quando a dignidade da pessoa humana estiver ameaçada. O estabelecimento de qualquer regra jurídica a respeito do tema deve evitar as proibições, promovendo a mudança, ou melhor, a adequação dos valores já existentes à nova realidade da ciência e das técnicas.

Temos que encontrar um ponto de equilíbrio para questão tão delicada que envolve um bem jurídico enfaticamente consagrado por nossa Carta Magna, como expressão primeira dos direitos do homem, a inviolabilidade do direito à vida (art. 5º, *caput*). Assim sendo, não podemos ser nem permissivos demais, como a legislação espanhola, por exemplo, nem tampouco proibir terminantemente algumas técnicas que, assim como o aborto, mesmo ilegais continuariam a ser utilizadas, em prejuízo do ser humano.

Nossa Constituição no capítulo dedicado à família, coloca, no § 7º do art. 226, que, fundado nos princípios da dignidade da pessoa humana e da paternidade responsável, o planejamento familiar é de livre decisão do casal, competindo ao Estado propiciar recursos educacionais e científicos para o exercício desse direito, vedada qualquer forma coercitiva por parte de instituições oficiais e privadas. Estabelecendo, ainda no art. 227, ser dever da família, da sociedade e do Estado assegurar à criança, dentre outros, com absoluta prioridade, o direito à vida.

Se levarmos em conta que a dignidade da pessoa humana, colocada por nossa Constituição de 1988 no topo do ordenamento jurídico brasileiro, encontra nas relações familiares seu porto seguro e o que se pretende preservar e desenvolver é um projeto de vida comum baseado no afeto, na solidariedade, na união, no respeito, na confiança e no amor que permita o desenvolvimento pessoal e social de cada partícipe da relação familiar; então, não se pode admitir que o estado civil do ser humano, expressão de sua personalidade, por isso mesmo indisponível, irrenunciável, de ordem pública, assente em fatos permanentes, possa depender da vontade, mutável e caprichosa, das partes envolvidas nos acordos celebrados em torno da utilização das técnicas de reprodução assistida, sem quaisquer garantias.

Devemos, dessa forma, lutar para que a dignidade da pessoa humana seja respeitada pelas ciências médicas e, através de legislação própria, definir conceitos, estabelecer limites e regulamentar práticas.

A ciência sem controle pode levar à destruição da humanidade e isso não se pode admitir de maneira alguma, visto que o Estado Democrático de Direito e todo o ordenamento jurídico vigente tem base no ser humano e estão a serviço dele. A ordem jurídica deve ser a disciplina da convivência e a garantia das liberdades individuais e coletivas, porque, na definição de Dante, o direito é uma proporção real e pessoal, de homem para homem, que, sendo conservada, conserva a sociedade e, sendo corrompida, corrompe-a.

ANEXO I — CÓDIGO DE NUREMBERG
Tribunal Internacional de Nuremberg — 1947
Trials of war criminal before the Nuremberg
Military Tribunals.
Control Council Law 1949;10(2):181-182.

1) O consentimento voluntário do ser humano é absolutamente essencial. Isso significa que as pessoas que serão submetidas ao experimento devem ser legalmente capazes de dar consentimento; essas pessoas devem exercer o livre direito de escolha sem qualquer intervenção de elementos de força, fraude, mentira, coação, astúcia ou outra forma de restrição posterior; devem ter conhecimento suficiente do assunto em estudo para tomarem uma decisão. Esse último aspecto exige que sejam explicados às pessoas a natureza, a duração e o propósito do experimento; os métodos segundo os quais será conduzido; as inconveniências e os riscos esperados; os efeitos sobre a saúde ou sobre a pessoa do participante, que eventualmente possam ocorrer, devido à sua participação no experimento. O dever e a responsabilidade de garantir a qualidade do consentimento repousam sobre o pesquisador que inicia ou dirige um experimento ou se compromete nele. São deveres e responsabilidades pessoais que não podem ser delegados a outrem impunemente.

2) O experimento deve ser tal que produza resultados vantajosos para a sociedade, que não possam ser buscados

por outros métodos de estudo, mas não podem ser feitos de maneira casuística ou desnecessariamente.

3) O experimento deve ser baseado em resultados de experimentação em animais e no conhecimento da evolução da doença ou outros problemas em estudo; dessa maneira, os resultados já conhecidos justificam a condição do experimento.

4) O experimento deve ser conduzido de maneira a evitar todo sofrimento e danos desnecessários, quer físicos, quer materiais.

5) Não deve ser conduzido qualquer experimento quando existirem razões para acreditar que pode ocorrer morte ou invalidez permanente; exceto, talvez, quando o próprio médico pesquisador se submeter ao experimento.

6) O grau de risco aceitável deve ser limitado pela importância do problema que o pesquisador se propõe a resolver.

7) Devem ser tomados cuidados especiais para proteger o participante do experimento de qualquer possibilidade de dano, invalidez ou morte, mesmo que remota.

8) O experimento deve ser conduzido apenas por pessoas cientificamente qualificadas.

9) O participante do experimento deve ter a liberdade de se retirar no decorrer do experimento.

10) O pesquisador deve estar preparado para suspender os procedimentos experimentais em qualquer estágio, se ele tiver motivos razoáveis para acreditar que a continuação do experimento provavelmente causará dano, invalidez ou morte para os participantes.

ANEXO II — DECLARACIÓN DE HELSINKI VI ASOCIACIÓN MÉDICA MUNDIAL — 1964/2000

Adoptada en la 18ª Assembléa Médica Mundial, Helsinki, Finlândia (1964), alterada na 29ª Assembléa, en Tóquio, Japão (1975), 35ª en Venesa, Itália (1983), 41ª en Hong Kong (1989), 48ª Sommerset West/África do Sul (1996) y 52ª Edimburgo/Escócia (out/2000)

A. Introducción

1. La Asociación Médica Mundial ha promulgado la Declaración de Helsinki como una propuesta de principios éticos que sirvan para orientar a los médicos y a otras personas que realizan investigación médica en seres humanos. La investigación médica en seres humanos incluye la investigación del material humano o de información identificables.
2. El deber del médico es promover y velar por la salud de las personas. Los conocimientos y la conciencia del médico han de subordinarse al cumplimiento de ese deber.
3. La Declaración de Ginebra de la Asociación Médica Mundial vincula al médico con la fórmula "velar solícitamente y ante todo por la salud de mi paciente", y el Código Internacional de Ética Médica afirma que: "El médico debe

actuar solamente en el interés del paciente al proporcionar atención médica que pueda tener el efecto de debilitar la condición mental y física del paciente".

4. El progreso de la medicina se basa en la investigación, la cual, en último término, tiene que recurrir muchas veces a la experimentación en seres humanos.

5. En investigación médica en seres humanos, la preocupación por el bienestar de los seres humanos debe tener siempre primacía sobre los intereses de la ciencia y de la sociedad.

6. El propósito principal de la investigación médica en seres humanos es mejorar los procedimientos preventivos, diagnósticos y terapéuticos, y también comprender la etiología y patogenia de las enfermedades. Incluso, los mejores métodos preventivos, diagnósticos y terapéuticos disponibles deben ponerse a prueba continuamente a través de la investigación para que sean eficaces, efectivos, accesibles y de calidad.

7. En la práctica de la medicina y de la investigación médica del presente, la mayoría de los procedimientos preventivos, diagnósticos y terapéuticos implican algunos riesgos y costos.

8. La investigación médica está sujeta a normas éticas que sirven para promover el respeto a todos los seres humanos y para proteger su salud y sus derechos individuales. Algunas poblaciones sometidas a la investigación son vulnerables y necesitan protección especial. Se deben reconocer las necesidades particulares de los que tienen desventajas económicas y médicas. También se debe prestar atención especial a los que no pueden otorgar o rechazar el consentimiento por sí mismos, a los que pueden otorgar el consentimiento bajo presión, a los que no se beneficiarán personalmente con la investigación y a los que tienen la investigación combinada com la atención médica.

9. Los investigadores deben conocer los requisitos éticos, legales y jurídicos para la investigación en seres humanos en sus propios países, al igual que los requisitos internacionales vigentes. No se debe permitir que un requisito ético, legal o jurídico disminuya o elimine cualquiera medida de protección para los seres humanos establecida en esta Declaración.

B. Principios Básicos para Toda Investigación Medica

10. En la investigación médica, es deber del médico proteger la vida, la salud, la intimidad y la dignidad del ser humano.

11. La investigación médica en seres humanos debe conformarse con los principios científicos generalmente aceptados, y debe apoyarse en un profundo conocimiento de la bibliografía científica, en otras fuentes de información pertinentes, así como en experimentos de laboratorio correctamente realizados y en animales, cuando sea oportuno.

12. Al investigar, hay que prestar atención adecuada a los factores que puedan perjudicar el medio ambiente. Se debe cuidar también del bienestar de los animales utilizados en los experimentos.

13. El proyecto y el método de todo procedimiento experimental en seres humanos debe formularse claramente en un protocolo experimental. Este debe enviarse, para consideración, comentario, consejo, y cuando sea oportuno, aprobación, a un comité de evaluación ética especialmente designado, que debe ser independiente del investigador, del patrocinador o de cualquier otro tipo de influencia indebida. Se sobreentiende que ese comité independiente debe actuar en conformidad con las leyes y re-

glamentos vigentes en el país donde se realiza la investigación experimental. El comité tiene el derecho de controlar los ensayos en curso. El investigador tiene la obligación de proporcionar información del control al comité, en especial sobre todo incidente adverso grave. El investigador también debe presentar al comité, para que la revise, la información sobre financiamiento, patrocinadores, afiliaciones institucionales, otros posibles conflictos de interés e incentivos para las personas del estudio.

14. El protocolo de la investigación debe hacer referencia siempre a las consideraciones éticas que fueran del caso, y debe indicar que se han observado los principios enunciados en esta Declaración.

15. La investigación médica en seres humanos debe ser llevada a cabo sólo por personas científicamente calificadas y bajo la supervisión de un médico clínicamente competente. La responsabilidad de los seres humanos debe recaer siempre en una persona con capacitación médica, y nunca en los participantes en la investigación, aunque hayan otorgado su consentimiento.

16. Todo proyecto de investigación médica en seres humanos debe ser precedido de una cuidadosa comparación de los riesgos calculados con los beneficios previsibles para el individuo o para otros. Esto no impide la participación de voluntarios sanos en la investigación médica. El diseño de todos los estudios debe estar disponible para el público.

17. Los médicos deben abstenerse de participar en proyectos de investigación en seres humanos a menos de que estén seguros de que los riesgos inherentes han sido adecuadamente evaluados y de que es posible hacerles frente de manera satisfactoria. Deben suspender el experimento en marcha si observan que los riesgos que implican son más importantes que los beneficios esperados o si exis-

ten pruebas concluyentes de resultados positivos o beneficiosos.

18. La investigación médica en seres humanos sólo debe realizarse cuando la importancia de su objetivo es mayor que el riesgo inherente y los costos para el individuo. Esto es especialmente importante cuando los seres humanos son voluntarios sanos.

19. La investigación médica sólo se justifica si existen posibilidades razonables de que la población, sobre la que la investigación se realiza, podrá beneficiarse de sus resultados.

20. Para tomar parte en un proyecto de investigación, los individuos deben ser participantes voluntarios e informados.

21. Siempre debe respetarse el derecho de los participantes en la investigación a proteger su integridad. Deben tomarse toda clase de precauciones para resguardar la intimidad de los individuos, la confidencialidad de la información del paciente y para reducir al mínimo las consecuencias de la investigación sobre su integridad física y mental y su personalidad.

22. En toda investigación en seres humanos, cada individuo potencial debe recibir información adecuada acerca de los objetivos, métodos, fuentes de financiamiento, posibles conflictos de intereses, afiliaciones institucionales del investigador, beneficios calculados, riesgos previsibles e incomodidades derivadas del experimento. La persona debe ser informada del derecho de participar o no en la investigación y de retirar su consentimiento en cualquier momento, sin exponerse a represalias. Después de asegurarse de que el individuo ha comprendido la información, el médico debe obtener entonces, preferiblemente por escrito, el consentimiento informado y voluntario de la persona. Si el consentimiento no se puede obtener por escrito,

el proceso para obtenerlo debe ser documentado formalmente ante testigos.

23. Al obtener el consentimiento informado para el proyecto de investigación, el médico debe poner especial cuidado cuando el individuo está vinculado con él por una relación de dependencia o si consiente bajo presión. En un caso así, el consentimiento informado debe ser obtenido por un médico bien informado que no participe en la investigación y que nada tenga que ver con aquella relación.

24. Cuando la persona sea legalmente incapaz, o inhábil física o mentalmente de otorgar consentimiento, o menor de edad, el investigador debe obtener el consentimiento informado del representante legal y de acuerdo con la ley vigente. Estos grupos no deben ser incluidos en la investigación a menos que ésta sea necesaria para promover la salud de la población representada y esta investigación no pueda realizarse en personas legalmente capaces.

25. Si una persona considerada incompetente por la ley, como es el caso de un menor de edad, es capaz de dar su asentimiento a participar o no en la investigación, el investigador debe obtenerlo, además del consentimiento del representante legal.

26. La investigación en individuos de los que no se puede obtener consentimiento, incluso por representante o con anterioridad, se debe realizar sólo si la condición física/mental que impide obtener el consentimiento informado es una característica necesaria de la población investigada. Las razones específicas por las que se utilizan participantes en la investigación que no pueden otorgar su consentimiento informado deben ser estipuladas en el protocolo experimental que se presenta para consideración y aprobación del comité de evaluación. El protocolo debe establecer que el consentimiento para mantenerse en la investigación debe obtenerse a la brevedad posible del individuo o de un representante legal.

27. Tanto los autores como los editores tienen obligaciones éticas. Al publicar los resultados de su investigación, el médico está obligado a mantener la exactitud de los datos y resultados. Se deben publicar tanto los resultados negativos como los positivos o de lo contrario deben estar a la disposición del público. En la publicación se debe citar la fuente de financiamiento, afiliaciones institucionales y cualquier posible conflicto de intereses. Los informes sobre investigaciones que no se ciñan a los principios descritos en esta Declaración no deben ser aceptados para su publicación.

C. Principios Aplicables cuando la Investigación Medica se combina com la Atención Medica

28. El médico puede combinar la investigación médica con la atención médica, sólo en la medida en que tal investigación acredite un justificado valor potencial preventivo, diagnóstico o terapéutico. Cuando la investigación médica se combina con la atención médica, las normas adicionales se aplican para proteger a los pacientes que participan en la investigación.
29. Los posibles beneficios, riesgos, costos y eficacia de todo procedimiento nuevo deben ser evaluados mediante su comparación con los mejores métodos preventivos, diagnósticos y terapéuticos disponibles. Ello no excluye que pueda usarse un placebo, o ningún tratamiento, en estudios para los que no se dispone de procedimientos preventivos, diagnósticos o terapéuticos probados.
30. Al final de la investigación, todos los pacientes que participan en el estudio deben tener la certeza de que contarán con los mejores métodos preventivos, diagnósticos y terapéuticos disponibles, identificados por el estudio.

31. El médico debe informar cabalmente al paciente los aspectos de la atención que tienen relación con la investigación. La negativa del paciente a participar en una investigación nunca debe perturbar la relación médico-paciente.

32. Cuando los métodos preventivos, diagnósticos o terapéuticos disponibles han resultado ineficaces en la atención de un enfermo, el médico, con el consentimiento informado del paciente, puede permitirse usar procedimientos preventivos, diagnósticos y terapéuticos nuevos o no probados, si, a su juicio, ello da alguna esperanza de salvar la vida, restituir la salud o aliviar el sufrimiento. Siempre que sea posible, tales medidas deben ser investigadas a fin de evaluar su seguridad y eficacia. En todos los casos, esa información nueva debe ser registrada y, cuando sea oportuno, publicada. Se deben seguir todas las otras normas pertinentes de esta Declaración.

ANEXO III — DIRETRIZES ÉTICAS INTERNACIONAIS PARA A PESQUISA ENVOLVENDO SERES HUMANOS

Council for International Organizations of Medical Siences (CIOMS), em colaboração com a Organização Mundial da Saúde (OMS) — Genebra, 1993

Diretriz 1: Consentimento Informado Individual

Em todas as pesquisas biomédicas envolvendo seres humanos, o pesquisador deverá obter um consentimento informado do possível sujeito a ser pesquisado ou, no caso de um indivíduo que não seja capaz de dar um consentimento informado, um consentimento por delegação de um representante adequadamente autorizado.

Diretriz 2: Informações Essenciais para os Possíveis Sujeitos da Pesquisa

Antes de solicitar o consentimento individual para participar em uma pesquisa, o investigador deverá possibilitar ao indivíduo as seguintes informações, em linguagem que ele ou ela sejam capazes de compreender:

• que cada indivíduo é convidado para participar como sujeito em uma pesquisa, e os objetivos e métodos de pesquisa;

- a duração esperada da participação dos sujeitos;
- os benefícios que se possam racionalmente ser esperados como resultados para o sujeito ou para outros como resultado da pesquisa;
- qualquer risco ou desconforto previstos para o sujeito, associados a sua participação na pesquisa;
- qualquer procedimento ou tratamento alternativo que poderia ser tão vantajoso para o sujeito quanto o procedimento ou tratamento que está sendo testado;
- a extensão na qual a confidencialidade dos dados, nos quais o sujeito é identificado, será mantida;
- a extensão da responsabilidade do investigador, se alguma, em prover serviços médicos ao sujeito;
- que terapia será posta à disposição, de forma gratuita, para tipos específicos de danos relacionados à pesquisa;
- que o sujeito, sua família ou dependentes serem compensados por incapacidades ou morte resultantes de tais danos, e
- que o indivíduo está livre para recusar em participar e livre para abandonar a pesquisa em qualquer momento sem qualquer penalidade ou perda de benefícios os quais ele ou ela tenham direito.

Diretriz 3: Obrigações do pesquisador a respeito do Consentimento Informado

O pesquisador tem o dever de:
- comunicar ao possível sujeito todas as informações necessárias para um adequado consentimento informado;
- propiciar ao possível sujeito plena oportunidade e encorajamento para fazer perguntas;
- excluir a possibilidade de engano injustificado, influência indevida e intimidação;

- solicitar o consentimento apenas quando o possível sujeito tenha conhecimento adequado dos fatos relevantes e das conseqüências de sua participação e tenha tido oportunidade suficiente para considerar se quer participar;
- como regra geral, obter de cada possível sujeito um documento assinado como evidência do consentimento informado, e
- renovar o consentimento informado de cada sujeito se houver alterações nas condições ou procedimentos da pesquisa.

Diretriz 4: Indução à Participação

Os indivíduos poderão ser pagos pela inconveniência e pelo tempo gasto, e devem ser reembolsados das despesas decorrentes da sua participação na pesquisa; eles podem receber, igualmente, serviços médicos gratuitos. Entretanto, os pagamentos não devem ser tão grandes ou os serviços médicos tão abrangentes a ponto de induzirem os possíveis sujeitos a consentirem participar na pesquisa contra o seu melhor julgamento ("indução excessiva"). Todos os pagamentos, reembolsos e serviços médicos propiciados aos sujeitos da pesquisa devem ser aprovados por um Comitê de Ética.

Diretriz 5: Pesquisa Envolvendo Crianças

Antes de iniciar a pesquisa envolvendo crianças, o pesquisador deve estar seguro que:
- crianças não devem ser envolvidas em pesquisas que possam ser desenvolvidas igualmente em adultos;
- o objetivo da pesquisa deve ser o de gerar conhecimentos relevantes para a saúde das crianças;

- os pais ou representantes legais devem dar um consentimento por procuração;
- o consentimento de cada criança deve ser obtido na medida da sua capacidade;
- a recusa da criança em participar na pesquisa deve sempre ser respeitada, a menos que, de acordo com o protocolo de pesquisa, a terapia que a criança receberá não tenha qualquer alternativa medicamente aceitável;
- o risco apresentado pelas intervenções que não beneficiem individualmente a criança sujeito da pesquisa seja baixo e proporcional com a importância do conhecimento a ser obtido; e
- as intervenções que propiciarão benefícios terapêuticos devem ser, pelo menos tão vantajosas para a criança sujeito da pesquisa, quanto qualquer outra alternativa disponível.

Diretriz 6: Pesquisa Envolvendo Pessoas com Distúrbios Mentais ou Comportamentais

Antes de iniciar uma pesquisa envolvendo pessoas, que por motivo de distúrbios mentais ou comportamentais, não são capazes de dar consentimento informado adequadamente, o pesquisador deve estar seguro que:
- estas pessoas não serão sujeitos de pesquisas que poderiam ser realizadas em pessoas com plena capacidade mental;
- o objetivo da pesquisa é gerar conhecimentos relevantes para as necessidades de saúde peculiares a pessoas com distúrbios mentais ou comportamentais;
- o consentimento de cada indivíduo deverá ser obtido na medida de sua capacidade e a recusa de participação de um indivíduo em pesquisa não-clínica será sempre respeitada;

- no caso de indivíduos incompetentes, o consentimento informado será obtido com o responsável legal ou outra pessoa devidamente autorizada;
- o grau de risco associado às intervenções que não beneficiem o indivíduo pesquisado deve ser baixo e proporcional a importância do conhecimento a ser gerado; e
- as intervenções que possivelmente propiciem benefícios terapêuticos devem ser, no mínimo, tão vantajosas ao indivíduo pesquisado, quanto qualquer outra alternativa.

Diretriz 7: Pesquisa Envolvendo Prisioneiros

Aos prisioneiros com doenças graves ou em risco de doença grave não devem ser arbitrariamente impedidos de ter acesso a drogas experimentais, vacinas ou outros agentes que demonstrem possível benefício preventivo ou terapêutico.

Diretriz 8: Pesquisa Envolvendo Indivíduos de Comunidades Subdesenvolvidas

Antes de iniciar a pesquisa em indivíduos de comunidades subdesenvolvidas, seja em países desenvolvidos ou em desenvolvimento, o pesquisador deve estar seguro que:
- as pessoas da comunidade subdesenvolvida não serão ordinariamente envolvidas na pesquisa que possa ser realizada, de forma adequada, em comunidades desenvolvidas;
- a pesquisa é uma resposta às necessidades de saúde e às prioridades da comunidade na qual será realizada;
- todos os esforços serão tomados no sentido de assegurar o imperativo ético de que o consentimento individual dos sujeitos será informado; e

- os projetos para a pesquisa foram revisados e aprovados por um comitê de ética que tenha entre os seus membros ou consultores pessoas que tenham familiaridade com os costumes e tradições da comunidade.

Diretriz 9: Consentimento Informado em Estudos Epidemiológicos

Para muitos tipos de pesquisas epidemiológicas o consentimento informado individual é impraticável ou desaconselhável. Nestes casos o comitê de ética deve determinar se é eticamente aceitável realizar sem o consentimento informado individual e se os planos do pesquisador para garantir e respeitar a privacidade dos sujeitos da pesquisa e para manter a confidencialidade dos dados adequadamente.

Comentários: Quando o estudo epidemiológico envolve contatos diretos entre o pesquisador e os indivíduos, as exigências gerais para a utilização do consentimento informado são diretamente aplicadas. No caso de grupos populacionais com estruturas sociais, costumes comuns e lideranças reconhecidas, o pesquisador deverá assegurar uma cooperação e obter a concordância da liderança do grupo.

Diretriz 10: Distribuição Eqüitativa de Riscos e Benefícios

Os indivíduos ou comunidades convidados para serem sujeitos de uma pesquisa devem ser selecionados de tal maneira que os riscos e benefícios da pesquisa sejam eqüitativamente distribuídos. Justificativa especial deve ser dada quando forem convidados indivíduos vulneráveis e, se eles forem selecionados, os meios de proteger os seus direitos e bem-estar devem ser particular e estritamente aplicados.

Diretriz 11: Seleção de Gestantes e Nutrizes como Sujeitos de Pesquisa

Gestantes ou nutrizes não devem ser, sob quaisquer circunstâncias, sujeitos de pesquisa não-clínica, a menos que a pesquisa não acarrete risco maior que o mínimo para o feto ou bebe em aleitamento e o objetivo da pesquisa é gerar novos conhecimentos sobre a gestação ou lactação. Como regra geral, gestantes e nutrizes não devem ser sujeitos de quaisquer pesquisas clínicas exceto aquelas planejadas para proteger ou melhorar a saúde da gestante, nutriz, feto ou bebê em aleitamento, e que outras mulheres não-grávidas não possam ser sujeitos adequados a este propósito.

Diretriz 12: Salvaguardas à Confidencialidade

O pesquisador deve estabelecer salvaguardas seguras para a confidencialidade dos dados de pesquisa. Os indivíduos participantes devem ser informados dos limites da habilidade do pesquisador em salvaguardar a confidencialidade e das possíveis conseqüências da quebra de confidencialidade.

Comentário: No caso de pesquisas limitadas a registros médicos, o acesso deve ser aprovado por um comitê de ética e deve ser supervisionado por uma pessoa que esteja plenamente informado sobre as exigências de confiabilidade.

Diretriz 13: Direito dos Sujeitos à Compensação

Os sujeitos da pesquisa que sofrerem danos físicos resultantes de sua participação terão direito a assistência financeira ou outra de maneira a compensá-los, eqüitativamente, de quaisquer deficiências ou incapacidades temporárias ou permanentes. Em caso de morte, seus dependentes terão direito a compensação material. Ao direito à compensação não caberá renúncia.

Comentário: O patrocinador, seja uma companhia farmacêutica, um governo, ou uma instituição, devem concordar, antes de começar a fazer a pesquisa, a propiciar compensação por qualquer dano físico nos indivíduos que tiverem este direito. Os patrocinadores são aconselhados a providenciar apólices de seguro contra os riscos como forma de proporcionar compensação, independentemente da prova de culpabilidade.

Diretriz 14: Constituição e Responsabilidades dos Comitês de Revisão Ética

Todas as propostas para realizar pesquisas envolvendo seres humanos devem ser submetidas à revisão e aprovação de um ou mais comitês independentes de revisão ética e científica. O pesquisador deve obter esta aprovação de sua proposta para realizar a pesquisa antes de iniciar a sua execução.

Diretriz 15: Obrigações dos Países Patrocinador e Anfitrião

A pesquisa patrocinada externamente acarreta duas obrigações éticas:

Uma agência externa de patrocínio deve submeter o *protocolo de pesquisa* para revisão ética e científica de acordo com os padrões do país desta mesma agência, e os padrões éticos aplicados devem ser os mesmos a serem aplicados no caso de pesquisa realizada neste país.

Após a aprovação ética e científica no país da agência patrocinadora, as autoridades competentes do país anfitrião, incluindo o comitê nacional ou local de revisão ética, ou seu equivalente, deve satisfazer suas próprias exigências com relação à pesquisa proposta.

ANEXO IV — LEI FEDERAL Nº 8.974, DE 5 JANEIRO DE 1995

Regulamenta os incisos II e V do § 1º do artigo 225 da Constituição Federal, estabelece normas para o uso das técnicas de engenharia genética e liberação no meio ambiente de organismos geneticamente modificados, autoriza o Poder Executivo a criar, no âmbito da Presidência da República, a Comissão Técnica Nacional de Biossegurança, e dá outras providências.

O Presidente da República:

Faço saber que o Congresso Nacional decreta e eu sanciono a seguinte lei:

Art. 1º Esta Lei estabelece normas de segurança e mecanismos de fiscalização no uso das técnicas de engenharia genética na construção, cultivo, manipulação, transportes, comercialização, consumo, liberação e descarte de organismos geneticamente modificados (OGM), visando proteger a vida e a saúde do homem, dos animais e das plantas, bem como o meio ambiente.

Art. 2º As atividades e projetos, inclusive os de ensino, pesquisa científica, desenvolvimento tecnológico e de produção industrial que envolvam OGM no território brasileiro, ficam restritos ao âmbito de entidades de direito público ou privado, que serão tidas como responsáveis pela obediência aos preceitos desta Lei e de sua regulamentação, bem como pelos eventuais efeitos ou conseqüências advindas de seu descumprimento.

§ 1º Para os fins desta Lei consideram-se atividades e projetos no âmbito de entidades como sendo aqueles conduzidos em instalações próprias ou os desenvolvidos alhures sob a sua responsabilidade técnica ou científica.

§ 2º As atividades e projetos de que trata este artigo são vedados a pessoas físicas enquanto agentes autônomos independentes, mesmo que mantenham vínculo empregatício ou qualquer outro com pessoas jurídicas.

§ 3º As organizações públicas e privadas, nacionais, estrangeiras ou internacionais, financiadoras ou patrocinadoras de atividades ou de projetos referidos neste artigo, deverão certificar-se da idoneidade técnico-científica e da plena adesão dos entes financiados, patrocinados, conveniados ou contratados às normas e mecanismos de salvaguarda previstos nesta Lei, para o que deverão exigir a apresentação do Certificado de Qualidade de Biossegurança de que trata o art. 6º, inciso XIX, sob pena de se tornarem co-responsáveis pelos eventuais efeitos advindos de seu descumprimento.

Art. 3º Para os efeitos desta Lei, define-se:

I — organismo — toda entidade biológica capaz de reproduzir e/ou de transferir material genético, incluindo vírus, prions e outras classes que venham a ser conhecidas;

II — ácido desoxirribonucléico (ADN), ácido ribonucléico (ARN) — material genético que contém informações determinantes dos caracteres hereditários transmissíveis à descendência;

III — moléculas de ADN/ARN recombinante — aquelas manipuladas fora das células vivas, mediante a modificação de segmentos de ADN/ARN natural ou sintético que possam multiplicar-se em uma célula viva, ou, ainda, as moléculas de ADN/ARN resultantes dessa multiplicação. Consideram-se, ainda, os segmentos de ADN/ARN sintéticos equivalentes aos de ADN/ARN natural;

IV — organismo geneticamente modificado (OGM) — organismo cujo material genético (ADN/ARN) tenha sido modificado por qualquer técnica de engenharia genética;
V — engenharia genética — atividade de manipulação de moléculas ADN/ARN recombinante.
Parágrafo único. Não são considerados como OGM aqueles resultantes de técnicas que impliquem a introdução direta, num organismo, de material hereditário, desde que não envolvam a utilização de moléculas de ADN/ARN recombinante ou OGM, tais como fecundação *in vitro*, conjugação, transdução, transformação, indução poliplóide e qualquer outro processo natural.
Art. 4º Esta Lei não se aplica quando a modificação genética for obtida através das seguintes técnicas, desde que não impliquem a utilização de OGM como receptor ou doador.
I — mutagênese;
II — formação e utilização de células somáticas de hibridoma animal;
III — fusão celular, inclusive a de protoplasma, de células vegetais, que possa ser produzida mediante métodos tradicionais de cultivo;
IV — autoclonagem de organismos não patogênicos que se processe de maneira natural.
Art. 5º (Vetado)
Art. 6º (Vetado)
Art. 7º Caberá, dentre outras atribuições, aos órgãos de fiscalização do Ministério da Saúde, do Ministério da Agricultura, do Abastecimento e da Reforma Agrária e do Ministério do Meio Ambiente e da Amazônia Legal, dentro do campo de suas competências, observado o parecer técnico conclusivo da CTNBio e os mecanismos estabelecidos na regulamentação desta Lei:
I — (Vetado)

II — a fiscalização e monitorização de todas as atividades e projetos relacionados a OGM do Grupo II;
III — a emissão do registro de produtos contendo OGM ou derivados de OGM a serem comercializados para uso humano, animal ou em plantas, ou para a liberação no meio ambiente;
IV — a expedição de autorização para o funcionamento de laboratório, instituição ou empresa que desenvolverá atividades relacionadas a OGM;
V — a emissão de autorização para a entrada no País de qualquer produto contendo OGM ou derivado de OGM:
VI — manter cadastro de todas as instituições e profissionais que realizem atividades e projetos relacionados a OGM no território nacional.
VII — encaminhar à CTNBio, para emissão de parecer técnico, todos os processos relativos a projetos e atividades que envolvam OGM;
VIII — encaminhar para publicação no *Diário Oficial da União* resultado dos processos que lhe forem submetidos a julgamento, bem como a conclusão do parecer técnico;
IX — aplicar as penalidades de que trata esta Lei nos arts. 11 e 12.

Art. 8º É vedado, nas atividades relacionadas a OGM:
I — qualquer manipulação genética de organismos vivos ou o manejo *in vitro* de ADN/ARN natural ou recombinante, realizados em desacordo com as normas previstas nesta Lei;
II — a manipulação genética de células germinais humanas;
III — a intervenção em material genético humano *in vitro*, exceto para o tratamento de defeitos genéticos, respeitando-se princípios éticos, tais como o princípio da autonomia e o princípio de beneficência, e com a aprovação prévia da CTNBio;

IV — a produção, armazenamento ou manipulação de embriões humanos destinados a servir como material biológico disponível;

V — a intervenção *in vivo* em material genético de animais, excetuados os casos em que tais intervenções se constituam em avanços significativos na pesquisa científica e no desenvolvimento tecnológico, respeitando-se princípios éticos, tais como o princípio da responsabilidade e o princípio da prudência, e com aprovação prévia da CTNBio;

VI — a liberação ou o descarte no meio ambiente de OGM em desacordo com as normas estabelecidas pela CTNBio e constantes na regulamentação desta Lei.

§ 1º Os produtos contendo OGM, destinados à comercialização ou industrialização, provenientes de outros países, só poderão ser introduzidos no Brasil após o parecer prévio conclusivo da CTNBio e a autorização do órgão de fiscalização competente, levando-se em consideração pareceres técnicos de outros países, quando disponíveis.

§ 2º Os produtos contendo OGM, pertencentes ao Grupo II conforme definido no Anexo I desta Lei, só poderão ser introduzidos no Brasil após o parecer prévio conclusivo da CTNBio e a autorização do órgão de fiscalização competente.

§ 3º (Vetado)

Art. 9º Toda entidade que utilizar técnicas e métodos de engenharia genética deverá criar uma Comissão Interna de Biossegurança (CIBio), além de indicar um técnico principal responsável por cada projeto científico.

Art. 10 Compete à Comissão Interna de Biossegurança (CIBio) no âmbito de sua instituição:

I — manter informados os trabalhos, qualquer pessoa e a coletividade, quando suscetíveis de serem afetados pela atividade, sobre todas as questões relacionadas com a saúde e a segurança, bem como sobre os procedimentos em caso de acidentes;

II — estabelecer programas preventivos e de inspeção para garantir o funcionamento das instalações sob sua responsabilidade, dentro dos padrões e normas de biossegurança, definidos pela CTNBio na regulamentação desta Lei;

III — encaminhar à CTNBio os documentos cuja relação será estabelecida na regulamentação desta Lei, visando a sua análise e a autorização do órgão competente quando for o caso;

IV — manter registro do acompanhamento individual de cada atividade ou projeto em desenvolvimento envolvendo OGM;

V — notificar à CTNBio, às autoridades de Saúde Pública e às entidades de trabalhadores, o resultado de avaliações de risco a que estão submetidas as pessoas expostas, bem como qualquer acidente ou incidente que possa provocar a disseminação de agente biológico;

VI — investigar a ocorrência de acidentes e as enfermidades possivelmente relacionados a OGM, notificando suas conclusões e providências à CTNBio.

Art. 11 Constitui infração, para os efeitos desta Lei, toda ação ou omissão que importe na inobservância de preceitos nela estabelecidos, com exceção dos §§ 1º e 2º e dos incisos de II a VI do art. 8º ou na desobediência às determinações de caráter normativo dos órgãos ou das autoridades administrativas competentes.

Art. 12 Fica a CTNBio autorizada a definir valores de multas a partir de 16.110,80 UFIR, a serem aplicadas pelos órgãos de fiscalização referidos no art. 7º, proporcionalmente ao dano direto ou indireto, nas seguintes infrações:

I — não obedecer às normas e aos padrões de biossegurança vigentes;

II — implementar projeto sem providenciar o prévio cadastramento da entidade dedicada à pesquisa e manipulação de OGM, e de seu responsável técnico, bem como da CTNBio;

III — liberar no meio ambiente qualquer OGM sem aguardar sua prévia aprovação, mediante publicação no *Diário Oficial da União*;

IV — operar os laboratórios que manipulam OGM sem observar as normas de biossegurança estabelecidas na regulamentação desta Lei;

V — não investigar, ou fazê-lo de forma incompleta, os acidentes ocorridos no curso de pesquisas e projetos na área de engenharia genética, ou não enviar relatório respectivo à autoridade competente no prazo máximo de 5 (cinco) dias a contar da data de transcorrido o evento;

VI — implementar projeto sem manter registro de seu acompanhamento individual;

VII — deixar de notificar, ou fazê-lo de forma não imediata, à CTNBio e às autoridades da Saúde Pública, sobre acidente que possa provocar a disseminação de OGM;

VIII — não adotar os meios necessários à plena informação da CTNBio, das autoridades de Saúde Pública, da coletividade, e dos demais empregados da instituição ou empresa, sobre os riscos a que estão submetidos, bem como os procedimentos a serem tomados no caso de acidentes;

IX — qualquer manipulação genética de organismo vivo ou manejo *in vitro* de ADN/ARN natural ou recombinante, realizados em desacordo com as normas previstas nesta Lei e na sua regulamentação.

§ 1º No caso de reincidência, a multa será aplicada em dobro.

§ 2º No caso de infração continuada, caracterizada pela

permanência da ação ou omissão inicialmente punida, será a respectiva penalidade aplicada diariamente até cessar sua causa, sem prejuízo da autoridade competente, podendo paralisar a atividade imediatamente e/ou interditar o laboratório ou a instituição ou empresa responsável.

Art. 13 Constitui crime:

I — a manipulação genética de células germinais humanas.

II — a intervenção em material genético humano *in vivo*, exceto para o tratamento de defeitos genéticos, respeitando-se princípios éticos tais como o princípio da autonomia e o princípio da beneficência, e com a aprovação prévia da CTNBio.

Pena — detenção de três meses a um ano;

§ 1º Se resultar em:

a) incapacidade para as ocupações habituais por mais de trinta dias;

b) perigo de vida;

c) debilidade permanente de membro, sentido ou função;

d) aceleração do parto.

Pena — reclusão de um a cinco anos.

§ 2º Se resultar em:

a) incapacidade permanente para o trabalho;

b) enfermidade incurável;

c) perda ou inutilização de membro, sentido ou função;

d) deformidade permanente;

e) aborto.

Pena — reclusão de dois a oito anos.

§ 3º Se resultar em morte:

Pena — reclusão de seis a vinte anos.

III — a produção, armazenamento ou manipulação de embriões humanos destinados a servirem como material biológico disponível.

Pena — reclusão de seis a vinte anos;

IV — a intervenção *in vivo* em material genético de animais, excetuados os casos em que tais intervenções se constituam em avanços significativos na pesquisa científica e no desenvolvimento tecnológico, respeitando-se princípios éticos, tais como o princípio da responsabilidade e o princípio da prudência, e com aprovação prévia da CTNBio.

Pena — detenção de três meses a um ano;

V — a liberação ou o descarte no meio ambiente de OGM em desacordo com as normas estabelecidas pela CTNBio e constantes na regulamentação desta Lei.

Pena — reclusão de um a três anos;

§ 1º Se resultar em:

a) lesões corporais leves;
b) perigo de vida;
c) debilidade permanente de membro, sentido ou função;
d) aceleração de parto;
e) dano à propriedade alheia;
f) dano ao meio ambiente.

Pena — reclusão de dois a cinco anos.

§ 2º Se resultar em:

a) incapacidade permanente para o trabalho;
b) enfermidade incurável;
c) perda ou inutilização de membro, sentido ou função;
d) deformidade permanente;
e) aborto
f) inutilização da propriedade alheia;
g) dano grave ao meio ambiente.

Pena — reclusão de dois a oito anos.

§ 3º Se resultar em morte.

Pena — reclusão de seis a vinte anos.

§ 4º Se a liberação, o descarte no meio ambiente ou a introdução no País de OGM for culposa:

Pena — reclusão de um a dois anos.

§ 5º Se a liberação, o descarte no meio ambiente ou a introdução no País de OGM for culposa, a pena será aumentada de um terço se o crime resultar da inobservância de regra técnica de profissão.

§ 6º O Ministério Público da União e dos Estados terá legitimidade para propor ação de responsabilidade civil e criminal por danos causados ao homem, aos animais, às plantas e a o meio ambiente, em face do descumprimento desta Lei.

Art. 14 Sem obstar a aplicação das previstas nesta Lei, é o autor obrigado, independentemente da existência de culpa, a indenizar ou reparar os danos causados ao meio ambiente e a terceiros, afetados por suas atividades.

Disposições Gerais e Transitórias

Art. 15 Esta Lei será regulamentada no prazo de 90 (noventa) dias a contar da data de sua publicação.

Art. 16 As entidades que estiverem desenvolvendo atividades reguladas por esta Lei na data de sua publicação deverão adequar-se às suas disposições no prazo de cento e vinte dias, contados da publicação do decreto que a regulamentar, bem como apresentar relatório circunstanciado dos produtos existentes, pesquisas ou projetos em andamento envolvendo OGM.

Art. 17 Esta Lei entra em vigor na data de sua publicação.

Art. 18 Revogam-se as disposições em contrário.

ANEXO I
Para efeitos desta Lei, os organismos geneticamente modificados classificam-se da seguinte maneira:

Grupo I: compreende os organismos que preenchem os seguintes critérios:

A. Organismo receptor ou parental não-patogênico; isento de agentes adventícios; com amplo histórico documentado de utilização segura, ou a incorporação de barreiras biológicas que, sem interferir no crescimento ótimo em reator ou fermentador, permita uma sobrevivência e multiplicação limitadas, sem efeitos negativos para o meio ambiente.

B. Vetor/inseto
- deve ser adequadamente caracterizado e desprovido de seqüências nocivas conhecidas;
- deve ser de tamanho limitado, no que for possível, às seqüências genéticas necessárias para realizar a função projetada;
- não deve incrementar a estabilidade do organismo modificado no meio ambiente;
- deve ser escassamente mobilizável;
- não deve transmitir nenhum marcador de resistência a organismos que, de acordo com os conhecimentos disponíveis, não o adquira de forma natural.

C. Organismos geneticamente modificados
- não-patogênicos;
- que ofereçam a mesma segurança que o organismo receptor ou parental no reator ou fermentador, mas com sobrevivência e/ou multiplicação limitadas, sem efeitos negativos para o meio ambiente.

D. Outros organismos geneticamente modificados que poderiam incluir-se no Grupo I, desde que reúnam as condições estipuladas no item C anterior:
- microorganismos construídos inteiramente a partir de um único receptor procariótico (incluindo plasmídeos e vírus endógenos) ou de um único receptor eucariótico (incluindo seus cloroplastos, mitocôndrias e plasmídeos, mas

excluindo os vírus) e organismos compostos inteiramente por seqüências genéticas de diferentes espécies que troquem tais seqüências mediante processos fisiológicos conhecidos.

Grupo II: todos aqueles não incluídos no Grupo I.

ANEXO V — DECLARAÇÃO IBERO-LATINO-AMERICANA SOBRE ÉTICA E GENÉTICA

Declaração de Manzanillo de 1996, revisada em Buenos Aires em 1998

Considerando que os constantes avanços que estão acontecendo em relação ao conhecimento do genoma humano e os benefícios que poderão ser obtidos com suas aplicações e derivações, convidam a manter um diálogo aberto e permanente sobre suas conseqüências para o ser humano;

Destacando a importância que para esse diálogo comportam a Declaração Universal da UNESCO sobre o Genoma Humano e os Direitos Humanos de 1997, assim como O Convênio do Conselho da Europa para a Proteção dos Direitos Humanos e a Dignidade do Ser Humano em relação às Aplicações da Biologia e a Medicina: Convênio sobre Direitos Humanos e Biomedicina;

Admitindo que é irrenunciável a participação dos povos Ibero-Latino-Americanos no debate internacional sobre o genoma humano, para que possam apresentar suas próprias perspectivas, problemas e necessidades,

Os participantes nos Encontros sobre Bioética e Genética de Manzanillo (1996) e de Buenos Aires (1998), procedentes de diversos países de Ibero-América e da Espanha, e de diferentes disciplinas relacionadas com a Bioética,

DECLARAMOS

PRIMEIRO: Nossa adesão aos valores e princípios proclamados tanto na Declaração Universal sobre o Genoma Humano e os Direitos Humanos da Unesco como no Convênio sobre Direitos Humanos e Biomedicina do Conselho da Europa, enquanto constituem um importante primeiro passo para a proteção do ser humano em relação aos efeitos não-desejáveis dos desenvolvimentos científicos e tecnológicos no âmbito da genética, através de instrumentos jurídicos internacionais.

SEGUNDO: A reflexão sobre as diversas implicâncias do desenvolvimento científico e tecnológico no campo da genética humana deve ser feita levando em consideração:

a) o respeito à dignidade, à identidade e à integridade humanas e aos direitos humanos reafirmados nos documentos jurídicos internacionais;

b) que o genoma humano constitui parte do patrimônio comum da humanidade como uma realidade e não como uma expressão meramente simbólica;

c) o respeito à cultura, às tradições e aos valores próprios dos povos.

TERCEIRO: Que, dadas as diferenças sociais e econômicas no desenvolvimento dos povos, nossa região participa num grau menor dos benefícios derivados do referido desenvolvimento científico e tecnológico, o que torna necessário:

a) uma maior solidariedade entre os povos, em particular por parte daqueles países com maior grau de desenvolvimento;

b) estabelecimento e a realização por parte dos governos de nossos países, de uma política planificada de pesquisa na genética humana;

c) a realização de esforços para estender de maneira geral à população, sem nenhum tipo de discriminação, o acesso as aplicações dos conhecimentos genéticos no campo da saúde;

d) respeitar a especificidade e diversidade genética dos povos, assim como sua autonomia e dignidade como tais;

e) o desenvolvimento de programas de informação e educação extensivos a toda a sociedade, nos quais se saliente a especial responsabilidade que concerne nessa matéria aos meios de comunicação e aos profissionais da educação.

QUARTO: Os princípios éticos que devem guiar as ações da genética médica são:

a) a prevenção, o tratamento e a reabilitação das enfermidades genéticas como parte do direito à saúde, para que possam contribuir a aliviar o sofrimento que elas ocasionam nos indivíduos afetados e em seus familiares;

b) a igualdade no acesso aos serviços de acordo com as necessidades do paciente independentemente de sua capacidade econômica;

c) a liberdade no acesso aos serviços, a ausência de coação em sua utilização e o consentimento informado baseado no assessoramento genético não-diretivo;

d) as provas genéticas e as ações que derivem delas têm como objetivo o bem-estar e a saúde da pessoa, sem que possam ser utilizadas para imposição de políticas populacionais, demográficas ou sanitárias, nem para a satisfação de requerimentos de terceiros;

e) o respeito à autonomia de decisão dos indivíduos para realizar as ações que seguem aos resultados das provas genéticas, de acordo com as prescrições normativas de cada país;

f) a informação genética individual é privativa da pessoa de quem provém e não pode ser revelada a terceiros sem seu expresso consentimento.

QUINTO: Que algumas aplicações da genética humana operam já como uma realidade cotidiana em nossos países sem uma adequada e completa regulamentação jurídica, deixando em situação de indefesa e vulnerabilidade tanto o paciente em relação a seus direitos, como o profissional da saúde em relação à sua responsabilidade. Isso torna necessário que, mediante processos democráticos e pluralistas, se promova uma legislação que regulamente ao menos os seguintes aspectos:

a) a manipulação, o armazenamento e a difusão da informação genética individual, de tal forma que garanta o respeito à privacidade e intimidade de cada pessoa;

b) a atuação do geneticista como conselheiro ou assessor do paciente e de seus familiares, e sua obrigação de guardar a confidencialidade da informação genética obtida;

c) a manipulação, o armazenamento e a disposição dos bancos de amostras biológicas (células, ADN, etc.), que deverão ser regulamentados garantindo que a informação individualizada não se divulgue sem assegurar o direito à privacidade do indivíduo, e nem seja usada para fins diferentes daqueles que motivaram a sua coleta;

d) o consentimento livre e informado para a realização das provas genéticas e intervenções sobre o genoma humano deve ser garantido através de instâncias adequadas, em especial quando se trata de menores, incapazes e grupos que requeiram uma tutela especial.

SEXTO: Além dos profundos questionamentos éticos que gera o patenteamento do material genético humano, cabe reiterar particularmente:

a) a necessidade de proibir a comercialização do corpo humano, de suas partes e de seus produtos;

b) a necessidade de limitar nesta matéria o objeto das patentes nos limites estritos da contribuição científica realizada, evitando extensões injustificadas que obstaculizem futuras pesquisas, e excluindo-se a possibilidade do patenteamento do material genético;

c) a necessidade de facilitar a pesquisa neste campo mediante o intercâmbio livre e irrestrito da informação científica, em especial o fluxo de informação dos países desenvolvidos aos países em desenvolvimento.

Em consonância com as considerações precedentes,

RESOLVEMOS:

1. Estabelecer uma Rede Ibero-americana sobre Bioética, Direito e Genética, que sirva para manter o contacto e o intercâmbio de informação entre os especialistas da região, assim como para fomentar o estudo, o desenvolvimento de projetos de pesquisa e a difusão da informação sobre os aspectos sociais, éticos e jurídicos relacionados com a genética humana.

2. Remeter aos governos de nossos países a presente Declaração, incitando-os a que adotem as medidas necessárias, em especial legislativas, para desenvolver e aplicar os princípios contidos nesta Declaração e na Declaração Universal sobre o Genoma Humano e os Direitos Humanos.

ANEXO VI — RESOLUÇÃO N°196/96 DO CONSELHO NACIONAL DE SAÚDE

O Conselho Nacional de Saúde, no uso da competência que lhe é outorgada pelo Decreto n° 93.933 de 14 de janeiro de 1987, resolve: Aprovar as seguintes diretrizes e normas regulamentadoras de pesquisas envolvendo seres humanos:

I — Preâmbulo

A presente Resolução fundamenta-se nos principais documentos internacionais que emanaram declarações e diretrizes sobre pesquisas que envolvem seres humanos: o Código de Nuremberg (1947), a Declaração dos Direitos do Homem (1948), a Declaração de Helsinque (1964 e suas versões posteriores de 1975, 1983 e 1989), o Acordo Internacional sobre Direitos Civis e Políticos (ONU, 1966, aprovado pelo Congresso Nacional Brasileiro em 1992), as Propostas de Diretrizes Éticas Internacionais para Pesquisas Biomédicas Envolvendo Seres Humanos (CIOMS/OMS 1982 e 1993) e as Diretrizes Internacionais para Revisão Ética de Estudos Epidemiológicos (CIOMS, 1991). Cumpre as disposições da Constituição da República Federativa do Brasil de 1988 e da legislação brasileira correlata: Código de Direitos do Consumidor, Código Civil e Código Penal, Estatuto da Criança e do Adolescente, Lei Orgânica da Saúde 8.080, de 19/09/90 (dispõe sobre as condições de atenção à saúde, a organização e o funcionamento dos serviços correspondentes), Lei 8.142, de 28/12/90 (participação da comunidade na gestão do Sistema Único de Saúde), Decreto 99.438, de 07/08/90 (organização e atribuições do Conselho Nacional de Saúde), Decreto 98.830, de 15/01/90 (coleta por estrangeiros de dados e materiais científicos no Brasil), Lei 8.489, de 18/11/92. e Decreto 879, de 22/07/93 (dispõem sobre retirada de tecidos, órgãos e outras partes do corpo humano com fins humanitários e científicos), Lei 8.501, de 30/11/92 (utilização de cadáver), Lei 8.974, de 05/01/95 (uso das técnicas de engenharia genética e liberação no meio ambiente de organismos geneticamente modificados), Lei 9.279, de 14/05/96 (regula direitos e obrigações relativos à propriedade industrial), e outras.

Esta Resolução incorpora, sob a ótica do indivíduo e das coletividades, os quatro referenciais básicos da Bioética: autonomia, não maleficência, beneficência e justiça, entre outros, e visa assegurar os direitos e deveres que dizem respeito à comunidade científica, aos sujeitos da pesquisa e ao Estado.

O caráter contextual das considerações aqui desenvolvidas implica em revisões periódicas desta Resolução, conforme necessidades nas áreas tecno-científica e ética.

Ressalta-se, ainda, que cada área temática de investigação e cada modalidade de pesquisa, além de respeitar os princípios emanados deste texto, deve cumprir com as exigências setoriais e regulamentações específicas.

II — Termos e Definições

A presente Resolução adota no seu âmbito as seguintes definições:

II.1 — **Pesquisa** — classe de atividades cujo objetivo é desenvolver ou contribuir para o conhecimento generalizável. O conhecimento generalizável consiste em teorias, relações ou princípios ou no acúmulo de informações sobre as quais estão baseados, que possam ser corroborados por métodos científicos aceitos de observação e inferência.

II.2 — **Pesquisa envolvendo seres humanos** — pesquisa que, individual ou coletivamente, envolva o ser humano, de forma direta ou indireta, em sua totalidade ou partes dele, incluindo o manejo de informações ou materiais.

II.3- **Protocolo de Pesquisa** — Documento contemplando a descrição da pesquisa em seus aspectos fundamentais, informações relativas ao sujeito da pesquisa, à qualificação dos pesquisadores e a todas as instâncias responsáveis.

II.4 — **Pesquisador responsável** — pessoa responsável pela coordenação e realização da pesquisa e pela integridade e bem-estar dos sujeitos da pesquisa.

II.5 — **Instituição de pesquisa** — organização, pública ou privada, legitimamente constituída e habilitada na qual são realizadas investigações científicas.

II.6 — **Promotor** — indivíduo ou instituição, responsável pela promoção da pesquisa.

II.7 — **Patrocinador** — pessoa física ou jurídica que apóia financeiramente a pesquisa.

II.8 — **Risco da pesquisa** — possibilidade de danos à dimensão física, psíquica, moral, intelectual, social, cultural ou espiritual do ser humano, em qualquer fase de uma pesquisa e dela decorrente.

II.9 — **Dano associado ou decorrente da pesquisa** — agravo imediato ou tardio, ao indivíduo ou à coletividade, com nexo causal comprovado, direto ou indireto, decorrente do estudo científico.

II.10 — **Sujeito da pesquisa** — é o(a) participante pesquisado(a), individual ou coletivamente, de caráter voluntário, vedada qualquer forma de remuneração.

II.11 — **Consentimento livre e esclarecido** — anuência do sujeito da pesquisa e/ou de seu representante legal, livre de vícios (simulação, fraude ou erro), dependência, subordinação ou intimidação, após explicação completa e pormenorizada sobre a natureza da pesquisa, seus objetivos, métodos, benefícios previstos, potenciais riscos e o incômodo que esta possa acarretar, formulada em um termo de consentimento, autorizando sua participação voluntária na pesquisa.

II.12 — **Indenização** — cobertura material, em reparação a dano imediato ou tardio, causado pela pesquisa ao ser humano a ela submetida.

II.13 — **Ressarcimento** — cobertura, em compensação, exclusiva de despesas decorrentes da participação do sujeito na pesquisa.

II.14 — **Comitês de Ética em Pesquisa — CEP's —** colegiados interdisciplinares e independentes, com "*munus público*", de caráter consultivo, deliberativo e educativo, criados para defender os interesses dos sujeitos da pesquisa em sua integridade e dignidade e para contribuir no desenvolvimento da pesquisa dentro de padrões éticos.

II.15 — **Vulnerabilidade** — refere-se a estado de pessoas ou grupos que, por quaisquer razões ou motivos, tenham a sua capacidade de autodeterminação reduzida, sobretudo no que se refere ao consentimento livre e esclarecido

II.16 — **Incapacidade** — Refere-se ao possível sujeito da pesquisa que não tenha capacidade civil para dar o seu consentimento livre e esclarecido, devendo ser assistido ou representado, de acordo com a legislação brasileira vigente.

III — Aspectos Éticos da Pesquisa Envolvendo Seres Humanos

As pesquisas envolvendo seres humanos devem atender às exigências éticas e científicas fundamentais.

III.1 — A observação dos princípios éticos na pesquisa implica em:

a) consentimento livre e esclarecido dos indivíduos-alvo e a proteção a grupos vulneráveis e aos legalmente incapazes (autonomia). Neste sentido, a pesquisa envolvendo seres humanos deverá sempre tratá-los em sua dignidade, respeitá-los em sua autonomia e defendê-los em sua vulnerabilidade;

b) ponderação entre riscos e benefícios, tanto atuais como potenciais, individuais ou coletivos (beneficência), comprometendo-se com o máximo de benefícios e o mínimo de danos e riscos;

c) garantia de que danos previsíveis serão evitados (não maleficência); e

d) relevância social da pesquisa com vantagens significativas para os sujeitos da pesquisa e minimização do ônus para os sujeitos vulneráveis, o que garante a igual consideração dos interesses envolvidos, não perdendo o sentido de sua destinação socio-humanitária (justiça e eqüidade).

III.2 — Todo procedimento de qualquer natureza envolvendo o ser humano, cuja aceitação não esteja ainda consagrada na literatura científica, será considerado como pesquisa e, portanto, deverá obedecer às diretrizes da presente Resolução. Os procedimentos referidos incluem entre outros, os de natureza instrumental, ambiental, nutricional, educacional, sociológica, econômica, física, psíquica ou biológica, sejam eles farmacológicos, clínicos ou cirúrgicos e de finalidade preventiva, diagnóstica ou terapêutica

III.3 — A pesquisa em qualquer área do conhecimento, envolvendo seres humanos deverá observar as seguintes exigências:

a) ser adequada aos princípios científicos que a justifiquem e com possibilidades concretas de responder a incertezas;

b) estar fundamentada na experimentação prévia realizada em laboratórios, animais ou em outros fatos científicos;

c) ser realizada somente quando o conhecimento que se pretende obter não possa ser obtido por outro meio;

d) prevalecer sempre as probabilidades dos benefícios esperados sobre os riscos previsíveis;

e) obedecer a metodologia adequada. Se houver necessidade de distribuição aleatória dos sujeitos da pesquisa em grupos experimentais e de controle, assegurar que, *a priori*, não seja possível estabelecer as vantagens de um procedimento sobre outro através de revisão de literatura, métodos observacionais ou métodos que não envolvam seres humanos;

f) ter plenamente justificada, quando for o caso, a utilização de placebo, em termos de não maleficência e de necessidade metodológica;

g) contar com o consentimento livre e esclarecido do sujeito da pesquisa e/ou seu representante legal;

h) contar com os recursos humanos e materiais necessários que garantam o bem-estar do sujeito da pesquisa, devendo ainda haver adequação entre a competência do pesquisador e o projeto proposto;

i) prever procedimentos que assegurem a confidencialidade e a privacidade, a proteção da imagem e a não estigmatização, garantindo a não utilização das informações em prejuízo das pessoas e/ou das comunidades, inclusive em termos de auto-estima, de prestígio e/ou econômico-financeiro;

j) ser desenvolvida preferencialmente em indivíduos com autonomia plena. Indivíduos ou grupos vulneráveis não devem ser sujeitos de pesquisa quando a informação desejada possa ser obtida através de sujeitos com plena autonomia, a menos que a investigação possa trazer benefícios diretos aos vulneráveis. Nestes casos, o direito dos indivíduos ou grupos que queiram participar da pesquisa deve ser assegurado, desde que seja garantida a proteção à sua vulnerabilidade e incapacidade legalmente definida;

k) respeitar sempre os valores culturais, sociais, morais, religiosos e éticos, bem como os hábitos e costumes quando as pesquisas envolverem comunidades;.

l) garantir que as pesquisas em comunidades, sempre que possível, traduzir-se-ão em benefícios cujos efeitos continuem a se fazer sentir após sua conclusão. O projeto deve analisar as necessidades de cada um dos membros da comunidade e analisar as diferenças presentes entre eles, explicitando como será assegurado o respeito às mesmas;

m) garantir o retorno dos benefícios obtidos através das pesquisas para as pessoas e as comunidades onde as mesmas forem realizadas. Quando, no interesse da comunidade, houver benefício real em incentivar ou estimular mudanças costumes ou comportamentos, o protocolo de pesquisa deve incluir, sempre que possível, disposições para comunicar tal benefício às pessoas e/ou comunidades;

n) comunicar às autoridades sanitárias os resultados da pesquisa, sempre que os mesmos puderem contribuir para a melhoria das condições de saúde da coletividade, preservando, porém, a imagem e assegurando que os sujeitos da pesquisa não sejam estigmatizados ou percam a auto-estima;

o) assegurar aos sujeitos da pesquisa os benefícios resultantes do projeto, seja em termos de retomo social, acesso aos procedimentos, produtos ou agentes da pesquisa;

p) assegurar aos sujeitos da pesquisa as condições de acompanhamento, tratamento ou de orientação, conforme o caso, nas pesquisas de rastreamento; demonstrar a preponderância de benefícios sobre riscos e custos;

q) assegurar a inexistência de conflito de interesses entre o pesquisador e os sujeitos da pesquisa ou patrocinador do projeto;

r) comprovar, nas pesquisas conduzidas do exterior ou com cooperação estrangeira, os compromissos e as vantagens, para os sujeitos das pesquisas e para o Brasil, decorrentes de sua realização. Nestes casos deve ser identificado o pesquisador e a instituição nacionais co-responsáveis pela pesquisa. O protocolo deverá observar as exigências da Declaração de Helsinque e incluir documento de aprovação, no país de origem, entre os apresentados para avaliação do Comitê de Ética em Pesquisa (CEP) da instituição brasileira, que exigirá o cumprimento de seus próprios referenciais éticos. Os estudos patrocinados do exterior também devem responder às necessidades de treinamento de pessoal no Brasil para que o país possa desenvolver projetos similares de forma independente;

s) utilizar o material biológico e os dados obtidos na pesquisa exclusivamente para a finalidade prevista no seu protocolo;

t) levar em conta, nas pesquisas realizadas em mulheres em idade fértil ou em mulheres grávidas, a avaliação de riscos e benefícios e as eventuais interferências sobre a fertilidade, a gravidez, o embrião ou o feto, o trabalho de parto, o puerpério, a lactação e o recém-nascido;

u) considerar que as pesquisas em mulheres grávidas devem, ser precedidas de pesquisas em mulheres fora do período gestacional, exceto quando a gravidez for o objetivo fundamental da pesquisa;

v) propiciar, nos estudos multicêntricos, a participação dos pesquisadores que desenvolverão a pesquisa na elaboração do delineamento geral do projeto; e

w) descontinuar o estudo somente após análise das razões da descontinuidade pelo CEP que a aprovou.

IV — Consentimento Livre e Esclarecido

O respeito devido à dignidade humana exige que toda pesquisa se processe após consentimento livre e esclarecido dos sujeitos, indivíduos ou grupos que por si e/ou por seus representantes legais manifestem a sua anuência à participação na pesquisa.

IV.1- Exige-se que o esclarecimento dos sujeitos se faça em linguagem acessível e que inclua necessariamente os seguintes aspectos:

a) a justificativa, os objetivos e os procedimentos que serão utilizados na pesquisa;

b) os desconfortos e riscos possíveis e os benefícios esperados;

c) os métodos alternativos existentes;

d) a forma de acompanhamento e assistência, assim como seus responsáveis;

e) a garantia de esclarecimentos, antes e durante o curso da pesquisa, sobre a metodologia, informando a possibilidade de indusão em grupo controle ou placebo;

f) a liberdade do sujeito se recusar a participar ou retirar seu consentimento, em qualquer fase da pesquisa, sem penalização alguma e sem prejuízo ao seu cuidado;

g) a garantia do sigilo que assegure a privacidade dos sujeitos quanto aos dados confidenciais envolvidos na pesquisa;

h) as formas de ressarcimento das despesas decorrentes da participação na pesquisa; e

i) as formas de indenização diante de eventuais danos decorrentes da pesquisa.

IV.2 — O termo de consentimento livre e esclarecido obedecerá aos seguintes requisitos:

a) ser elaborado pelo pesquisador responsável, expressando o cumprimento de cada uma das exigências acima;

b) ser aprovado pelo Comitê de Ética em Pesquisa que referenda a investigação;

c) ser assinado ou identificado por impressão dactiloscópica, por todos e cada um dos sujeitos da pesquisa ou por seus representantes legais; e

d) ser elaborado em duas vias, sendo uma retida pelo sujeito da pesquisa ou por seu representante legal e uma arquivada pelo pesquisador.

IV.3 — Nos casos em que haja qualquer restrição à liberdade ou ao esclarecimento necessários para o adequado consentimento, deve-se ainda observar:

a) em pesquisas envolvendo crianças e adolescentes, portadores de perturbação ou doença mental e sujeitos em situação de substancial diminuição em sua capacidade de consentimento, deverá haver justificação clara da escolha dos sujeitos da pesquisa, especificada no protocolo aprovada pelo Comitê de Ética em Pesquisa, e cumprir as exigências do consentimento livre e esclarecido, através dos representantes legais dos referidos sujeitos, sem suspensão do direito de informação do indivíduo, no limite de sua capacidade;

b) a liberdade do consentimento deverá ser particularmente garantida para aqueles sujeitos que, embora adultos e capazes, estejam expostos a condicionamentos específicos ou à influência de autoridade, especialmente estudantes, militares, empregados, presidiários, internos em centros de readaptação, casas-abrigo, asilos, associações religiosas e semelhantes, assegurando-lhes a inteira liberdade de participar ou não da pesquisa, sem quaisquer represálias;

c) nos casos em que seja impossível registrar o consentimento livre e esclarecido, tal fato deve ser devidamente documentado, com explicação das causas da impossibilidade, e parecer do Comitê de Ética em Pesquisa;

d) as pesquisas em pessoas com o diagnóstico de morte encefálica só podem ser realizadas desde que estejam preenchidas as seguintes condições:
- documento comprobatório da morte encefálica (atestado de óbito);
- consentimento explícito dos familiares e/ou do responsável legal, ou manifestação prévia da vontade da pessoa;
- respeito total à dignidade do ser humano sem mutilação ou violação do corpo;
- sem ônus econômico financeiro adicional à família;
- sem prejuízo para outros pacientes aguardando internação ou tratamento;
- possibilidade de obter conhecimento científico relevante, novo e que não possa ser obtido de outra maneira.

e) em comunidades culturalmente diferenciadas, inclusive indígenas, deve-se contar com a anuência antecipada da comunidade através dos seus próprios lideres, não se dispensando, porém, esforços no sentido de obtenção do consentimento individual;

f) quando o mérito da pesquisa depender de alguma restrição de informações aos sujeitos, tal fato deve ser devidamente explicitado e justificado pelo pesquisador e submetido ao Comitê de Ética em Pesquisa. Os dados obtidos a partir dos sujeitos da pesquisa não poderão ser usados para outros fins que os não previstos no protocolo e/ou no consentimento.

V — Riscos e Benefícios

Considera-se que toda pesquisa envolvendo seres humanos envolve risco. O dano eventual poderá ser imediato ou tardio, comprometendo o indivíduo ou a coletividade.

V.1 — Não obstante os riscos potenciais, as pesquisas envolvendo seres humanos serão admissíveis quando:
a) oferecerem elevada possibilidade de gerar conhecimento para entender, prevenir ou aliviar um problema que afete o bem-estar dos sujeitos da pesquisa e de outros indivíduos; e
b) o risco se justifique pela importância do benefício esperado; o benefício seja maior, ou no mínimo igual, a outras alternativas já estabelecidas para a prevenção, o diagnóstico e o tratamento.

V.2 — As pesquisas sem benefício direto ao indivíduo devem prever condições de serem bem suportadas pelos sujeitos da pesquisa, considerando sua situação física, psicológica, social e educacional.

V.3 — O pesquisador responsável é obrigado a suspender a pesquisa imediatamente ao perceber algum risco ou dano à saúde do sujeito participante da pesquisa, conseqüente à mesma, não previsto no termo de consentimento. Do mesmo modo, tão logo constatada a superioridade de um método em estudo sobre outro, o projeto deverá ser suspenso, oferecendo-se a todos os sujeitos os benefícios do melhor regime.

V.4 — O Comitê de Ética em Pesquisa da instituição deverá ser informado de todos os efeitos adversos ou fatos relevantes que alterem o curso normal do estudo.

V.5 — O pesquisador, o patrocinador e a instituição devem assumir a responsabilidade de dar assistência integral às complicações e danos decorrentes dos riscos previstos.

V.6 — Os sujeitos da pesquisa que vierem a sofrer qualquer tipo de dano previsto ou não no termo de consentimento e resultante de sua participação, além do direito à assistência integral, têm direito à indenização.

V.7 — Jamais poderá ser exigido do sujeito da pesquisa, sob qualquer argumento, renúncia ao direito à indenização por dano. O formulário do consentimento livre e esclarecido não deve conter nenhuma ressalva que afaste essa responsabilidade ou que implique ao sujeito da pesquisa abrir mão de seus direitos legais, incluindo o direito de procurar obter indenização por danos eventuais.

VI — Protocolo de Pesquisa

O protocolo a ser submetido à revisão ética somente poderá ser apreciado se estiver instruído com os seguintes documentos, em português:

VI.1 — folha de rosto: título do projeto, nome, número da carteira de identidade, CPF telefone e endereço para correspondência do pesquisador responsável e do patrocinador, nome e assinaturas dos dirigentes da instituição e/ou organização.

VI.2 — descrição da pesquisa, compreendendo os seguintes itens:

a) descrição dos propósitos e das hipóteses a serem testadas;

b) antecedentes científicos e dados que justifiquem a pesquisa. Se o propósito for testar um novo produto ou dispositivo para a saúde, de procedência estrangeira ou não, deverá ser indicada a situação atual de registro junto a agências regulatórias do país de origem;

c) descrição detalhada e ordenada do projeto de pesquisa (material e métodos, casuística, resultados esperados e bibliografia);

d) análise crítica de riscos e benefícios;

e) duração total da pesquisa, a partir da aprovação;

f) explicitação das responsabilidades do pesquisador, da instituição, do promotor e do patrocinador;

g) explicitação de critérios para suspender ou encerrar a pesquisa;

h) local da pesquisa: detalhar as instalações dos serviços, centros, comunidades e instituições nas quais se processarão as várias etapas da pesquisa;

i) demonstrativo da existência de infra-estrutura necessária ao desenvolvimento da pesquisa e para atender eventuais problemas dela resultantes, com a concordância documentada da instituição;

j) orçamento financeiro detalhado da pesquisa: recursos, fontes e destinação, bem como a forma e o valor da remuneração do pesquisador;

k) explicitação de acordo preexistente quanto à propriedade das informações geradas, demonstrando a inexistência de qualquer cláusula restritiva quanto à divulgação pública dos resultados, a menos que se trate de caso de obtenção de patenteamento; neste caso, os resultados devem se tornar públicos, tão logo se encerre a etapa de patenteamento;

l) declaração de que os resultados da pesquisa serão tornados públicos, sejam eles favoráveis ou não; e

m) declaração sobre o uso e destinação do material e/ou dados coletados.

VI.3 — Informações relativas ao sujeito da pesquisa:

a) descrever as características da população a estudar: tamanho, faixa etária, sexo, cor (classificação do IBGE), estado geral de saúde, classes e grupos sociais, etc. Expor as razões para a utilização de grupos vulneráveis;

b) descrever os métodos que afetem diretamente os sujeitos da pesquisa;

c) identificar as fontes de material de pesquisa, tais como espécimes, registros e dados a serem obtidos de seres humanos. Indicar se esse material será obtido especificamente para os propósitos da pesquisa ou se será usado para outros fins.

d) descrever os planos para o recrutamento de indivíduos e os procedimentos a serem seguidos. Fornecer critérios de inclusão e exclusão;

e) apresentar o formulário ou termo de consentimento, específico para a pesquisa, para a apreciação do Comitê de Ética em Pesquisa, incluindo informações sobre as circunstâncias sob as quais o consentimento será obtido, quem irá tratar de obtê-lo e a natureza da informação a ser fornecida aos sujeitos da pesquisa;

f) descrever qualquer risco, avaliando sua possibilidade e gravidade;

g) descrever as medidas para proteção ou minimização de qualquer risco eventual. Quando apropriado, descrever as medidas para assegurar os necessários cuidados à saúde, no caso de danos aos indivíduos. Descrever também os procedimentos para monitoramento da coleta de dados para prover a segurança dos indivíduos, incluindo as medidas de proteção à confidencialidade; e

h) apresentar previsão de ressarcimento de gastos aos sujeitos da pesquisa. A importância referente não poderá ser de tal monta que possa interferir na autonomia da decisão do indivíduo ou responsável de participar ou não da pesquisa.

VI.4 — qualificação dos pesquisadores: "Curriculum Vitae", do pesquisador responsável e dos demais participantes.

VI.5 — termo de compromisso do pesquisador responsável e da instituição de cumprir os termos desta Resolução.

VII — Comitê de Ética em Pesquisa — CEP

Toda pesquisa envolvendo seres humanos deverá ser submetida à apreciação de um Comitê de Ética em Pesquisa — CEP.

VII.1 — As instituições nas quais se realizem pesquisas envolvendo seres humanos deverão constituir um ou mais de um CEP, conforme suas necessidades.

VII.2 — Na impossibilidade de se constituir CEP, a instituição ou o pesquisador responsável deverá submeter o projeto à apreciação do CEP de outra instituição, preferencialmente dentre os indicados pela Comissão de Ética em Pesquisa (CONEP/MS).

VII.3 — **Organização** — A organização e criação do CEP será da competência da instituição, respeitadas as normas desta Resolução, assim como o provimento de condições adequadas para o seu funcionamento.

VII.4 — **Composição** — O CEP deverá ser constituído por colegiado com número não inferior a 7 (sete) membros. Sua constituição deverá incluir a participação de profissionais da área de saúde, das ciências exatas, sociais e humanas, incluindo, por exemplo, juristas, teólogos, sociólogos, filósofos, bioeticistas e, pelo menos, um membro da sociedade representando os usuários da instituição. Poderá variar na sua composição, dependendo das especialidades da instituição e das linhas de pesquisa a serem analisadas.

VII.5 — Terá sempre caráter multi e transdisciplinar, não devendo haver mais que a metade de seus membros pertencentes à mesma categoria profissional, participando pessoas dos dois sexos. Poderá ainda contar com os consultores *ad hoc*, pessoas pertencentes ou não à instituição, com a finalidade de fornecer subsídios técnicos.

VII.6 — No caso de pesquisas em grupos vulneráveis, comunidades e coletividades, deverá ser convidado um representante, como membro *ad hoc* do CEP, para participar da análise do projeto específico.

VII.7 — Nas pesquisas em população indígena deverá participar um consultor familiarizado com os costumes e tradições da comunidade.

VII.8 — Os membros do CEP deverão se isentar de tomada de decisão, quando diretamente envolvidos na pesquisa em análise.

VII.9 — **Mandato e escolha dos membros** — A composição de cada CEP deverá ser definida a critério da instituição, sendo pelo menos metade dos membros com experiência em pesquisa, eleitos pelos seus pares. A escolha da coordenação de cada Comitê deverá ser feita pelos membros que compõem o colegiado, durante a primeira reunião de trabalho. Será de três anos a duração do mandato, sendo permitida recondução.

VII.10 — **Remuneração** — Os membros do CEP não perderão ser remunerados no desempenho desta tarefa, sendo recomendável, porém, que sejam dispensados nos horários de trabalho do Comitê das outras obrigações nas instituições às quais prestam serviço, podendo receber ressarcimento de despesas efetuadas com transporte, hospedagem e alimentação.

VII.11 — **Arquivo** — O CEP deverá manter em arquivo o projeto, o protocolo e os relatórios correspondentes, por 5 (cinco) anos após o encerramento do estudo.

VII.12 — **Liberdade de trabalho** — Os membros dos CEP's deverão ter total independência na tomada das decisões no exercício das suas funções, mantendo sob caráter confidencial as informações recebidas. Deste modo, não podem sofrer qualquer tipo de pressão por parte de superiores hierárquicos ou pelos interessados em determinada pesquisa, devem isentar-se de envolvimento financeiro e não devem estar submetidos a conflito de interesse.

VII.13 — **Atribuições do CEP**:

a) revisar todos os protocolos de pesquisa envolvendo seres humanos, inclusive os multicêntricos, cabendo-lhe a responsabilidade primária pelas decisões sobre a ética da pesquisa a ser desenvolvida na instituição, de modo a garantir e resguardar a integridade e os direitos dos voluntários participantes nas referidas pesquisas;

b) emitir parecer consubstanciado por escrito, no prazo máximo de 30 (trinta) dias, identificando com clareza o ensaio, documentos estudados e data de revisão. A revisão de cada protocolo culminará com seu enquadramento em uma das seguintes categorias:

• aprovado; com pendência: quando o Comitê considera o protocolo como aceitável, porém identifica no protocolo, no formulário do consentimento ou em ambos, e recomenda uma revisão específica ou solicita uma modificação ou informação relevante, que deverá ser atendida em 60 (sessenta) dias pelos pesquisadores;

• retirado: quando, transcorrido o prazo, o protocolo permanece pendente;

• não aprovado; e

• aprovado e encaminhado, com o devido parecer, para apreciação pela Comissão Nacional de Ética em Pesquisa — CONEP/MS, nos casos previstos no capitulo VIII, item 4.c.

c) manter a guarda confidencial de todos os dados obtidos na execução de sua tarefa e arquivamento do protocolo completo, que ficará à disposição das autoridades sanitárias;

d) acompanhar o desenvolvimento dos projetos através de relatórios anuais dos pesquisadores;

e) desempenhar papel consultivo e educativo, fomentando a reflexão em torno da ética na ciência;

f) receber dos sujeitos da pesquisa ou de qualquer outra parte denúncias de abusos ou notificação sobre fatos adversos que possam alterar o curso normal do estudo, decidindo pela continuidade, modificação ou suspensão da pesquisa, devendo, se necessário, adequar o termo de consentimento. Considera-se como eticamente inaceitável a pesquisa descontinuada sem justificativa aceita pelo CEP que a aprovou;

g) requerer instauração de sindicância à direção da instituição em caso de denúncias de irregularidades de natureza ética nas pesquisas e, em havendo comprovação, comunicar à CONEP/MS e, no que couber, a outras instâncias; e

h) manter comunicação regular e permanente com a CONEP/MS.

VII.14 — **Atuação do CEP**:

a) A revisão ética de toda e qualquer proposta de pesquisa envolvendo seres humanos não poderá ser dissociada da sua análise científica. Pesquisa que não se faça acompanhar do respectivo protocolo não deve ser analisada pelo Comitê;

b) Cada CEP deverá elaborar suas normas de funcionamento, contendo metodologia de trabalho, a exemplo de: elaboração das atas; planejamento anual de suas atividades; periodicidade de reuniões; número mínimo de presentes para início das reuniões; e

c) prazos para emissão de pareceres; critérios para solicitação de consultas de experts na área em que se desejam informações técnicas; modelo de tomada de decisão, etc.

VIII — Comissão Nacional de Ética em Pesquisa — CONEP/MS

A Comissão Nacional de Ética em Pesquisa — CONEP/MS é uma instância colegiada, de natureza consultiva, deliberativa, normativa, educativa, independente, vinculada ao Conselho Nacional de Saúde.

Ministério da Saúde adotará as medidas necessárias para o funcionamento pleno da Comissão e de sua Secretaria Executiva.

VIII.1 — **Composição:** A CONEP/MS terá composição multi e transdisciplinar, com pessoas de ambos os sexos e deverá ser composta por 13 (treze) membros titulares e seus respectivos suplentes, sendo 05 (cinco) deles personalidades destacadas no campo da ética na pesquisa e na saúde e 08 (oito) personalidades com destacada atuação nos campos teológico, jurídico e outros, assegurando-se que pelo menos um seja da área de gestão da saúde. Os membros serão selecionados, a partir de listas indicativas elaboradas pelas instituições que possuem CEP registrados na CONEP/MS, sendo que 07 (sete) serão escolhidos pelo Conselho Nacional de Saúde e 06 (seis) serão definidos por sorteio. Poderá contar também com consultores e membros *ad hoc*, assegurada a representação dos usuários.

VIII.2 — Cada CEP poderá indicar duas personalidades.

VIII.3 — O mandato dos membros da CONEP/ MS será de quatro anos com renovação alternada a cada dois anos, de sete ou seis de seus membros.

VIII.4 — **Atribuições da CONEP/MS** — Compete à CONEP/MS o exame dos aspectos éticos da pesquisa envolvendo seres humanos, bem como a adequação e atualização das normas atinentes. A CONEP/MS consultará a sociedade sempre que julgar necessário, cabendo-lhe, entre outras, as seguintes atribuições:

a) estimular a criação de CEP's institucionais e de outras instâncias;

b) registrar os CEP's institucionais e de outras instâncias;

c) aprovar, no prazo de 60 (sessenta) dias, e acompanhar os protocolos de pesquisa em áreas temáticas especiais tais como:

1. genética humana;
2. reprodução humana;

3. fármacos, medicamentos, vacinas e testes diagnósticos novos (fases I, II e III) ou não registrados no País (ainda que fase IV), ou quando a pesquisa for referente a seu uso com modalidades, indicações, doses ou vias de administração diferentes daquelas estabelecidas, incluindo seu emprego em combinações;
4. equipamentos, insumos e dispositivos para a saúde novos, ou não registrados no País;
5. novos procedimentos ainda não consagrados na literatura;
6. populações indígenas;
7. projetos que envolvam aspectos de biossegurança;
8. pesquisas coordenadas do exterior ou com participação estrangeira e pesquisas que envolvam remessa de material biológico para o exterior; e
9. projetos que, a critério do CEP, devidamente justificado, sejam julgados merecedores de análise pela CONEP/MS.

d) prover normas específicas no campo da ética em pesquisa, inclusive nas áreas temáticas especiais, bem como recomendações para aplicação das mesmas;

e) funcionar como instância final de recursos, a partir de informações fornecidas sistematicamente, em caráter ex-ofício ou a partir de denúncias ou de solicitação de partes interessadas, devendo manifestar-se em um prazo não superior a 60 (sessenta) dias;

f) rever responsabilidades, proibir ou interromper pesquisas, definitiva ou temporariamente, podendo requisitar protocolos para revisão ética inclusive, os já aprovados pelo CEP;

g) constituir um sistema de informação e acompanhamento dos aspectos éticos das pesquisas envolvendo seres humanos em todo o território nacional, mantendo atualizados os bancos de dados;

h) informar e assessorar o MS, o CNS e outras instâncias do SUS, bem como do governo e da sociedade, sobre questões éticas relativas à pesquisa em seres humanos;

i) divulgar esta e outras normas relativas à ética em pesquisa envolvendo seres humanos;

j) a CONEP/MS juntamente com outros setores do Ministério da Saúde, estabelecerá normas e critérios para o credenciamento de Centros de Pesquisa. Este credenciamento deverá ser proposto pelos setores do Ministério da Saúde, de acordo com suas necessidades, e aprovado pelo Conselho Nacional de Saúde; e

k) estabelecer suas próprias normas de funcionamento.

VIII.5 — A CONEP/MS submeterá ao CNS para sua deliberação:

a) propostas de normas gerais a serem aplicadas às pesquisas envolvendo seres humanos, inclusive desta norma;

b) plano de trabalho anual;

c) relatório anual de suas atividades, incluindo sumário dos CEP estabelecidos e dos projetos analisados.

IX — Operacionalização

IX.1— Todo e qualquer projeto de pesquisa envolvendo seres humanos deverá obedecer às recomendações desta Resolução e dos documentos endossados em seu preâmbulo. A responsabilidade do pesquisador é indelegável, indeclinável e compreende os aspectos éticos e legais.

IX.2 — Ao pesquisador cabe:

a) apresentar o protocolo, devidamente instruído ao CEP, aguardando o pronunciamento deste, antes de iniciar a pesquisa;

b) desenvolver o projeto conforme delineado;

c) elaborar e apresentar os relatórios parciais e final;

d) apresentar dados solicitados pelo CEP, a qualquer momento;

e) manter em arquivo, sob sua guarda, por 5 (cinco) anos, os dados da pesquisa, contendo fichas individuais e todos os demais documentos recomendados pelo CEP;

f) encaminhar os resultados para publicação, com os devidos créditos aos pesquisadores associados e ao pessoal técnico participante do projeto; e

g) justificar, perante o CEP, interrupção do projeto ou a não publicação dos resultados.

IX.3 — O Comitê de Ética em Pesquisa institucional deverá estar registrado junto à CONEP/ MS.

IX.4 — Uma vez aprovado o projeto, o CEP passa a ser co-responsável no que se refere aos aspectos éticos da pesquisa.

IX.5 — Consideram-se autorizados para execução, os projetos aprovados pelo CEP, exceto os que se enquadrarem nas áreas temáticas especiais, os quais, após aprovação pelo CEP institucional, deverão ser enviados à CONEP/MS, que dará o devido encaminhamento.

IX.6 — Pesquisas com novos medicamentos, vacinas, testes diagnósticos, equipamentos e dispositivos para a saúde deverão ser encaminhados do CEP à CONEP/MS e desta, após parecer, à Secretaria de Vigilância Sanitária.

IX.7 — As agências de fomento à pesquisa e o corpo editorial das revistas científicas deverão exigir documentação comprobatória de aprovação do projeto pelo CEP e/ou CONEP/MS, quando for o caso.

IX.8 — Os CEP's institucionais deverão encaminhar trimestralmente à CONEP/MS a relação dos projetos de pesquisa analisados, aprovados e concluídos, bem como dos projetos em andamento e, imediatamente, daqueles suspensos.

X — Disposições Transitórias

X.1 — O Grupo Executivo de Trabalho — GET, constituído através da Resolução CNS 170/95, assumirá as atribuições da CONEP/MS até a sua constituição, responsabilizando-se por:

a) tomar as medidas necessárias ao processo de criação da CONEP/MS;

b) estabelecer normas para registro dos CEP institucionais.

X.2 — O GET terá 180 dias para finalizar as suas tarefas.

X.3 — Os CEP's das instituições devem proceder, no prazo de 90 (noventa) dias, ao levantamento e análise, se for o caso, dos projetos de pesquisa em seres humanos já em andamento, devendo encaminhar à CONEP/MS a relação dos mesmos.

X.4 — Fica revogada a Resolução 01/88.

ANEXO VII — DECLARAÇÃO UNIVERSAL DO GENOMA HUMANO E DOS DIREITOS HUMANOS

A. Dignidade Humana e Genoma Humano

Artigo 1 — O genoma humano subjaz à unidade fundamental de todos os membros da família humana e também ao reconhecimento de sua dignidade e diversidade inerentes. Num sentido simbólico, é a herança da humanidade.

Artigo 2 — a) Todos têm o direito ao respeito por sua dignidade e seus direitos humanos, independentemente de suas características genéticas.

b) Essa dignidade faz com que seja imperativo não reduzir os indivíduos a suas características genéticas e respeitar sua singularidade e diversidade.

Artigo 3 — O genoma humano, que evolui por sua própria natureza, é sujeito a mutações. Ele contém potencialidades que são expressas de maneira diferente segundo o ambiente natural e social de cada indivíduo, incluindo o estado de saúde do indivíduo, suas condições de vida, nutrição e educação.

Artigo 4 — O genoma humano em seu estado natural não deve dar lugar a ganhos financeiros.

B. Direitos das Pessoas Envolvidas

Artigo 5 — a) Pesquisas, tratamento ou diagnóstico

que afetem o genoma de um indivíduo devem ser empreendidos somente após a rigorosa avaliação prévia dos potenciais riscos e benefícios a serem incorridos, e em conformidade com quaisquer outras exigências da legislação nacional.

b) Em todos os casos é obrigatório o consentimento prévio, livre e informado da pessoa envolvida. Se esta não se encontrar em condições de consentir, o consentimento ou autorização deve ser obtido na maneira prevista pela lei, orientada pelo melhor interesse da pessoa.

c) Será respeitado o direito de cada indivíduo de decidir se será ou não informado dos resultados dos seus exames genéticos e das conseqüências resultantes.

d) No caso de pesquisas, os protocolos serão, além disso, submetidos a uma revisão prévia em conformidade com padrões ou diretrizes nacionais e internacionais relevantes relativos a pesquisas.

e) Se, de acordo com a lei, uma pessoa não tiver a capacidade de consentir, as pesquisas relativas a seu genoma só poderão ser empreendidas com vistas a beneficiar diretamente sua própria saúde, sujeitas à autorização e às condições protetoras descritas pela lei. As pesquisas que não previrem um benefício direto à saúde somente poderão ser empreendidas a título de exceção, com restrições máximas, expondo a pessoa apenas a riscos e ônus mínimos e se as pesquisas visarem contribuir para o benefício da saúde de outras pessoas que se enquadram na mesma categoria de idade ou que tenham as mesmas condições previstas em lei, e desde que tais pesquisas sejam compatíveis com a proteção dos direitos humanos do indivíduo.

Artigo 6 — Ninguém será sujeito à discriminação baseada em características genéticas que vise infringir os direitos humanos, as liberdades fundamentais ou a dignidade humana.

Artigo 7 — Quaisquer dados genéticos associados a uma pessoa identificável e armazenados ou processados para fins de pesquisa ou para qualquer outra finalidade devem ser mantidos em sigilo, nas condições previstas em lei.

Artigo 8 — Todo indivíduo terá o direito, segundo a lei internacional e nacional, à justa reparação por danos sofridos em conseqüência direta e determinante de uma intervenção que tenha afetado seu genoma.

Artigo 9 — Com o objetivo de proteger os direitos humanos e as liberdades fundamentais, as limitações aos princípios do consentimento e do sigilo só poderão ser prescritas por lei, por razões de força maior, dentro dos limites da legislação pública internacional e da lei internacional dos direitos humanos.

C. Pesquisas com o Genoma Humano

Artigo 10 — Nenhuma pesquisa ou aplicação de pesquisa relativa ao genoma humano, em especial nos campos da biologia, genética e medicina, deve prevalecer sobre o respeito aos direitos humanos, às liberdades fundamentais e à dignidade humana dos indivíduos ou, quando for o caso, de grupos de pessoas.

Artigo 11 — Não serão permitidas práticas contrárias à dignidade humana, tais como a clonagem reprodutiva de seres humanos. Os Estados e as organizações internacionais competentes são convidados a cooperar na identificação de tais práticas e a determinar, nos níveis nacional e internacional, as medidas apropriadas a serem tomadas para assegurar o respeito pelos princípios expostos nesta Declaração.

Artigo 12 — a) Os benefícios decorrentes dos avanços em biologia, genética e medicina, relativos ao genoma humano, deverão ser colocados à disposição de todos, com a devida atenção para a dignidade e os direitos humanos de cada indivíduo.

b) A liberdade de pesquisa, que é necessária para o progresso do conhecimento, faz parte da liberdade de pensamento. As aplicações das pesquisas com o genoma humano, incluindo aquelas em biologia, genética e medicina, buscarão aliviar o sofrimento e melhorar a saúde dos indivíduos.

D. Condições para o Exercício da Atividade Científica

Artigo 13 — As responsabilidades inerentes às atividades dos pesquisadores, incluindo o cuidado, a cautela, a honestidade intelectual e a integridade na realização de suas pesquisas e também na apresentação e na utilização de suas descobertas, devem ser objeto de atenção especial no quadro das pesquisas com o genoma humano, devido a suas implicações éticas e sociais. Os responsáveis pelas políticas científicas, em âmbito público e privado, também incorrem em responsabilidades especiais a esse respeito.

Artigo 14 — Os Estados devem tomar medidas apropriadas para fomentar as condições intelectuais e materiais favoráveis à liberdade na realização de pesquisas sobre o genoma humano e para levar em conta as implicações éticas, legais, sociais e econômicas de tais pesquisas, com base nos princípios expostos nesta Declaração.

Artigo 15 — Os Estados devem tomar as medidas necessárias para prover estruturas para o livre exercício das pesquisas com o genoma humano, levando devidamente em conta os princípios expostos nesta Declaração, para salvaguardar o respeito aos direitos humanos, às liberdades fundamentais e à dignidade humana e para proteger a saúde pública. Eles devem buscar assegurar que os resultados das pesquisas não sejam utilizados para fins não pacíficos.

Artigo 16 — Os Estados devem reconhecer a importância de promover, nos diversos níveis apropriados, a criação de comitês de ética independentes, multidisciplinares e pluralistas, para avaliar as questões éticas, legais e sociais levantadas pelas pesquisas com o genoma humano e as aplicações das mesmas.

E. Solidariedade e Cooperação Internacional

Artigo 17 — Os Estados devem respeitar e promover a prática da solidariedade com os indivíduos, as famílias e os grupos populacionais que são particularmente vulneráveis a ou afetados por doenças ou deficiências de caráter genético. Eles devem fomentar pesquisas *inter alia* sobre a identificação, prevenção e tratamento de doenças de fundo genético e de influência genética, em particular as doenças raras e as endêmicas, que afetam grande parte da população mundial.

Artigo 18 — Os Estados devem envidar todos os esforços, levando devidamente em conta os princípios expostos nesta Declaração, para continuar fomentando a disseminação internacional do conhecimento científico relativo ao genoma humano, a diversidade humana e as pesquisas genéticas e, a esse respeito, para fomentar a cooperação científica e cultural, especialmente entre os países industrializados e os países em desenvolvimento.

Artigo 19 — a) No quadro da cooperação internacional com os países em desenvolvimento, os Estados devem procurar encorajar:

1 — que seja garantida a avaliação dos riscos e benefícios das pesquisas com o genoma humano, e sejam impedidos os abusos;

2 — que seja desenvolvida e fortalecida a capacidade dos países em desenvolvimento de promover pesquisas sobre biologia e genética humana, levando em consideração os problemas específicos desses países;

3 — que os países em desenvolvimento possam se beneficiar das conquistas da pesquisa científica e tecnológica, para que sua utilização em favor do progresso econômico e social possa ser feita de modo a beneficiar todos;

4 — que seja promovido o livre intercâmbio de conhecimentos e informações científicas nas áreas de biologia, genética e medicina.

b) As organizações internacionais relevantes devem apoiar e promover as medidas tomadas pelos Estados para as finalidades acima mencionadas.

F. Promoção dos Princípios Expostos na Declaração

Artigo 20 — Os Estados devem tomar medidas apropriadas para promover princípios expostos nesta Declaração, por meios educativos e relevantes, inclusive, *inter alia*, por meio da realização de pesquisas e treinamento em campos interdisciplinares e da promoção da educação da bioética, em todos os níveis, dirigida em especial aos responsáveis pelas políticas científicas.

Artigo 21 — Os Estados devem tomar medidas apropriadas para encorajar outras formas de pesquisa, treinamento e disseminação de informações, meios estes que conduzam à conscientização da sociedade e de todos os seus membros quanto às suas responsabilidades com relação às questões fundamentais relacionadas à defesa da dignidade humana que possam ser levantadas pelas pesquisas em biologia, genética e medicina e às aplicações dessas pesquisas. Também devem se propor a facilitar a discussão internacional aberta desse tema, assegurando a livre expressão das diversas opiniões socioculturais, religiosas e filosóficas.

G. Implementação da Declaração

Artigo 22 — Os Estados devem envidar todos os esforços para promover os princípios expostos nesta Declaração e devem promover sua implementação por meio de todas as medidas apropriadas.

Artigo 23 — Os Estados devem tomar medidas apropriadas para promover, por meio da educação, da formação e da disseminação da informação, o respeito pelos princípios acima mencionados e para fomentar seu reconhecimento e sua aplicação efetiva. Os Estados também devem incentivar os intercâmbios e as redes entre comitês éticos independentes, à medida que forem criados, com vistas a fomentar uma cooperação integral entre eles.

Artigo 24 — O Comitê Internacional de Bioética da Unesco deve contribuir para a disseminação dos princípios expostos nesta Declaração e para fomentar o estudo detalhado das questões levantadas por suas aplicações e pela evolução das tecnologias em questão. Deve organizar consultas apropriadas com as partes envolvidas, tais como os grupos vulneráveis. Deve fazer recomendações, de acordo com os procedimentos estatutários da Unesco, dirigidas à Conferência Geral, e emitir Conselhos relativos à implementação desta Declaração, relativos especialmente à identificação de práticas que possam ser contrárias à dignidade humana, tais como intervenções nas células germinativas.

Artigo 25 — Nada do que está contido nesta Declaração pode ser interpretado como uma possível justificativa para que qualquer Estado, grupo ou pessoa se engaje em qualquer atividade ou realize qualquer ato contrário aos direitos humanos e às liberdades fundamentais, incluindo, *inter alia*, os princípios expostos nesta Declaração.

ANEXO VIII — RESOLUÇÃO CFM Nº 1.358/92, DO CONSELHO FEDERAL DE MEDICINA

O Conselho Federal de Medicina, no uso das atribuições que lhe confere a Lei nº 3.268, de 30 de setembro de 1957, regulada pelo Decreto nº 44.045, de 19 de julho de 1958, e considerando a importância da infertilidade humana como um problema de saúde, com implicações médicas e psicológicas, e a legitimidade do anseio de superá-la; considerando que o avanço do conhecimento científico já permite solucionar vários dos casos de infertilidade humana; considerando que as técnicas de Reprodução Assistida têm possibilitado a procriação em diversas circunstâncias em que isto não era possível pelos procedimentos tradicionais; considerando a necessidade de harmonizar o uso destas técnicas com os princípios da ética médica; considerando, finalmente, o que ficou decidido na Sessão Plenária do Conselho Federal de Medicina realizada em 11 de novembro de 1992;

Resolve:

Art. 1º — Adotar as *Normas Éticas para a Utilização das Técnicas de Reprodução Assistida,* anexas à presente Resolução, como dispositivo deontológico a ser seguido pelos médicos.

Art. 2º — Esta Resolução entra em vigor na data de sua publicação.

São Paulo — SP, 11 de novembro de 1992. IVAN DE ARAÚJO FÉ, Presidente. HÉRCULES SIDNEI PIRES LIBERAL, Secretário-geral.

I — Princípios gerais

1 — As técnicas de Reprodução Assistida (RA) têm o papel de auxiliar na resolução dos problemas de infertilidade humana, facilitando o processo de procriação quando outras terapêuticas tenham sido ineficazes ou ineficientes para a solução da situação atual de infertilidade.

2 — As técnicas de RA podem ser utilizadas desde que exista probabilidade efetiva de sucesso e não se incorra em risco grave de saúde para a paciente ou o possível descendente.

3 — O consentimento informado será obrigatório e extensivo aos pacientes inférteis e doadores. Os aspectos médicos envolvendo todas as circunstâncias da aplicação de uma técnica de RA serão detalhadamente expostos, assim como os resultados já obtidos naquela unidade de tratamento com a técnica proposta. As informações devem também atingir dados de caráter biológico, jurídico, ético e econômico. O documento de consentimento informado será em formulário especial, e estará completo com a concordância, por escrito, da paciente ou do casal infértil.

4 — As técnicas de RA não devem ser aplicadas com a intenção de selecionar sexo ou qualquer outra característica biológica do futuro filho, exceto quando se trate de evitar doenças ligadas ao sexo do filho que venha a nascer.

5 — É proibida a fecundação de oócitos humanos, com qualquer outra finalidade que não seja a procriação humana.

6 — O número ideal de oócitos e pré-embriões a serem transferidos para a receptora não deve ser superior a qua-

tro, com o intuito de não aumentar os riscos já existentes de multiparidade.

7 — Em caso de gravidez múltipla, decorrente do uso de técnicas de RA, é proibida a utilização de procedimentos que visem a redução embrionária.

II — Usuários das técnicas de RA

1 — Toda mulher, capaz nos termos da lei, que tenha solicitado e cuja indicação não se afaste dos limites desta Resolução, pode ser receptora das técnicas de RA, desde que tenha concordado de maneira livre e consciente em documento de consentimento informado.

2 — Estando casada ou em união estável, será necessária a aprovação do cônjuge ou do companheiro, através de um processo semelhante de consentimento informado.

III — Referente às clínicas, centros ou serviços que aplicam técnicas de RA

As clínicas, centros ou serviços que aplicam técnicas de RA são responsáveis pelo controle de doenças infecto-contagiosas, coleta, manuseio, conservação, distribuição e transferência de material biológico humano para a usuária de técnicas de RA, devendo apresentar como requisitos mínimos:

1 — um responsável por todos os procedimentos médicos e laboratoriais executados, que será, obrigatoriamente, um médico.

2 — um registro permanente (obtido através de informações observadas ou relatadas por fonte competente) das gestações, nascimentos e malformações de fetos ou

recém-nascidos, provenientes das diferentes técnicas de RA aplicadas na unidade em apreço, bem como dos procedimentos laboratoriais na manipulação de gametas e pré-embriões.

3 — um registro permanente das provas diagnósticas a que é submetido o material biológico humano que será transferido aos usuários das técnicas de RA, com a finalidade precípua de evitar a transmissão de doenças.

IV — Doação de gametas ou pré-embriões

1 — A doação nunca terá caráter lucrativo ou comercial.

2 — Os doadores não devem conhecer a identidade dos receptores.

3 — Obrigatoriamente será mantido o sigilo sobre a identidade dos doadores de gametas e pré-embriões, assim como dos receptores. Em situações especiais, as informações sobre doadores, por motivação médica, podem ser fornecidas exclusivamente para médicos, resguardando-se a identidade civil do doador.

4 — As clínicas, centros ou serviços que empregam a doação devem manter, de forma permanente, um registro de dados clínicos de caráter geral, características fenotípicas e uma amostra de material celular dos doadores.

5 — Na região de localização da unidade, o registro das gestações evitará que um doador tenha produzido mais que 2 (duas) gestações, de sexos diferentes, numa área de um milhão de habitantes.

6 — A escolha dos doadores é de responsabilidade da unidade. Dentro do possível deverá garantir que o doador tenha a maior semelhança fenotípica e imunológica e a máxima possibilidade de compatibilidade com a receptora.

7 — Não será permitido ao médico responsável pelas clínicas, unidades ou serviços, nem aos integrantes da equipe multidisciplinar que nelas prestam serviços, participarem como doadores nos programas de RA.

V — Criopreservação de gametas e pré-embriões

1 — As clínicas, centros ou serviços podem criopreservar espermatozóides, óvulos e pré-embriões.

2 — O número total de pré-embriões produzidos em laboratório será comunicado aos pacientes, para que se decida quantos pré-embriões serão transferidos a fresco, devendo o excedente ser criopreservado, não podendo ser descartado ou destruído.

3 — No momento da criopreservação, os cônjuges ou companheiros devem expressar sua vontade, por escrito, quanto ao destino que será dado aos pré-embriões criopreservados, em caso de divórcio, doenças graves ou de falecimento de um deles ou de ambos, e quando desejam doá-los.

VI — Diagnóstico e tratamento de pré-embriões

As técnicas de RA também podem ser utilizadas na prevenção e tratamento de doenças genéticas ou hereditárias, quando perfeitamente indicadas e com suficientes garantias de diagnóstico e terapêutica.

1 — Toda intervenção sobre pré-embriões *in vitro*, com fins diagnósticos, não poderá ter outra finalidade que a avaliação de sua viabilidade ou detecção de doenças hereditárias, sendo obrigatório o consentimento informado do casal.

2 — Toda intervenção com fins terapêuticos, sobre pré-embriões *in vitro*, não terá outra finalidade que tratar uma doença ou impedir sua transmissão, com garantias reais de sucesso, sendo obrigatório o consentimento informado do casal.

3 — O tempo máximo de desenvolvimento de pré-embriões *in vitro* será de 14 dias.

VII — Sobre a gestação de substituição (doação temporária do útero)

As clínicas, centros ou serviços de reprodução humana podem usar técnicas de RA para criarem a situação identificada como gestação de substituição, desde que exista um problema médico que impeça ou contra-indique a gestação na doadora genética.

1 — As doadoras temporárias do útero devem pertencer à família da doadora genética, num parentesco até o segundo grau, sendo os demais casos sujeitos à autorização do Conselho Regional de Medicina.

2 — A doação temporária do útero não poderá ter caráter lucrativo ou comercial.

ANEXO IX — PROJETO DE LEI Nº 3.638, DE 1993, DEPUTADO LUIZ MOREIRA

Institui normas para a utilização das técnicas de reprodução assistida.

TÍTULO I
DOS PRINCÍPIOS GERAIS

Artigo 1º — As técnicas de Reprodução Assistida (RA) têm o papel de auxiliar na resolução dos problemas de infertilidade humana, facilitando o processo de procriação quando outras terapêuticas tenham sido ineficazes ou ineficientes para a solução da situação atual de infertilidade.

Artigo 2º — As técnicas de RA podem ser utilizadas desde que exista probabilidade efetiva de sucesso e não se incorra em risco grave de saúde para a paciente ou o possível descendente.

Artigo 3º — O consentimento informado será obrigatório e extensivo aos pacientes inférteis e doadores.

§ 1º Os aspectos médicos envolvendo todas as circunstâncias da aplicação de uma técnica de RA serão detalhadamente expostos, assim como os resultados já obtidos naquela unidade de tratamento com a técnica proposta.

§ 2º As informações devem também atingir dados de caráter biológico, jurídico, ético e econômico.

§ 3º O documento de consentimento informado será em formulário especial, e estará completo com a concordância, por escrito, da paciente ou do casal infértil.

Artigo 4º — As técnicas de RA não devem ser aplicadas com a intenção de selecionar sexo ou qualquer outra característica biológica do futuro filho, exceto quando se trate de evitar doenças ligadas ao sexo do filho que venha a nascer.

Artigo 5º — É proibida a fecundação de oócitos humanos, com qualquer outra finalidade que não seja a procriação humana.

Artigo 6º — O número ideal de oócitos e pré-embriões a serem transferidos para a receptora não deve ser superior a quatro, com o intuito de não aumentar os riscos já existentes de multiparidade.

Artigo 7º — Em caso de gravidez múltipla, decorrente do uso de técnicas de RA, é proibida a utilização de procedimentos que visem a redução embrionária.

TÍTULO II
DOS USUÁRIOS DA TÉCNICA DE RA

Artigo 8º — Toda mulher, capaz nos termos da lei, que tenha solicitado e cuja indicação não se afaste dos limites desta Resolução, pode ser receptora das técnicas de RA, desde que tenha concordado de maneira livre e consciente em documento de consentimento informado.

Parágrafo Único. Estando casada ou em união estável, será necessária a aprovação do cônjuge ou do companheiro, através de um processo semelhante de consentimento informado.

TÍTULO III
DOS SERVIÇOS QUE APLICAM TÉCNICAS DE RA

Artigo 9º — As clínicas, centros ou serviços que aplicam técnicas de RA são responsáveis pelo controle de doenças infecto-contagiosas, coleta, manuseio, conservação, distribuição e transferência de material biológico humano para a usuária de técnicas de RA, devendo apresentar como requisitos mínimos:

I — um responsável por todos os procedimentos médicos e laboratoriais executados, que será, obrigatoriamente, um médico.

II — um registro permanente (obtido através de informações observadas ou relatadas por fonte competente) das gestações, nascimentos e malformações de fetos ou recém-nascidos, provenientes das diferentes técnicas de RA aplicadas na unidade em apreço, bem como dos procedimentos laboratoriais na manipulação de gametas e pré-embriões.

III — um registro permanente das provas diagnósticas a que é submetido o material biológico humano que será transferido aos usuários das técnicas de RA, com a finalidade precípua de evitar a transmissão de doenças.

TÍTULO IV
DAS DOAÇÕES DE GAMETAS OU PRÉ-EMBRIÕES

Artigo 10 — A doação de gametas ou pré-embriões obedecerá às seguintes condições:

I — a doação nunca terá caráter lucrativo ou comercial;

II — os doadores não devem conhecer a identidade dos receptores e vice-versa;

III — obrigatoriamente será mantido o sigilo sobre a

identidade dos doadores de gametas e pré-embriões, assim como dos receptores; em situações especiais, as informações sobre doadores, por motivação médica, podem ser fornecidas exclusivamente para médicos, resguardando-se a identidade civil do doador;

IV — as clínicas, centros ou serviços que empregam a doação devem manter, de forma permanente, um registro de dados clínicos de caráter geral, características fenotípicas e uma amostra de material celular dos doadores;

V — na região de localização da unidade, o registro das gestações evitará que um doador tenha produzido mais que 2 (duas) gestações, de sexos diferentes, numa área de um milhão de habitantes;

VI — a escolha dos doadores é de responsabilidade da unidade que, dentro do possível deverá garantir que o doador tenha a maior semelhança fenotípica e imunológica e a máxima possibilidade de compatibilidade com a receptora;

VII — Não será permitido ao médico responsável pelas clínicas, unidades ou serviços, nem aos integrantes da equipe multidisciplinar que nelas prestam serviços, participarem como doadores nos programas de RA.

TÍTULO V
DA CRIOPRESERVAÇÃO DE GAMETAS OU PRÉ-EMBRIÕES

Artigo 11 — As clínicas, centros ou serviços podem criopreservar espermatozóides, óvulos e pré-embriões.

§ 1º O número total de pré-embriões produzidos em laboratório será comunicado aos pacientes, para que se decida quantos pré-embriões serão transferidos a fresco, devendo o excedente ser criopreservado, não podendo ser descartado ou destruído.

§ 2º No momento da criopreservação, os cônjuges ou companheiros devem expressar sua vontade, por escrito, quanto ao destino que será dado aos pré-embriões criopreservados, em caso de divórcio, doenças graves ou de falecimento de um deles ou de ambos, e quando desejam doá-los.

TÍTULO VI
DO DIAGNÓSTICO E TRATAMENTO DE PRÉ-EMBRIÕES

Artigo 12 — As técnicas de RA também podem ser utilizadas na prevenção e tratamento de doenças genéticas ou hereditárias, quando perfeitamente indicadas e com suficientes garantias de diagnóstico e terapêutica.

§ 1º Toda intervenção sobre pré-embriões *in vitro*, com fins diagnósticos, não poderá ter outra finalidade que a avaliação de sua viabilidade ou detecção de doenças hereditárias, sendo obrigatório o consentimento informado do casal.

§ 2º Toda intervenção com fins terapêuticos, sobre pré-embriões *in vitro*, não terá outra finalidade que tratar uma doença ou impedir sua transmissão, com garantias reais de sucesso, sendo obrigatório o consentimento informado do casal.

§ 3º O tempo máximo de desenvolvimento de pré-embriões *in vitro* será de 14 dias.

TÍTULO VII
SOBRE A GESTAÇÃO DE SUBSTITUIÇÃO (DOAÇÃO TEMPORÁRIA DE ÚTERO)

Artigo 13 — As clínicas, centros ou serviços de reprodução humana podem usar técnicas de RA para criarem a situação identificada como gestação de substituição, desde que exista um problema médico que impeça ou contra-indique a gestação na doadora genética.

§ 1º As doadoras temporárias do útero devem pertencer à família da doadora genética, num parentesco até o segundo grau, sendo os demais casos sujeitos à autorização do Conselho Regional de Medicina.

§ 2º A doação temporária do útero não poderá ter caráter lucrativo ou comercial.

TÍTULO VIII
DAS DISPOSIÇÕES FINAIS

Artigo 14 — Essa Lei entra em vigor na data de sua publicação.

Artigo 15 — Revogam-se as disposições em contrário.

ANEXO X — PROJETO DE LEI Nº 2.855, DE 1997, DEPUTADO CONFÚCIO MOURA

Dispõe sobre a utilização de técnicas de reprodução humana assistida e dá outras providências
(ÀS COMISSÕES DE SEGURIDADE SOCIAL E FAMÍLIA; E DE CONSTITUIÇÃO E JUSTIÇA E DE REDAÇÃO — ART. 54 / ART. 24, 11)

O Congresso Nacional decreta:

TÍTULO I
DOS PRINCÍPIOS GERAIS

Art. 1º — Esta Lei regulamenta as técnicas e as condutas éticas sobre a Reprodução Humana Assistida (RHA); Inseminação artificial (IA); Fecundação *in vitro* (FIV); Transferência de pré-embriões (TE); Transferência Intratubária de Gametas (TIG) e outros métodos observados os princípios da eficiência e da beneficência.

Art. 2º — As técnicas de RHA têm por finalidade a participação médica no processo de procriação, notadamente ante a esterilidade ou infertilidade humana, quando outras terapêuticas tenham sido consideradas ineficazes.

Art. 3º — A utilização das técnicas de RHA é permitida nos casos em que haja possibilidade de êxito e não incorra em risco grave para a saúde da mulher ou para a possível descendência.

Art. 4º — Toda mulher capaz, independentemente de seu estado civil, poderá ser usuária das técnicas de RHA, desde que tenha solicitado e concordado livre e conscientemente em documento de consentimento informado.

Art. 5º — É obrigatória a informação completa à paciente ou casal sobre a técnica de RHA proposta, especialmente sobre dados jurídicos, éticos, econômicos, biológicos, detalhamento médico do procedimento, os riscos e os resultados estatísticos obtidos no próprio serviço e em serviço de referência.

Parágrafo 1º A informação prevista no *caput* é condição prévia para a assinatura do paciente ou do casal de documento formal de consentimento informado escrito em formulário especial.

Parágrafo 2º A revogação do consentimento informado poderá ocorrer até o momento anterior à realização da técnica de RHA.

Art. 6º — É vedada a utilização de técnica de RHA com finalidade:

I) de clonagem, entendida como a reprodução idêntica do código genético de um ser humano;

II) de seleção de sexo ou de qualquer outra característica biológica;

III) eugênica.

Parágrafo Único A vedação prevista no inciso II deste artigo não se aplica nas situações em que se objetive prevenir doenças.

Art. 7º — É proibida a fecundação de oócitos com qualquer outra finalidade que não seja a procriação humana.

Art. 8º — A transferência de oócitos ou pré-embriões para a receptora obedecerá aos métodos considerados mais adequados para assegurar a gravidez.

Art. 9º — Em caso de gravidez múltipla, não será permitida a redução embrionária, exceto se houver risco à vida da gestante.

TÍTULO II
DA DOAÇÃO E DOS DOADORES

Art. 10 — A doação de gametas ou pré-embriões será realizada mediante um contrato gratuito, escrito, formal e de caráter sigiloso entre os serviços que empregam técnicas de RHA e os doadores, vedada qualquer forma de comercialização ou estímulo financeiro.

Parágrafo Único A quebra de sigilo sobre as condições dos doadores só será permitida em decorrência de motivação médica, podendo ser fornecidas informações exclusivamente para equipe responsável pelo caso, preservada a identidade civil do doador.

Art. 11 — A doação de gametas só poderá ser revogada por infertilidade sobrevinda e se o doador necessitar deles para procriação, desde que ainda disponível no serviço médico.

Art. 12 — Cabe ao serviço médico que emprega a técnica de RHA a custódia dos dados de identidade do doador, que deverão ser repassados para os serviços de controle regional e nacional.

Parágrafo Único Os serviços médicos de RHA ficam obrigados a colher amostra de material celular dos doadores, assim como manter registro de seus dados clínicos e de suas características fenotípicas, que serão permanentemente arquivados.

Art. 13 — O doador deve ser civilmente capaz, e ter comprovadamente descartada qualquer possibilidade de transmissão de doenças, especialmente as hereditárias.

Art. 14 — O serviço médico que emprega técnica de RHA fica responsável por impedir que de um mesmo doador nasçam mais de 2 filhos, num mesmo Estado, devendo, para tanto, manter registro das gestações.

Art. 15 — A escolha do doador, para efeito de reprodução assistida, é de responsabilidade do serviço médico, que deverá zelar para que as características fenotípicas e imunológicas se aproximem ao máximo da receptora.

TÍTULO III
DA GESTAÇÃO DE SUBSTITUIÇÃO

Art. 16 — A gestação de substituição é permitida nos casos em que a futura mãe legal, por defeito congênito ou adquirido, não possa desenvolvê-la.

Art. 17 — A doação temporária do útero não poderá ter objetivo comercial ou lucrativo.

Art. 18 — É indispensável a autorização do Conselho Nacional de RHA para doação temporária de útero, salvo nos casos em que a doadora seja parente até 4º grau, consangüíneo ou afim, da futura mãe legal.

TÍTULO IV
DOS PAIS E DOS FILHOS

Art. 19 — A filiação dos nascidos por RHA rege-se pelo disposto nesta Lei e pela legislação que disciplina a filiação em geral.

Art. 20 — Fica vedada a inscrição na certidão de nascimento de qualquer observação sobre a condição genética do filho nascido por técnica de RHA.

Art. 21 — O registro civil não poderá ser questionado sob a alegação de o filho ter nascido em decorrência da utilização de técnica de RHA.

Art. 22 — A revelação da identidade do doador, no caso previsto no parágrafo único do artigo 9º desta Lei, não será motivo para determinação de nova filiação.

Art. 23 — É vedado o reconhecimento da paternidade, ou qualquer relação jurídica, no caso de morte de esposo ou companheiro anterior à utilização médica de alguma técnica de RHA, ressalvados os casos de manifestação prévia e expressa do casal.

TÍTULO V
DA CRIOCONSERVAÇÃO

Art. 24 — Os serviços médicos especializados em RHA poderão crioconservar gametas e pré-embriões.

Art. 25 — Os pré-embriões não utilizados a fresco serão crioconservados nos bancos autorizados, por até cinco anos, salvo manifestação em contrário do casal responsável.

Art. 26 — Após cinco anos, os gametas ou pré-embriões ficarão à disposição dos bancos correspondentes, que deverão descartá-los, salvo para ser utilizado em experimentação, observado o disposto no *Título VII* desta Lei.

Art. 27 — Os pré-embriões em que sejam detectadas alterações genéticas que comprovadamente venham comprometer a vida saudável da descendência serão descartados, após consentimento do casal.

TÍTULO VI
DO DIAGNÓSTICO E DO TRATAMENTO

Art. 28 — Toda intervenção sobre pré-embrião *in vitro* deve ter exclusiva finalidade de fazer uma avaliação de sua viabilidade, detecção de doenças hereditárias, com o fim de tratá-las ou impedir sua transmissão, condicionada ao prévio consentimento informado do casal.

Art. 29 — O diagnóstico e o tratamento de pré-embriões não poderão ter objetivos de seleção eugênica.

Art. 30 — O tempo máximo de desenvolvimento de pré-embriões *in vitro* será de 14 dias.
Parágrafo Único O Conselho Nacional de RHA adotará as atualizações que se fizerem necessárias, caso surjam modificações cientificamente comprovadas.

TÍTULO VII
DA INVESTIGAÇÃO E EXPERIMENTAÇÃO

Art. 31 — Os gametas humanos poderão ser objeto de investigação básica ou experimental, exclusivamente para fins de aperfeiçoamento das técnicas de obtenção, amadurecimento de oócitos e crioconservação de óvulos.
Parágrafo 1º Os gametas usados na investigação ou experimentação não poderão ter por finalidade a procriação.
Parágrafo 2º Nas investigações previstas no *caput* deste artigo, permite-se, no máximo, até duas divisões celulares.
Art. 32 — A investigação ou experimentação em pré-embriões depende de consentimento dos doadores, do deferimento do Conselho Nacional de RHA e de apresentação prévia de projetos ou protocolos que comprovem seu caráter exclusivamente diagnóstico, terapêutico ou preventivo.
Parágrafo Único Não será permitida alteração do patrimônio genético não patológico.
Art. 33 — A investigação ou experimentação em gametas humanos ou pré-embriões deve se enquadrar nas seguintes finalidades:
I — aperfeiçoar as técnicas de RHA, as manipulações complementares, a crioconservação, o descongelamento, o transporte, os critérios de viabilidade de pré-embriões obtidos *in vitro* e a cronologia ótima para transferência ao útero;

II — desenvolver estudos básicos sobre a origem da vida humana, suas fases iniciais, envelhecimento celular, divisão celular, diferenciação, organização celular, desenvolvimento orgânico;

III — estudar a fertilidade e infertilidade masculina ou feminina, ovulação, fracasso no desenvolvimento dos oócitos, as anomalias dos gametas ou dos óvulos fecundados;

IV — conhecer a estrutura dos genes, cromossomos dos processos de diferenciação celular, a contraconcepção ou anticoncepção conhecidas e a infertilidade de causa imunológica e hormonal;

V — conhecer a origem do câncer e das enfermidade genéticas hereditárias.

Art. 34 — Os pré-embriões ou embriões abortados serão considerados mortos ou não-viáveis, sendo vedada sua transferência novamente ao útero, permitida sua utilização como objeto de investigação ou experimentação, atendido o disposto no artigo anterior.

Parágrafo 1º É permitida a utilização de pré-embriões ou embriões humanos não viáveis para fins farmacêuticos, de diagnóstico terapêutico ou científico, desde que previamente deferida pela Comissão Nacional de RHA.

Parágrafo 2º Os protocolos ou projetos de experimentação em que sejam utilizados pré-embriões humanos não viáveis *in vitro* deverão ser devidamente documentados sobre o material embriológico a ser utilizado, procedência, prazos e objetivos que desejam observar. Concluído o experimento, deverá ser encaminhada cópia do trabalho à Comissão Nacional de RHA para fins de comprovação e arquivo.

TÍTULO VIII
DOS SERVIÇOS MÉDICOS EM RHA E DAS EQUIPES BIOMÉDICAS

Art. 35 — Os profissionais e serviços que realizam técnicas de RHA, assim como bancos de recepção, conservação, distribuição de material biológico humano, além de se submeterem às normas éticas dos respectivos Conselhos, sujeitam-se ao disposto nesta Lei e demais dispositivos legais vigentes.
Art. 36 — O nível técnico dos profissionais será avaliado pelos respectivos Conselhos.
Art. 37 — Fica criada a Comissão Nacional de RHA, vinculada ao Conselho Nacional de Saúde, de caráter permanente, destinada à orientação das técnicas, elaboração de critérios de funcionamento dos serviços públicos e privados de reprodução humana assistida e sua competência.
Parágrafo 1º A Comissão terá funções delegadas para autorizar projetos com propósitos de investigação e pesquisa, de diagnóstico e terapêuticos.
Parágrafo 2º A composição da Comissão deve atender à representação social paritária.
Parágrafo 3º A Comissão Nacional aprovará seu próprio regulamento interno.
Parágrafo 4º Os demais casos que envolvam técnica de RHA, não previstas nesta Lei, serão submetidas ao Conselho Nacional de RHA.

TÍTULO IX
DAS INFRAÇÕES E DAS SANÇÕES

Art. 38 — Fecundar óvulos com finalidade distinta da procriação humana.
Pena — Reclusão de 1 (um) a 3 (três) anos e multa.

Art. 39 — Obter pré-embriões humanos por lavado uterino para qualquer fim.
Pena — Reclusão de 1 (um) a 3 (três) anos e multa.
Art. 40 — Manter *in vitro* óvulos fecundados além do prazo cientificamente recomendado.
Pena — Reclusão de 1 (um) a 3 (três) anos e multa.
Art. 41 — Comercializar ou industrializar pré-embriões ou células germinativas.
Pena — Reclusão de 1 (um) a 3 (três) anos e multa.
Art. 42 — Utilizar pré-embriões com fins cosméticos.
Pena — Reclusão de 1 (um) a 3 (três) anos e multa.
Art. 43 — Misturar sêmen de vários doadores ou óvulos de distintas mulheres para fertilização *in vitro* ou transferência intratubária.
Pena — Reclusão de 1 (um) a 3 (três) anos e multa.
Art. 44 — Transferir gametas ou pré-embriões para útero sem a devida garantia biológica ou de vitalidade.
Pena — Reclusão de 1 (um) a 3 (três) anos e multa.
Art. 45 — Revelar a identidade dos doadores.
Pena — Reclusão de 1 (um) a 3 (três) anos e multa.
Art. 46 — Utilizar técnicas de reprodução humana assistida com fins eugênicos, seleção racial ou seleção de sexo.
Pena — Reclusão de 1 (um) a 3 (três) anos e multa.
Art. 47 — Transferir ao útero pré-embriões originários de óvulos de várias mulheres.
Pena — Reclusão de 1 (um) a 3 (três) anos e multa.
Art. 48 — Intercambiar material genético com objetivo de produção de híbridos.
Pena — Reclusão de 4 (quatro) a 12 (doze) anos e multa.
Art. 49 — Transferir gametas ou pré-embriões humanos para útero de outra espécie ou operação inversa.
Pena — Reclusão de 4 (quatro) a 12 (doze) anos e multa.

Art. 50 — Utilizar da engenharia genética e de outros procedimentos de RHA, com fins militares ou para produzir armas biológicas ou exterminadoras da espécie humana.
Pena — Reclusão de 4 (quatro) a 12 (doze) anos e multa.
Art. 51 — Clonar ser humano por qualquer método.
Pena — Reclusão de 4 (quatro) a 12 (doze) anos e multa.

TÍTULO X
DAS DISPOSIÇÕES FINAIS

Art. 52 — Caberá ao Poder Executivo, no prazo de seis meses da promulgação desta Lei, dispor sobre:
I — normas técnicas e funcionais para autorização e homologação dos serviços públicos e privados de RHA, banco de gametas, pré-embriões, células, tecidos e órgãos de embriões e fetos;
II — protocolos de informações sobre doadores, estudos e listagem de enfermidades genéticas ou hereditárias que podem ser detectadas com o diagnóstico pré-natal;
III — requisitos para autorização em caráter excepcional para experimentação com gametas, pré-embriões, embriões ou aquelas que poderão ser delegadas ao Conselho Nacional;
IV — normas para transporte de gametas, pré-embriões e células germinativas entre serviços.
Art. 53 — No prazo de um ano, a partir da promulgação desta Lei, o Poder Executivo constituirá registro nacional de doadores de gametas e pré-embriões para fins de RHA, bem como cadastro de centros de serviços médicos dedicados a RHA.

ANEXO XI — PROJETO DE LEI Nº 90, DE 1999, SENADOR LÚCIO ALCÂNTARA

RELATOR SENADOR ROBERTO REQUIÃO

Dispõe sobre a Reprodução Assistida.
O Congresso Nacional decreta:

SEÇÃO I
DOS PRINCÍPIOS GERAIS

Artigo 1º Esta Lei disciplina o uso das técnicas de Reprodução Humana Assistida (RA) que importam na implantação artificial de gametas ou embriões humanos, fertilizados *in vitro*, no aparelho reprodutor de mulheres receptoras.

§ 1º Para os efeitos desta Lei, atribui-se a denominação de:

I — beneficiários aos cônjuges ou ao homem e a mulher em união estável, conforme definido na Lei nº 8.971, de 29 de dezembro de 1994, que tenham solicitado o emprego de RA com o objetivo de procriar;

II — gestação de substituição ao caso em que uma mulher, denominada mãe substituta, tenha autorizado sua inseminação artificial ou a introdução, em seu aparelho reprodutor, de embriões fertilizados *in vitro*, com o objetivo de gerar uma criança para os beneficiários, observadas as limitações do artigo 3º desta Lei;

III — consentimento informado ao ato pelo qual os beneficiários são esclarecidos sobre a RA e manifestam consentimento para sua realização.

Artigo 2º A utilização da RA só será permitida, na forma autorizada pelo Poder Público e conforme o disposto nesta Lei, nos casos em que se verifica infertilidade e para a prevenção de doenças genéticas ligadas ao sexo, e desde que:

I — tenha sido devidamente constatada a existência de infertilidade irreversível ou, caso se trate de infertilidade inexplicada, tenha sido obedecido o prazo mínimo de espera, na forma estabelecida em regulamento;

II — os demais tratamentos possíveis tenham sido ineficazes ou ineficientes para solucionar a situação de infertilidade;

III — a infertilidade não decorra da passagem da idade reprodutiva;

IV — a receptora da técnica seja uma mulher capaz, nos termos da lei, que tenha solicitado ou autorizado o tratamento de maneira livre e consciente, em documento a ser elaborado conforme o disposto nos artigos 4º e 5º desta Lei;

V — exista, sob pena de responsabilidade, conforme estabelecido no § 2º do artigo 23, indicação médica para o caso e não se incorra em risco grave de saúde para a mulher receptora ou para a criança.

Parágrafo único Somente os cônjuges ou o homem e a mulher em união estável poderão ser beneficiários das técnicas de RA.

Artigo 3º Fica permitida a gestação de substituição em sua modalidade não remunerada, nos casos em que exista um problema médico que impeça ou contra-indique a gestação na beneficiária e desde que haja parentesco até o segundo grau entre ela e a mãe substituta.

Parágrafo único A gestação de substituição não poderá ter caráter lucrativo ou comercial, ficando vedada a modalidade conhecida como útero ou barriga de aluguel.

SEÇÃO II
DO CONSENTIMENTO INFORMADO

Artigo 4º O consentimento informado será obrigatório para ambos os beneficiários, vedada a manifestação de vontade por procurador, e será formalizado por instrumento particular, que conterá necessariamente os seguintes esclarecimentos:

I — a indicação médica para o emprego de RA, no caso específico;

II — os aspectos técnicos e as implicações médicas das diferentes fases das modalidades de RA disponíveis, bem como os custos envolvidos em cada uma delas;

III — os dados estatísticos sobre a efetividade das técnicas de RA nas diferentes situações, incluídos aqueles específicos do estabelecimento e do profissional envolvido, comparados com os números relativos aos casos em que não se recorreu à RA;

IV — a possibilidade e probabilidade de incidência de dados ou efeitos indesejados para as mulheres e para as crianças;

V — as implicações jurídicas da utilização da RA, inclusive quanto à filiação da criança;

VI — todas as informações concernentes à licença de atuação dos profissionais e estabelecimentos envolvidos;

VII — demais informações definidas em regulamento.

§ 1º — O consentimento mencionado neste artigo, a ser efetivado conforme as normas regulamentadoras que irão especificar as informações mínimas a serem transmitidas, será exigido dos doadores e de seus cônjuges, ou das pessoas com quem vivam em união estável.

§ 2º — No caso do parágrafo anterior, as informações mencionadas devem incluir todas as implicações decorrentes do ato de doar, inclusive a possibilidade de a identificação do doador vir a ser conhecida pela criança.

Artigo 5º O consentimento deverá refletir a livre manifestação da vontade dos envolvidos, e o documento originado deverá explicitar:

I — a técnica e os procedimentos autorizados pelos beneficiários, inclusive o número de embriões a serem implantados;

II — as circunstâncias em que os doadores autorizam ou desautorizam a utilização de seus gametas.

SEÇÃO III
DOS ESTABELECIMENTOS E PROFISSIONAIS QUE APLICAM RA

Artigo 6º Clínicas, centros, serviços e demais estabelecimentos que aplicam a RA são responsáveis:

I — pela elaboração, em cada caso, de laudo com a indicação da necessidade e oportunidade para a realização da técnica de RA;

II — pelo recebimento de doações e pelas fases de coleta, manuseio, controle de doenças infecto-contagiosas, conservação, distribuição e transferência do material biológico humano utilizado na RA, vedando-se a transferência a fresco de material doado;

III — pelo registro de todas as informações relativas aos doadores desse material e aos casos em que foi utilizada a RA, pelo prazo de cinqüenta anos após o emprego das técnicas em cada situação;

IV — pela obtenção do consentimento informado dos beneficiários de RA, doadores e respectivos cônjuges ou companheiros em união estável, na forma definida na Seção II desta Lei;

V — pelos procedimentos médicos e laboratoriais executados.

Parágrafo único As normas para o cumprimento do disposto neste artigo serão definidas em regulamento.

Artigo 7º Para obter a licença de funcionamento, clínicas, centros, serviços e demais estabelecimentos que aplicam RA devem cumprir os seguintes requisitos mínimos:

I — funcionar sob a direção de um profissional médico, devidamente licenciado para realizar a RA;

II — dispor de recursos humanos, técnicos e materiais condizentes com as necessidades científicas para realizar a RA;

III — dispor de registro permanente de todos os casos em que tenha sido empregada a RA, ocorra ou não gravidez, pelo prazo de cinqüenta anos;

IV — dispor de registro permanente dos doadores e das provas diagnósticas realizadas no material biológico a ser utilizado na RA com a finalidade de evitar a transmissão de doenças e manter esse registro pelo prazo de cinqüenta anos após o emprego do material;

V — informar o órgão competente, a cada ano, sobre suas atividades concernentes à RA.

§ 1º A licença mencionada no *caput* deste artigo, obrigatória para todos os estabelecimentos e profissionais médicos que pratiquem a RA, será válida por dois anos e renovável ao término de cada período, podendo ser revogada em virtude do descumprimento de qualquer disposição desta Lei ou de seu regulamento.

§ 2º Exigir-se-á do profissional mencionado no inciso I deste artigo e dos demais médicos que atuam no estabelecimento prova de capacitação para o emprego de RA.

§ 3º O registro citado no inciso III deste artigo deverá conter, por meio de prontuários, elaborados inclusive para a criança, e de formulários específicos, a identificação dos beneficiários e doadores, as técnicas utilizadas, a pré-seleção sexual, quando imprescindível, na forma do artigo 16 desta Lei, a ocorrência ou não de gravidez, o desenvolvimento das gestações, os nascimentos, as malformações de fetos ou recém-nascidos e outros dados definidos em regulamento.

§ 4º Em relação aos doadores, o registro citado no inciso IV deste artigo deverá conter a identidade civil, os dados clínicos de caráter geral, foto acompanhada das características fenotípicas e amostra de material celular.

§ 5º As informações de que trata este artigo são consideradas sigilosas, salvo nos casos especificados nesta Lei.

SEÇÃO IV
DAS DOAÇÕES

Artigo 8º Será permitida a doação de gametas, sob a responsabilidade dos estabelecimentos que praticam a RA, vedadas a remuneração e a cobrança por esse material, a qualquer título.

Artigo 9º Os estabelecimentos que praticam a RA estarão obrigados a zelar pelo sigilo da doação e das informações sobre a criança nascida a partir de material doado.

Artigo 10. Excepciona-se o sigilo estabelecido no artigo anterior nos casos autorizados nesta Lei, obrigando-se o estabelecimento responsável pelo emprego da RA a fornecer as informações solicitadas.

§ 1º Quando razões médicas indicarem ser de interesse da criança obter informações genéticas necessárias para sua vida ou sua saúde, as informações relativas ao doador deverão ser fornecidas exclusivamente para o médico solicitante.

§ 2º No caso autorizado no parágrafo anterior, resguardar-se-á a identidade civil do doador mesmo que o médico venha a entrevistá-lo para obter maiores informações sobre sua saúde.

Artigo 11. A escolha dos doadores será responsabilidade do estabelecimento que pratica RA e deverá garantir, tanto quanto possível, semelhança fenotípica e compatibilidade imunológica entre doador e receptor.

Artigo 12. Com base no registro de gestações, o estabelecimento que pratica RA deverá evitar que um mesmo doador venha a produzir mais de duas gestações de sexos diferentes num área de um milhão de habitantes.

Artigo 13. Não poderão ser doadores os dirigentes, funcionários e membros de equipe do estabelecimento que pratique RA ou seus parentes até quarto grau.

SEÇÃO V
DOS GAMETAS E EMBRIÕES

Artigo 14. Na execução da técnica de RA, poderão ser transferidos no máximo quatro embriões a cada ciclo reprodutivo da mulher receptora.

Parágrafo único Serão obrigatoriamente transferidos a fresco todos os embriões obtidos, obedecido o critério definido no *caput* deste artigo.

Artigo 15. Os estabelecimentos que praticam RA ficam autorizados a preservar gametas e embriões humanos doados ou depositados apenas para armazenamento, pelo métodos permitidos em regulamento.

§ 1º Não se aplicam aos embriões originados *in vitro*, antes de sua introdução no aparelho reprodutor da mulher receptora os direitos assegurados ao nascituro na forma da lei.

§ 2º Serão definidos em regulamento os tempos máximos de:

I — preservação de gametas depositados apenas para armazenamento;

II — desenvolvimento de embriões *in vitro*.

§ 3º Os gametas depositados apenas para armazenamento só poderão ser entregues a pessoa depositante.

§ 4º É obrigatório o descarte de gametas:

I — doados a mais de dois anos;

II — sempre que for solicitado pelos doadores;

III — sempre que estiver determinado no documento de consentimento informado;

IV — nos casos conhecidos de falecimento de doadores ou depositantes.

Artigo 16. A pré-seleção sexual só poderá ocorrer nos casos em que os beneficiários recorram à RA em virtude de apresentarem probabilidade genética para gerar crianças portadoras de doenças ligadas ao sexo, mediante autorização do Poder Público.

SEÇÃO VI
DA FILIAÇÃO

Artigo 17. Será atribuída aos beneficiários a condição de pais da criança nascida mediante o emprego das técnicas de RA.

Artigo 18. A pessoa nascida a partir de gameta doado ou por meio de gestação de substituição não terá qualquer espécie de direito ou vínculo em relação aos doadores e seus parentes biológicos, salvo os impedimentos matrimoniais.

Parágrafo único É assegurado à pessoa de que trata este artigo o direito, se assim o desejar, de conhecer a identidade do doador ou da mãe substituta, no momento em que completar sua maioridade civil ou se habilitar para o casamento.

Artigo 19. As pessoas que se utilizarem de técnica de RA em desobediência ao disposto no parágrafo único do artigo 2º desta Lei poderão perder o direito ao pátrio poder, a critério do juízo competente.

Artigo 20. No caso de uso ilegal de gameta proveniente de indivíduo falecido antes da fecundação, a criança não se beneficiará de efeitos patrimoniais e sucessórios em relação ao falecido.

Artigo 21. O direito de maternidade sobre a criança nascida mediante o uso ilegal de técnica de RA será concedido à mulher que deu à luz, exceto quando essa mulher tiver recorrido à RA por ter ultrapassado a idade reprodutiva, situação em que a maternidade será outorgada a doadora do óvulo.

SEÇÃO VII
DOS CRIMES

Artigo 22. É crime:
I — praticar a redução embrionária;
Pena: reclusão de seis a vinte anos e multa.

II — praticar a RA sem estar previamente licenciado para a atividade;
Pena: reclusão de um a três anos e multa.

III — praticar a RA sem obter o consentimento informado dos beneficiários e dos doadores na forma determinada nesta Lei, bem como fazê-lo em desacordo com o termos constantes do documento de consentimento assinado por eles;

Pena: reclusão de seis a vinte anos e multa.

IV — envolver-se na prática de útero ou barriga de aluguel na condição de beneficiário, intermediário ou executor da técnica;
Pena: reclusão de um a três anos e multa.

V — fornecer gametas depositados apenas para armazenamento a qualquer pessoa que não seja o próprio depositante, bem como empregar esses gametas sem autorização deste;
Pena: reclusão de um a três anos e multa.

VI — deixar de manter as informações exigidas na forma especificada, recusar-se a fornecê-las nas situações previstas ou divulgá-las a outrem nos casos não autorizados, consoante as determinações desta Lei;
Pena: detenção de seis meses a dois anos e multa.

VII — utilizar gametas de doadores ou depositantes sabidamente falecidos;
Pena: reclusão de um a três anos e multa.

VIII — implantar mais de quatro embriões na mulher receptora;
Pena: reclusão de dois a seis anos e multa.

IX — realizar a pré-seleção sexual de gametas ou embriões, ressalvado o disposto nesta Lei;
Pena: reclusão de um a três anos e multa.

X — conservar gametas doados por período superior a dois anos ou utilizar esses gametas
Pena: detenção de dois a seis meses e multa.

XI — envolver-se na prática de útero ou barriga de aluguel, na condição de mãe substituta;
Pena: detenção de dois a seis meses e multa.

XII — produzir embriões em excesso, armazená-los, descartá-los, ou cedê-los a outrem, ainda que gratuitamente;
Pena: reclusão de seis a vinte anos e multa.

XIII — deixar de implantar na mulher receptora os embriões produzidos, exceto no caso de contra-indicação médica;
Pena: reclusão de seis a vinte anos e multa.

§ 1º A prática de qualquer uma das condutas arroladas neste artigo acarretará a perda da licença do estabelecimento de reprodução assistida e do profissional responsável, sem prejuízo das demais sanções legais cabíveis.

§ 2º O estabelecimento e os profissionais médicos que nele atual são, entre si, civil e penalmente responsáveis pelo emprego da RA.

SEÇÃO VIII
DAS DISPOSIÇÕES FINAIS

Artigo 23. O Poder Público regulamentará esta Lei, inclusive quanto às normas especificadoras dos requisitos para a execução de cada técnica de RA, competindo-lhe também conceder a licença aos estabelecimentos e profissionais que praticam RA e fiscalizar suas atuações.

Artigo 24. Os embriões congelados existentes até a entrada em vigor da presente Lei poderão ser utilizados, com o consentimento das pessoas que os originaram, na forma permitida nesta Lei, observado o prazo máximo de preservação do embrião a ser estabelecido em regulamento.

§ 1º Presume-se autorizada a utilização, para reprodução, de embriões originados *in vitro* existentes antes da entrada em vigor desta Lei, se, no prazo de sessenta dias a contar da data de publicação desta Lei, os depositantes não se manifestarem em contrário.

§ 2º Incorre na pena prevista no crime tipificado no inciso XII do artigo 22 aquele que descartar, sem autorização do Poder Público, embrião congelado anteriormente à entrada em vigor desta Lei.

Artigo 25. Esta Lei entrará em vigor no prazo de um ano a contar da data de sua publicação.

ANEXO XII — PROJETO DE LEI Nº 1184, DE 2003, DO SENADO FEDERAL com o PL 120/2003 apensado

Dispõe sobre a Reprodução Assistida.
O Congresso Nacional decreta:

CAPÍTULO I
DOS PRINCÍPIOS GERAIS

Art. 1º Esta Lei regulamenta o uso das técnicas de Reprodução Assistida (RA) para a implantação artificial de gametas ou embriões humanos, fertilizados *in vitro*, no organismo de mulheres receptoras.
Parágrafo único. Para os efeitos desta Lei, atribui-se a denominação de:
I — **embriões humanos:** ao resultado da união *in vitro* de gametas, previamente à sua implantação no organismo receptor, qualquer que seja o estágio de seu desenvolvimento;
II — **beneficiários:** às mulheres ou aos casais que tenham solicitado o emprego da Reprodução Assistida;
III — **consentimento livre e esclarecido:** ao ato pelo qual os beneficiários são esclarecidos sobre a Reprodução Assistida e manifestam, em documento, consentimento para a sua realização, conforme disposto no Capítulo II desta Lei.
Art. 2º A utilização das técnicas de Reprodução Assistida será permitida, na forma autorizada nesta Lei e em

seus regulamentos, nos casos em que se verifique infertilidade e para a prevenção de doenças genéticas ligadas ao sexo, e desde que:

I — exista indicação médica para o emprego da Reprodução Assistida, consideradas as demais possibilidades terapêuticas disponíveis, segundo o disposto em regulamento;

II — a receptora da técnica seja uma mulher civilmente capaz, nos termos da lei, que tenha solicitado o tratamento de maneira livre, consciente e informada, em documento de consentimento livre e esclarecido, a ser elaborado conforme o disposto no Capítulo II desta Lei;

III — a receptora da técnica seja apta, física e psicologicamente, após avaliação que leve em conta sua idade e outros critérios estabelecidos em regulamento;

IV — o doador seja considerado apto física e mentalmente, por meio de exames clínicos e complementares que se façam necessários.

Parágrafo único. Caso não se diagnostique causa definida para a situação de infertilidade, observar-se-á, antes da utilização da Reprodução Assistida, prazo mínimo de espera, que será estabelecido em regulamento e levará em conta a idade da mulher receptora.

Art. 3º É proibida a gestação de substituição.

CAPÍTULO II
DO CONSENTIMENTO LIVRE E ESCLARECIDO

Art. 4º O consentimento livre e esclarecido será obrigatório para ambos os beneficiários, nos casos em que a beneficiária seja uma mulher casada ou em união estável, vedada a manifestação da vontade por procurador, e será formalizado em instrumento particular, que conterá necessariamente os seguintes esclarecimentos:

I — a indicação médica para o emprego de Reprodução Assistida, no caso específico, com manifestação expressa dos beneficiários da falta de interesse na adoção de criança ou adolescente;

II — os aspectos técnicos, as implicações médicas das diferentes fases das modalidades de Reprodução Assistida disponíveis e os custos envolvidos em cada uma delas;

III — os dados estatísticos referentes à efetividade dos resultados obtidos no serviço de saúde onde se realizará o procedimento de Reprodução Assistida;

IV — os resultados estatísticos e probabilísticos acerca da incidência e prevalência dos efeitos indesejados nas técnicas de Reprodução Assistida, em geral e no serviço de saúde onde esta será realizada;

V — as implicações jurídicas da utilização de Reprodução Assistida;

VI — os procedimentos autorizados pelos beneficiários, inclusive o número de embriões a serem produzidos, observado o limite disposto no art. 13 desta Lei;

VII — as condições em que o doador ou depositante autoriza a utilização de seus gametas, inclusive postumamente;

VIII — demais requisitos estabelecidos em regulamento.

§ 1º O consentimento mencionado neste artigo será também exigido do doador e de seu cônjuge ou da pessoa com quem viva em união estável e será firmado conforme as normas regulamentadoras, as quais especificarão as informações mínimas que lhes serão transmitidas.

§ 2º No caso do § 1º, as informações mencionadas devem incluir todas as implicações decorrentes do ato de doar, inclusive a possibilidade de a identificação do doador vir a ser conhecida.

CAPÍTULO III
DOS SERVIÇOS DE SAÚDE E PROFISSIONAIS

Art. 5º Os serviços de saúde que realizam a Reprodução Assistida são responsáveis:

I — pela elaboração, em cada caso, de laudo com a indicação da necessidade e oportunidade para o emprego da técnica de Reprodução Assistida;

II — pelo recebimento de doações e pelas fases de coleta, manuseio, controle de doenças infecto-contagiosas, conservação, distribuição e transferência do material biológico humano utilizado na Reprodução Assistida, vedando-se a transferência de sêmen doado a fresco;

III — pelo registro de todas as informações relativas aos doadores e aos casos em que foi utilizada a Reprodução Assistida, pelo prazo de 50 (cinqüenta) anos;

IV — pela obtenção do consentimento livre e esclarecido dos beneficiários de Reprodução Assistida, doadores e respectivos cônjuges ou companheiros em união estável, na forma definida no Capítulo II desta Lei;

V — pelos procedimentos médicos e laboratoriais executados;

VI — pela obtenção do Certificado de Qualidade em Biossegurança junto ao órgão competente;

VII — pela obtenção de licença de funcionamento a ser expedida pelo órgão competente da administração, definido em regulamento.

Parágrafo único. As responsabilidades estabelecidas neste artigo não excluem outras, de caráter complementar, a serem estabelecidas em regulamento.

Art. 6º Para obter a licença de funcionamento, os serviços de saúde que realizam Reprodução Assistida devem cumprir os seguintes requisitos mínimos:

I — funcionar sob a direção de um profissional médico, devidamente capacitado para realizar a Reprodução Assistida, que se responsabilizará por todos os procedimentos médicos e laboratoriais executados;

II — dispor de equipes multiprofissionais, recursos técnicos e materiais compatíveis com o nível de complexidade exigido pelo processo de Reprodução Assistida;

III — dispor de registro de todos os casos em que tenha sido empregada a Reprodução Assistida, ocorra ou não gravidez, pelo prazo de 50 (cinqüenta) anos;

IV — dispor de registro dos doadores e das provas diagnósticas realizadas, pelo prazo de 50 (cinqüenta) anos após o emprego do material biológico;

V — encaminhar relatório semestral de suas atividades ao órgão competente definido em regulamento.

§ 1º A licença mencionada no *caput* deste artigo será válida por até 3 (três) anos, renovável ao término de cada período, desde que obtido ou mantido o Certificado de Qualidade em Biossegurança, podendo ser revogada em virtude do descumprimento de qualquer disposição desta Lei ou de seu regulamento.

§ 2º O registro citado no inciso III deste artigo deverá conter a identificação dos beneficiários e doadores, as técnicas utilizadas, a pré-seleção sexual, quando imprescindível, na forma do art. 15 desta Lei, a ocorrência ou não de gravidez, o desenvolvimento das gestações, os nascimentos, as malformações de fetos ou recém-nascidos e outros dados definidos em regulamento.

§ 3º Em relação aos doadores, o registro citado no inciso IV deste artigo deverá conter a identidade civil, os dados clínicos de caráter geral, foto acompanhada das características fenotípicas e uma amostra de material celular.

§ 4º As informações de que trata este artigo são consideradas sigilosas, salvo nos casos especificados nesta Lei.

§ 5º No caso de encerramento das atividades, os serviços de saúde transferirão os registros para o órgão competente do Poder Público, determinado no regulamento.

CAPÍTULO IV
DAS DOAÇÕES

Art. 7º Será permitida a doação de gametas, sob a responsabilidade dos serviços de saúde que praticam a Reprodução Assistida, vedadas a remuneração e a cobrança por esse material, a qualquer título.

§ 1º Não será permitida a doação quando houver risco de dano para a saúde do doador, levando-se em consideração suas condições físicas e mentais.

§ 2º O doador de gameta é obrigado a declarar:

I — não haver doado gameta anteriormente;

II — as doenças de que tem conhecimento ser portador, inclusive os antecedentes familiares, no que diz respeito a doenças genético-hereditárias e outras.

§ 3º Poderá ser estabelecida idade limite para os doadores, com base em critérios que busquem garantir a qualidade dos gametas doados, quando da regulamentação desta Lei.

§ 4º Os gametas doados e não-utilizados serão mantidos congelados até que se dê o êxito da gestação, após o quê proceder-se-á ao descarte dos mesmos, de forma a garantir que o doador beneficiará apenas uma única receptora.

Art. 8º Os serviços de saúde que praticam a Reprodução Assistida estarão obrigados a zelar pelo sigilo da doação, impedindo que doadores e beneficiários venham a conhecer reciprocamente suas identidades, e pelo sigilo absoluto das informações sobre a pessoa nascida por processo de Reprodução Assistida.

Art. 9º O sigilo estabelecido no art. 8º poderá ser quebrado nos casos autorizados nesta Lei, obrigando-se o serviço de saúde responsável pelo emprego da Reprodução Assistida a fornecer as informações solicitadas, mantido o segredo profissional e, quando possível, o anonimato.

§ 1º A pessoa nascida por processo de Reprodução Assistida terá acesso, a qualquer tempo, diretamente ou por meio de representante legal, e desde que manifeste sua vontade, livre, consciente e esclarecida, a todas as informações sobre o processo que o gerou, inclusive à identidade civil do doador, obrigando-se o serviço de saúde responsável a fornecer as informações solicitadas, mantidos os segredos profissional e de justiça.

§ 2º Quando razões médicas ou jurídicas indicarem ser necessário, para a vida ou a saúde da pessoa gerada por processo de Reprodução Assistida, ou para oposição de impedimento do casamento, obter informações genéticas relativas ao doador, essas deverão ser fornecidas ao médico solicitante, que guardará o devido segredo profissional, ou ao oficial do registro civil ou a quem presidir a celebração do casamento, que notificará os nubentes e procederá na forma da legislação civil.

§ 3º No caso de motivação médica, autorizado no § 2º, resguardar-se-á a identidade civil do doador mesmo que o médico venha a entrevistá-lo para obter maiores informações sobre sua saúde.

Art. 10. A escolha dos doadores será de responsabilidade do serviço de saúde que pratica a Reprodução Assistida e deverá assegurar a compatibilidade imunológica entre doador e receptor.

Art. 11. Não poderão ser doadores os dirigentes, funcionários e membros de equipes, ou seus parentes até o quarto grau, de serviço de saúde no qual se realize a Reprodução Assistida.

Parágrafo único. As pessoas absolutamente incapazes não poderão ser doadoras de gametas.

Art. 12. O Titular do Cartório de Registro Civil de Pessoas Naturais fica obrigado a comunicar ao órgão competente previsto no art. 5º, incisos VI e VII, até o dia 10 de cada mês, o registro dos óbitos ocorridos no mês imediatamente anterior, devendo da relação constar a filiação, a data e o local de nascimento da pessoa falecida.

§ 1º No caso de não haver sido registrado nenhum óbito, deverá o Titular do Cartório de Registro Civil de Pessoas Naturais comunicar esse fato ao referido órgão no prazo estipulado no *caput* deste artigo.

§ 2º A falta de comunicação na época própria, bem como o envio de informações inexatas, sujeitará o Titular de Cartório de Registro Civil de Pessoas Naturais a multa variável de R$ 636,17 (seiscentos e trinta e seis reais e dezessete centavos) a R$ 63.617,35 (sessenta e três mil, seiscentos e dezessete reais e trinta e cinco centavos), na forma do regulamento.

§ 3º A comunicação deverá ser feita por meio de formulários para cadastramento de óbito, conforme modelo aprovado em regulamento.

§ 4º Deverão constar, além dos dados referentes à identificação do Cartório de Registro Civil de Pessoas Naturais, pelo menos uma das seguintes informações relativas à pessoa falecida:

I — número de inscrição do PIS/Pasep;

II — número de inscrição do Instituto Nacional do Seguro Social — INSS, se contribuinte individual, ou número de benefício previdenciário — NB, se a pessoa falecida for titular de qualquer benefício pago pelo INSS;

III — número do CPF;

IV — número de registro de Carteira de Identidade e respectivo órgão emissor;

V — número do título de eleitor;
VI — número do registro de nascimento ou casamento, com informação do livro, da folha e do termo;
VII — número e série da Carteira de Trabalho.

CAPÍTULO V
DOS GAMETAS E EMBRIÕES

Art. 13. Na execução da técnica de Reprodução Assistida, poderão ser produzidos e transferidos até 2 (dois) embriões, respeitada a vontade da mulher receptora, a cada ciclo reprodutivo.

§ 1º Serão obrigatoriamente transferidos a fresco todos os embriões obtidos, obedecido ao critério definido no *caput* deste artigo.

§ 2º Os embriões originados *in vitro*, anteriormente à sua implantação no organismo da receptora, não são dotados de personalidade civil.

§ 3º Os beneficiários são juridicamente responsáveis pela tutela do embrião e seu ulterior desenvolvimento no organismo receptor.

§ 4º São facultadas a pesquisa e experimentação com embriões transferidos e espontaneamente abortados, desde que haja autorização expressa dos beneficiários.

§ 5º O tempo máximo de desenvolvimento de embriões *in vitro* será definido em regulamento.

Art. 14. Os serviços de saúde são autorizados a preservar gametas humanos, doados ou depositados apenas para armazenamento, pelos métodos e prazos definidos em regulamento.

§ 1º Os gametas depositados apenas para armazenamento serão entregues somente à pessoa depositante, não podendo ser destruídos sem sua autorização.

§ 2º É obrigatório o descarte de gametas:

I — quando solicitado pelo depositante;
II — quando houver previsão no documento de consentimento livre e esclarecido;
III — nos casos de falecimento do depositante, salvo se houver manifestação de sua vontade, expressa em documento de consentimento livre e esclarecido ou em testamento, permitindo a utilização póstuma de seus gametas.

Art. 15. A pré-seleção sexual será permitida nas situações clínicas que apresentarem risco genético de doenças relacionadas ao sexo, conforme se dispuser em regulamento.

CAPÍTULO VI
DA FILIAÇÃO DA CRIANÇA

Art. 16. Será atribuída aos beneficiários a condição de paternidade plena da criança nascida mediante o emprego de técnica de Reprodução Assistida.

§ 1º A morte dos beneficiários não restabelece o poder parental dos pais biológicos.

§ 2º A pessoa nascida por processo de Reprodução Assistida e o doador terão acesso aos registros do serviço de saúde, a qualquer tempo, para obter informações para transplante de órgãos ou tecidos, garantido o segredo profissional e, sempre que possível, o anonimato.

§ 3º O acesso mencionado no § 2º estender-se-á até os parentes de 2º grau do doador e da pessoa nascida por processo de Reprodução Assistida.

Art. 17. O doador e seus parentes biológicos não terão qualquer espécie de direito ou vínculo, quanto à paternidade ou maternidade, em relação à pessoa nascida a partir do emprego das técnicas de Reprodução Assistida, salvo os impedimentos matrimoniais elencados na legislação civil.

Art. 18. Os serviços de saúde que realizam a Reprodução Assistida sujeitam-se, sem prejuízo das competências de órgão da administração definido em regulamento, à fiscalização do Ministério Público, com o objetivo de resguardar a saúde e a integridade física das pessoas envolvidas, aplicando-se, no que couber, as disposições da Lei nº 8.069, de 13 de julho de 1990 (Estatuto da Criança e do Adolescente).

CAPÍTULO VII
DAS INFRAÇÕES E PENALIDADES

Art. 19. Constituem crimes:

I — praticar a Reprodução Assistida sem estar habilitado para a atividade:

Pena — detenção, de 1 (um) a 3 (três) anos, e multa;

II — praticar a Reprodução Assistida sem obter o consentimento livre e esclarecido dos beneficiários e dos doadores na forma determinada nesta Lei ou em desacordo com os termos constantes do documento de consentimento por eles assinado:

Pena — reclusão, de 1 (um) a 4 (quatro) anos, e multa;

III — participar do procedimento de gestação de substituição, na condição de beneficiário, intermediário ou executor da técnica:

Pena — reclusão, de 1 (um) a 3 (três) anos, e multa;

IV — fornecer gametas depositados apenas para armazenamento a qualquer pessoa que não o próprio depositante, ou empregar esses gametas sem sua prévia autorização:

Pena — reclusão, de 1 (um) a 3 (três) anos, e multa;

V — deixar de manter as informações exigidas na forma especificada, não as fornecer nas situações previstas ou divulgá-las a outrem nos casos não autorizados, consoante as determinações desta Lei:

Pena — detenção, de 1 (um) a 3 (três) anos, e multa;

VI — utilizar gametas de doadores ou depositantes sa-

bidamente falecidos, salvo na hipótese em que tenha sido autorizada, em documento de consentimento livre e esclarecido, ou em testamento, a utilização póstuma de seus gametas:
Pena — reclusão, de 1 (um) a 3 (três) anos, e multa;
VII — implantar mais de 2 (dois) embriões na mulher receptora:
Pena — reclusão, de 1 (um) a 3 (três) anos, e multa;
VIII — realizar a pré-seleção sexual de gametas ou embriões, ressalvado o disposto nesta Lei:
Pena — reclusão, de 1 (um) a 3 (três) anos, e multa;
IX — produzir embriões além da quantidade permitida:
Pena — reclusão, de 1 (um) a 3 (três) anos, e multa;
X — armazenar ou ceder embriões, ressalvados os casos em que a implantação seja contra-indicada:
Pena — reclusão, de 1 (um) a 3 (três) anos, e multa;
XI — deixar o médico de implantar na mulher receptora os embriões produzidos, exceto no caso de contra-indicação médica:
Pena — reclusão, de 1 (um) a 3 (três) anos, e multa;
XII — descartar embrião antes da implantação no organismo receptor:
Pena — reclusão, de 1 (um) a 3 (três) anos, e multa;
XIII — utilizar gameta:
a) doado por dirigente, funcionário ou membro de equipe do serviço de saúde em que se realize a Reprodução Assistida, ou seus parentes até o quarto grau;
b) de pessoa incapaz;
c) de que tem ciência ser de um mesmo doador, para mais de um beneficiário;
d) sem que tenham sido os beneficiários ou doadores submetidos ao controle de doenças infecto-contagiosas e a outros exames complementares:

Pena — reclusão, de 1 (um) a 3 (três) anos, e multa.
Parágrafo único. Ao aplicar as medidas previstas neste artigo, o juiz considerará a natureza e a gravidade do delito e a periculosidade do agente.
Art. 20. Constituem crimes:
I — intervir sobre gametas ou embriões *in vitro* com finalidade diferente das permitidas nesta Lei:
Pena — detenção, de 6 (seis) meses a 2 (dois) anos, e multa;
II — utilizar o médico do próprio gameta para realizar a Reprodução Assistida, exceto na qualidade de beneficiário:
Pena — detenção, de 1 (um) a 2 (dois) anos, e multa;
III — omitir o doador dados ou fornecimento de informação falsa ou incorreta sobre qualquer aspecto relacionado ao ato de doar:
Pena — detenção, de 1 (um) a 3 (três) anos, e multa;
IV — praticar o médico redução embrionária, com consentimento, após a implantação no organismo da receptora, salvo nos casos em que houver risco de vida para a mulher:
Pena — reclusão de 1 (um) a 4 (quatro) anos;
V — praticar o médico redução embrionária, sem consentimento, após a implantação no organismo da receptora, salvo nos casos em que houver risco de vida para a mulher:
Pena — reclusão de 3 (três) a 10 (dez) anos.
Parágrafo único. As penas cominadas nos incisos IV e V deste artigo são aumentadas de 1/3 (um terço), se, em conseqüência do procedimento redutor, a receptora sofre lesão corporal de natureza grave; e são duplicadas, se, pela mesma causa, lhe sobrevém a morte.
Art. 21. A prática de qualquer uma das condutas arroladas neste Capítulo acarretará a perda da licença do estabelecimento de Reprodução Assistida, sem prejuízo das demais sanções legais cabíveis.

CAPÍTULO VIII
DAS DISPOSIÇÕES FINAIS

Art. 22. Os embriões conservados até a data de entrada em vigor desta Lei poderão ser doados exclusivamente para fins reprodutivos, com o consentimento prévio dos primeiros beneficiários, respeitados os dispositivos do Capítulo IV.

Parágrafo único. Presume-se autorizada a doação se, no prazo de 60 (sessenta) dias, os primeiros beneficiários não se manifestarem em contrário.

Art. 23. O Poder Público promoverá campanhas de incentivo à utilização, por pessoas inférteis ou não, dos embriões preservados e armazenados até a data de publicação desta Lei, preferencialmente ao seu descarte.

Art. 24. O Poder Público organizará um cadastro nacional de informações sobre a prática da Reprodução Assistida em todo o território, com a finalidade de organizar estatísticas e tornar disponíveis os dados sobre o quantitativo dos procedimentos realizados, a incidência e prevalência dos efeitos indesejados e demais complicações, os serviços de saúde e os profissionais que a realizam e demais informações consideradas apropriadas, segundo se dispuser em regulamento.

Art. 25. A Lei nº 8.974, de 5 de janeiro de 1995, passa a vigorar acrescida do seguinte art. 8º-A:

"Art. 8º-A. São vedados, na atividade com humanos, os experimentos de clonagem radical através de qualquer técnica de genetecnologia."

Art. 26. O art. 13 da Lei nº 8.974, de 1995, passa a vigorar acrescido do seguinte inciso IV, renumerando-se os demais:

"Art. 13. ....
....

IV — realizar experimentos de clonagem humana radical através de qualquer técnica de genetecnologia;
...." (NR)

Art. 27. Esta Lei entra em vigor 180 (cento e oitenta) dias a partir da data de sua publicação.

Senado Federal, junho de 2003

Senador José Sarney
Presidente do Senado Federal

Nota — Apensado a esta proposição encontra-se o Projeto de Lei n° 120, de 2003, de autoria do Deputado Roberto Pessoa, que dispõe sobre a investigação de paternidade de pessoas nascidas de técnicas de reprodução assistida.

"O Congresso Nacional decreta:

Art. 1° Esta Lei trata da investigação de paternidade de pessoas nascidas de técnicas de reprodução assistida.

Art. 2° A Lei n° 8.560, de 29 de dezembro de 1992 passa a vigorar com o acréscimo do seguinte Art. 6° A: "A pessoa nascida de técnicas de reprodução assistida tem o direito de saber a identidade de seu pai ou mãe biológicos, a ser fornecido na ação de investigação de paternidade ou maternidade pelo profissional médico que assistiu a reprodução ou, se for o caso, de quem detenha seus arquivos.

Parágrafo único A maternidade ou paternidade biológica resultante de doação de gametas não gera direitos sucessórios."

Art. 3°. Esta lei entra em vigor na data de sua publicação.

JUSTIFICAÇÃO

As técnicas de fertilização assistida se sofisticam a cada dia, e tal matéria não tem sido objeto de preocupação do legislador pátrio. Embora as discussões sobre o tema já estejam bem avançadas na área médica, sempre sob a óptica da bioética, os juristas ainda não se debruçaram realmente sobre um tema que, potencialmente, poderá gerar inúmeros conflitos no futuro.

Teria o nascido da doação de gametas alguma relação civil com sua família biológica? Poderia usar o nome de seus genitores biológicos? Teria direito à herança? E nesse caso, como ficaria sua relação com a família da mãe que o carregou no útero e o criou? Poderia a pessoa nascida dessas técnicas ter duplicidade de direito ao nome de cada família? Teria que optar? Em que ocasião? Haveria algum direito civil do ovo congelado em laboratório, como se nascituro fosse?

Todas essas questões e muitas outras permanecem sem resposta. Este Projeto não visa solucionar todas essas questões, mas se debruça sobre um tema que é essencial para a solução de todas as outras: a garantia de que a pessoa nascida de técnicas de fertilização assistida tem direito de conhecer seus pais biológicos. Tal tema não pode estar acobertado pelo direito à privacidade, uma vez que gera outra pessoa, e não há como se optar por quem tem mais direitos: se o filho gerado ou o pai biológico.

Por ser uma proposição que, acreditamos, seja um marco na tentativa de legislar sobre tão importante matéria, pedimos aos Nobres Pares a aprovação deste Projeto.

Sala das Sessões, Deputado ROBERTO PESSOA"

ANEXO XIII — PROJETO DE LEI N° 2061, DE 2003, DA DEPUTADA MANINHA

Disciplina o uso de técnicas de Reprodução Humana Assistida como um dos componentes auxiliares no processo de procriação, em serviços de saúde, estabelece penalidades e dá outras providências.

O CONGRESSO NACIONAL decreta:

Art. 1° As técnicas de Reprodução Humana Assistida poderão ser utilizadas como um dos componentes auxiliares na resolução dos problemas de infertilidade humana, através dos serviços de saúde, públicos e privados, como forma de facilitar o processo de procriação, quando outras terapêuticas tenham sido ineficazes ou ineficientes para solução da situação de infertilidade.

Art. 2° As técnicas de Reprodução Humana Assistida poderão ser utilizadas desde que exista probabilidade efetiva de sucesso, e não incorra em risco grave de saúde para a mulher e para o possível nascituro.

Art. 3° Compete ao Conselho Municipal de Saúde, ou na falta deste ao Conselho Estadual de Saúde, da localidade em que esteja localizado o estabelecimento que realizar os procedimentos de Reprodução Assistida, dispor sobre a instituição de Comissão de Ética para acompanhamento dos dispositivos desta Lei.

§ Único: A Comissão de Ética terá competência para acompanhar os procedimentos objeto desta lei em instituições públicas ou privadas, podendo ser única, ou específica por estabelecimento.

Art. 4° O consentimento informado é obrigatório e extensivo aos receptores e doadores, por meio de documento escrito, testemunhado e acompanhado pela Comissão de Ética.

§ 1° As informações necessárias ao consentimento de que trata o caput compreenderão, no mínimo:

I — Os aspectos médicos envolvendo todas as circunstâncias da aplicação das técnicas de Reprodução Humana Assistida, os quais serão detalhadamente expostos, assim como os resultados já obtidos naquela unidade de tratamento com as técnicas propostas.

II — Os dados de caráter biológico, psicológico, jurídico, econômico, ético e social; bem como da experimentação, sua eficácia e sua eficiência.

§ 2° O documento de consentimento informado será efetuado em formulário especial e estará completo com a concordância, por escrito dos receptores e doadores e assinado por pelo menos um membro do Conselho de Ética com competência sobre da Unidade.

Art. 5° É vedado o uso das técnicas de Reprodução Humana Assistida com a intenção de selecionar o sexo, ou qualquer outra característica biológica ou étnica do futuro nascituro, exceto quando se trate de evitar doenças.

Art. 6° É proibida a fecundação de oócitos humanos com qualquer outra finalidade que não seja a procriação humana.

Art. 7° É vedada a transferência de oócitos e pré-embriões em número superior a quatro, com o intuito de não aumentar os riscos pré-existentes de multiparidade.

§ Único: O número de oócitos e pré-embriões a serem transferidos poderá ser reduzido em função da melhoria das técnicas cientificamente aceitas de procriação assistida.

Art. 8° São beneficiários desta lei todo homem e mulher — doador e receptor — capazes nos termos da lei, que tenham concordado de maneira livre e consciente em documento de consentimento informado.

Art. 9° As Unidades de Saúde, públicas ou privadas, que aplicarem técnicas de Reprodução Humana Assistida são responsáveis pelo controle de doenças infecto-contagiosas, coleta, manuseio, conservação, distribuição e transferência de material biológico humano para os usuários — doadores e receptores — e para o possível nascituro, devendo apresentar como requisitos mínimos para funcionamento:

I — um responsável por todos os procedimentos médicos e laboratoriais executados, que será, obrigatoriamente, um médico;

II — registro permanente, obtido através de informações observadas ou relatadas por fonte competente das gestações, nascimentos e mal-formações de fetos ou recém-nascidos, provenientes das diferentes técnicas de Reprodução Humana Assistida aplicadas na unidade em apreço, bem como dos procedimentos laboratoriais na manipulação de oócitos e pré-embriões;

III — registro permanente das provas diagnósticas a que é submetido o material biológico humano que será transferido aos usuários das técnicas de Reprodução Humana Assistida, com a finalidade precípua de evitar a transmissão de doenças.

Art. 10 A doação de oócitos ou embriões obedecerá às seguintes condições:

I — a doação é um ato de solidariedade humana, sendo vedado sua realização com qualquer caráter lucrativo ou comercial;

II — os doadores não devem conhecer a identidade dos receptores e vice-versa, salvo em situação de doação homóloga ou heteróloga consentida, sendo necessária a aprovação de ambos, após processo semelhante de consentimento informado.

III — obrigatoriamente será mantido o sigilo sobre a identidade dos doadores de oócitos e pré-embriões, assim como de doadores e receptores heterólogos consentidos, ressalvadas as situações especiais de motivação médica, nas quais as informações sobre doador e receptor poderão ser fornecidas exclusivamente para médicos, resguardando a identidade civil de ambos.

IV — as unidades de saúde que realizarem doação de oócitos e pré-embriões devem manter, de forma permanente, um registro de dados clínicos de caráter geral, características fenotípicas e uma amostra de material celular dos doadores;

V — na região de localização da unidade de Reprodução Humana Assistida o registro das gestações evitará que um doador tenha produzido mais que 2 (duas) gestações, de sexos diferentes, numa área de um milhão de habitantes;

VI — a escolha dos doadores é de responsabilidade da unidade que detém o conhecimento técnico científico que, dentro do possível, no consentimento informado, propiciará ao receptor a escolha, buscando garantir que o doador tenha a maior semelhança fenotípica e imunológica e a máxima possibilidade de compatibilidade com a receptora.

VII — É vedado ao médico responsável pela unidade de saúde, aos integrantes da equipe multidisciplinar, aos demais servidores que prestam serviços na respectiva unidade de saúde, bem como aos servidores das demais unidades aplicadoras de técnicas de Reprodução Humana Assistida, participarem como doadores.

Art. 11 As unidades de reprodução humana assistida poderão criopreservar espermatozóides, óvulos e pré-embriões.

§ 1º — O número total de embriões produzidos em laboratório será comunicado a cada pessoa receptora, de per si interessada, para que se decida quantos embriões serão transferidos a fresco, podendo o excedente ser criopreservado.

§ 2º No momento da criopreservação, os doadores e receptores devem expressar sua vontade, por escrito, quanto ao destino que será dado aos pré-embriões criopreservados, e condições de sua doação em casos de doenças graves ou de falecimento de um deles ou de ambos.

Art. 12 As técnicas de procriação assistida também podem ser utilizadas na prevenção e tratamento de doenças genéticas ou hereditárias, quando científica e eticamente indicadas e com suficientes garantias de diagnóstico e terapêutica.

§ 1º Toda intervenção sobre pré-embriões "in vitro", com fins diagnósticos, não poderá ter outra finalidade que a avaliação de sua viabilidade ou detecção de doenças genéticas ou hereditárias, sendo obrigatório o consentimento informado de doadores ou receptores.

§ 2º Toda intervenção com fins terapêuticos, sobre pré-embriões "in vitro", não terá outra finalidade que tratar uma doença ou impedir sua transmissão, com garantias reais de sucesso, sendo obrigatório o consentimento informado dos doadores e receptores.

§ 3º O tempo máximo de desenvolvimento de pré-embriões "in vitro", será de quatorze dias.

Art. 13 As unidades de Reprodução Humana Assistida podem usar técnicas para criarem a situação identificada como gestação de substituição, desde que exista um problema médico que impeça ou contra-indique a gestação na doadora genética.

§ Único — Na doação temporária do útero é vedado qualquer caráter lucrativo ou comercial.

Art. 14 À Comissão de Ética das unidades de Reprodução Humana Assistida, sempre que solicitado, compete testemunhar o consentimento informado, acompanhar, avaliar e prestar informações e esclarecimentos ao Conselho de Saúde e ao Gestor do Sistema Único de Saúde do local onde estiver localizado o estabelecimento, sobre as práticas das técnicas de reprodução humana assistida das respectivas unidades de saúde públicas e privadas, nos termos desta lei.

Art. 15 Cabe à instância gestora do Sistema Único de Saúde, guardado o seu nível de competência e atribuições, cadastrar, fiscalizar e controlar as instituições e serviços que realizam as técnicas de procriação assistida.

Art. 16 A instituição, pública ou privada, e profissionais de saúde que contrariarem o disposto nesta lei, estão sujeitos às penalidades previstas na legislação civil e penal em vigor.

Art. 17 É facultado ao Poder Executivo da localidade onde estiver localizado o estabelecimento, com interveniência da respectiva Secretaria de Saúde, celebrar convênios ou outros instrumentos de cooperação na promoção da saúde e prevenção, com órgãos públicos de qualquer esfera, bem como com universidades e organizações não governamentais, visando ao acompanhamento, execução e avaliação das ações decorrentes desta lei.

Art. 18 O Poder Executivo regulamentará a presente lei no prazo de cento e oitenta dias, contados da sua publicação.

Art. 19 Esta lei entra em vigor na data de sua publicação.

Art. 20 Revogam-se as disposições em contrário.

JUSTIFICAÇÃO

A Constituição Federal de 1988 e a Lei 8080/90 ao garantir o direito de cidadania, garantem o direito à assistência social e à saúde a quem delas necessitarem de ações de promoção e prevenção, bem como da assistência e da reabilitação.

O planejamento familiar é direito de todo o cidadão, observado o disposto na Constituição e na lei.

Entende-se como planejamento familiar o conjunto das ações de regulação da fecundidade que garanta direitos iguais de constituição, limitação ou aumento da prole pela mulher, pelo homem ou pelo casal.

Na legislação brasileira é proibida a utilização das ações de planejamento familiar para qualquer tipo de controle demográfico e étnico. O planejamento familiar é parte integrante do conjunto de ações de atenção à mulher, ao homem ou ao casal, dentro de uma visão de atendimento global e integral à saúde.

Neste contexto do direito de cidadania, também se encontra a situação de infertilidade masculina e feminina que tem demandado os serviços de saúde, públicos e privados do país com problemas relacionados ao direito de procriação.

A partir do momento em que ocorreu a procriação do primeiro bebê de proveta do mundo, a polêmica situação da fertilização "in vitro" e das técnicas de reprodução humana assistida, vem constituindo demandas de algumas pessoas na sociedade, em busca de soluções para problemas de infertilidade e o desejo de procriar.

A infertilidade, segundo a Organização Mundial de Saúde é a incapacidade de procriar, após um ano de relacionamento sexual sem uso de medidas contraceptivas. Segundo Donádio (1987) 60%, dos casos são referentes à mulher, 40% ao homem e 20% ao casal.

A defesa democrática dos direitos reprodutivos inclui o acesso ao tratamento da infertilidade — nos casos em ela é de fato uma doença — e a segurança destas terapias.

Foge à nossa competência ética "julgar" quem deve ter ou não uma prole, mas é uma obrigação ética apoiar as pessoas em suas decisões em matéria de procriação e ampliar o poder de decisão delas em questões de tamanha complexidade, bem como exigir segurança e bem estar da atividade e dos produtos da ciência.

As causas da infertilidade, em mulheres e homens são desde causas anatômicas ou biológicas a distúrbios emocionais, seqüelas de doenças infecciosas, neoplasias, questões imunológicas e hormonais a problemas sociais e ambientais, incluindo ainda a esterilização química, radioativa ou cirúrgica.

É legítimo dizer que a infertilidade é muito mais uma condição social que biológica. Além do que está comprovado que a maior parte dos casos de infertilidade cura "com o tempo". Em que pese esta situação, o fato é que a procriação artificial começou com a inseminação artificial, que consiste na introdução do sêmem no útero no período de ovulação. É denominada de homóloga quando utiliza o sêmem do cônjuge ou companheiro e de heteróloga quando o sêmem é de um doador, pressupondo que a mulher ovule; caso contrário pode, também, haver doação de óvulo.

Desta fase, evoluiu-se para as técnicas de procriação assistida em conjunto de técnicas que objetivam fazer com que uma mulher engravide, quando ela é infértil, ou seu companheiro, ou ambos. A fertilização "in vitro" e a transferência de embriões, tornaram-se públicas no mundo inteiro, surgindo a prestação destas técnicas a usuários, em unidades de saúde, de caráter público e privado, no mundo em geral e no Brasil em particular.

Considerando que estas técnicas se utilizam da hiperestimulação hormonal, da superovulação e do implante múltiplo e simultâneo de embriões, bem como de procedimentos de retiradas de óvulos e espermatozóides, presume-se que tudo isto represente risco a receptores e doadores, sem falar dos aspectos emocionais, mentais, culturais, éticos e sociais, que podem ocorrer neste processo, com a saúde dos envolvidos e dos possíveis nascituros.

Em relação a nascituros, sabe-se que a prematuridade é três vezes superior aos nascimentos concebidos naturalmente. A prematuridade está associada à gemelaridade que é em torno de 20% dos nascimentos. Somam-se ainda os riscos da multiparidade.

Não há como deixar de admitir as possibilidades de manipulação do futuro ser e os riscos que poderá representar, se não se levar em conta as implicações sociais e éticas envolvidas, uma vez que dentre um certo número de embriões, alguns são escolhidos como viáveis, na busca de eficácia, eficiência e segurança nas práticas utilizadas e resultados obtidos. É ainda muito tênue o divisor entre o tratamento de infertilidade por meio da procriação assistida e da experimentação.

A Resolução 196/96 do Conselho Nacional de Saúde: Normas de Ética em Pesquisa Envolvendo Seres Humanos e a Resolução nº1358/92 do Conselho Federal de Medicina, não são suficientes do ponto de vista das garantias e de segurança aos usuários de tais técnicas de procriação assistida.

É com a intenção de ampliar a salvaguarda da cidadania sobre os benefícios e possíveis efeitos colaterais da procriação assistida, que poderá surpreender os menos informados e considerando que é justo e ético que as pessoas tenham o direito de decidir e de dar ou não o consentimento informado, é que este projeto de lei se faz necessário na construção do controle social, jurídico e ético sobre a ciência e a tecnologia.

É, também, dever do Estado, através do Sistema Único de Saúde e instâncias parceiras do sistema educacional, técnicos e científicos, assegurar o livre exercício do planejamento familiar, dentro da legalidade e das normas de funcionamento e mecanismos de fiscalização estabelecidos pelas instâncias gestoras do Sistema Único de Saúde.

Esperamos que a presente proposta possa contar com o apoio dos nobres pares para sua aprovação.

Sala das Sessões,

BIBLIOGRAFIA

ALBERTS, Bruce. *Fundamentos de Biologia Celular*. São Paulo: Artmed, 1999
ALMEIDA, Aline Mignon de. *Bioética e Biodireito*. Rio de Janeiro: Lumen Juris, 2000
ALMEIDA, Silmara J. A. Chinelato e. *Tutela Civil do Nascituro*. São Paulo: Saraiva, 2000
AMARAL, Francisco. *Direito Civil: introdução*. 2ª ed. Rio de Janeiro, Renovar, 1999
ASCENSÃO, José de Oliveira. *O Direito: introdução e teoria geral*. 2ª ed. Lisboa: Fundação Calouste Gulbenkian, 1980
_____. Problemas Jurídicos da Procriação Assistida. *Revista Forense*. Rio de Janeiro: v. 328: 69-80, out./nov./dez. 1994
AZEVEDO, Álvaro Villaça. Ética, Direito e Reprodução Humana Assistida. *Revista dos Tribunais*. São Paulo: v. 729: 43-51, jul. 1996
AZEVEDO, Armando Dias de. A inseminação artificial em face da moral e do direito. *Revista Forense*. Rio de Janeiro: v.149: 497-507, 1953
BARBAS, Stela Marcos de Almeida Neves. *Direito ao Patrimônio Genético*. Coimbra: Almedina, 1998

BARBOSA, Bia. *As Surpresas da Genética*. Revista Veja, número 1688, 21 de fevereiro de 2001, 58-61

BARBOZA, Heloisa Helena. *A filiação em face da inseminação artificial e da fertilização "in vitro"*. Rio de Janeiro: Renovar, 1993

_____. *Temas de Biodireito e Bioética*. Rio de Janeiro: Renovar, 2001

BÉNABENT, Alain. *La procréation artificielle*. In: _____. Droit Civil: la famille. 8ª éd. Paris: LITEC — Libraire de la Cour de Cassation, 1997, p. 357-363

BERGEL, Salvador Darío. Bioética, Genética y Derechos Humanos: la Declaración de la Unesco. *Revista Bioética do Conselho Federal de Medicina*. Brasília: vol. 7, nº 2 — 1999

BITTAR, Carlos Alberto. *O direito civil na Constituição de 1988*. 2ª ed., rev. e atual. São Paulo: Revista dos Tribunais, 1991

_____. Problemas Ético-Jurídicos da Inseminação Artificial. *Revista dos Tribunais*. São Paulo: v. 696: 277-278, out. 1993

_____. *Os Direitos da Personalidade*. 2ª ed., rev. e atual. Rio de Janeiro: Forense Universitária, 1995

_____. Os Direitos da Personalidade na Constituição de 1988. *Revista dos Tribunais*. São Paulo: v. 733: 83-85, nov. 1996

_____. *Responsabilidade Civil — Teoria & Prática*. 3ª ed., rev. e atual. por Eduardo C. B. Bittar. Rio de Janeiro: Forense Universitária, 1999

BOBBIO, Norberto. *A Era dos Direitos*. São Paulo: Revista dos Tribunais, 1992

BONNICKSEN, Andre L. Ethical and policy issues in human embryo twinning. *Cambridge quarterly of healthcare ethics*, v. 4: 268-284, 1995

BROOKES, Martin. *Fique por dentro da Genética*. São Paulo: Cosac & Naify Edicoe, 2001

BUENO, Maria Rita Passos. O Projeto Genoma Humano. *Revista Bioética do Conselho Federal de Medicina.* Brasília: vol. 5, n° 2, 1997

CALLIOLI, Eugenio Carlos. Aspectos da fecundação artificial "in vitro". *Revista de Direito Civil, Imobiliário, Agrário e Empresarial.* São Paulo: v. 44: 71-95, ano 12, abr./jul. 1998

CAMPOS, Diogo Leite de. *Lições de Direito de Família e das Sucessões.* 2ª ed. rev. e atual. Coimbra: Almedina, 1997.

CARDIA, José Augusto Mattiazzo. Biodireito: em defesa do patrimônio da humanidade. *Internet Site: www.faroljurídico.com.br/art-biodireito.htm*

_____. Estudos de Bioética e o Sistema Constitucional Brasileiro. *Internet Site: www.faroljurídico.com.br/art-bioetica.htm*

CARRASQUEIRA, Simone de Almeida. Procriação Assistida: em busca de um paradigma. *Internet Site: www.jus.com.br/doutrina/procriac.htm*

CASABONA, Carlos María Romeo. *El derecho y la bioética ante los limites de la vida humana.* Madrid: Editorial Centro de Estudios Ramón Areces S.A., 1994

CHAVES, ANTONIO. *Filiação Legítima.* In: Enciclopédia Saraiva de Direito, volume 37.

CHORÃO, Mário Emilio Bigotte. *Temas fundamentais de Direito.* Coimbra: Almedina, 1986

CIRILLO, Francesco Maria. La fecondazione artificiale eterologa ed il rapporto di paternita, nella filiazione legittima ed in quella naturale. *Rivista di Diritto Civile.* Padova, v. 44, n. 6: 661-679, nov./dic. 1998

CLEFF, Norma Maria. *Curso de Biologia — Biologia Celular, Genética e Evolução.* São Paulo: Harbra, 1999

CLOTET, Joaquim. Por que Bioética? *Revista Bioética do Conselho Federal de Medicina.* Brasília: vol. 1, n° 1, 1993

COCO, Elvira Martinez. Un intento de respuesta al por qué y el para que de la inseminación y fecundación artificiales. *Revista de Direito Civil, Imobiliário, Agrário e Empresarial*, vol. 75, ano 20: 17-22, jan./mar. 1996

COSTA, Denise Silva; GAMA, Janaina Diniz da; SOUZA, Lourdes Cacilda Alves de et al. Ética, Moral e Bioética. *Internet Site: www.jus.com.br/doutrina/biogm.htm*

COULANGES, FUSTEL de. *A Cidade Antiga*. 4ª ed., 2ª tiragem. Trad. Fernando de Aguiar. São Paulo: Martins Fontes, 2000

DE LUCCA, Newton. Alguns Aspectos Jurídicos da Biodiversidade. *Revista do Tribunal Regioanl Federal, 3ª Região*. 38: 29-79, abr./jun. 1999

DEDA, Artur Oscar de Oliveira. *A Reparação dos Danos Morais — Doutrina e Jurisprudência*. São Paulo: Saraiva, 2000

DIAFÉRIA, Adriana. *Clonagem, aspectos jurídicos e bioéticos*. São Paulo: Edipro, 1999

DINIZ, Maria Helena. *Curso de Direito Civil Brasileiro, 2º v., Teoria Geral das Obrigações*. 2ª ed. São Paulo: Saraiva, 1985

_____, *Código Civil Anotado*. 3ª ed., aum. e atual. São Paulo: Saraiva, 1997

_____, *Curso de Direito Civil Brasileiro, 1º v., Teoria Geral do Direito Civil*. 13ª ed., rev. São Paulo: Saraiva, 1997

_____, *Curso de Direito Civil Brasileiro, 6º v., Direito das Sucessões*. 11ª ed., atual. São Paulo: Saraiva, 1997

_____, *Compêndio de Introdução à Ciência do Direito*. 10ª ed., atual. São Paulo: Saraiva, 1998

_____, *Curso de Direito Civil Brasileiro, 7º v., Responsabilidade Civil*. 12ª ed., aum. e atual. São Paulo: Saraiva, 1998

_____, *Tratado Teórico e Prático dos Contratos*, volume 1. 3ª ed., ampl. e atual. São Paulo: Saraiva, 1999
_____, *Tratado Teórico e Prático dos Contratos*, volume 2. 3ª ed., ampl. e atual. São Paulo: Saraiva, 1999
_____, *O estado atual do biodireito*. São Paulo: Saraiva, 2001
_____, *Curso de Direito Civil Brasileiro, 5º v., Direito de Família*. 17ª ed., atualizada de acordo com o novo Código Civil (Lei n. 10.406, de 10-1-2002). São Paulo: Saraiva, 2002
DIP, Ricardo Henry Marques (org.). *A vida dos Direitos Humanos — Bioética Médica e Jurídica*. Porto Alegre: Fabris, 1999
DOMINGUES, Douglas Gabriel. Problemas éticos e jurídicos das pesquisas biotecnológicas. *Revista Forense*, Rio de Janeiro, v. 89, n. 323: 377-382, jul./set. 1993
ECO, Humberto. *Como se faz uma tese*. 15ª ed., reimpressão. Trad. Gilson Cesar Cardoso de Souza; Rev. Plínio Martins Filho. São Paulo: Perspectiva, 1999
EL-HANI, Chanbel Nino. *O que é vida? Para entender a Biologia do Século XXI*. São Paulo: Relume-Dumará, 2000
ENGISCH, Karl. *Introdução ao Pensamento Jurídico*. 7ª ed. Trad. J. Baptista Machado. Lisboa: Fundação Calouste Gulbenkian, 1996
EWERLÖF, Göran. A inseminação artificial — debates e legislação. Trad. Walter Cruz Swensson. *Revista de Direito Civil, Imobiliário, Agrário e Empresarial*. São Paulo: v. 41: 7-14, jul./set. 1987
FACHIN, Luiz Edson. *Estabelecimento da Filiação e Paternidade Presumida*. Porto Alegre: Fabris, 1992
FERRAZ, Sérgio. *Manipulações Biológicas e princípios constitucionais: uma introdução*. Porto Alegre: Fabris, 1991

FIORILLO, Celso Antonio Pacheco. *Curso de Direito Ambiental Brasileiro*. São Paulo: Saraiva, 2000

_____. Projeto Genoma e a proteção constitucional do DNA como parte integrante dos seres humanos no Brasil. *Internet Site: www.saraivajur.com.br/biblioteca.../doutrina.htm*

FIORILLO, Celso Antonio Pacheco; DIAFÉRIA, Adriana. *Biodiversidade e Patrimônio Genético no Direito Ambiental Brasileiro*. São Paulo, Max Limonad, 1999

FRANÇA, R. Limongi. *Instituições de Direito Civil*. 5ª ed. São Paulo: Saraiva, 1999

FRAZÃO, Alexandre Gonçalves. A fertilização *in vitro*: uma nova problemática jurídica. *Internet Site: www.jus.com.br/doutrina/invitro.htm*

GAMA, Guilherme Calmon Nogueira da. Filiação e reprodução assistida: introdução ao tema sob a perspectiva do direito comparado. *Revista Brasileira de Direito de Família*. São Paulo: n. 5: 7-28, abr-mai-jun 2000

GARFIAS, Ignacio Garlindo. La fecundación artificial en seres humanos: consideraciones jurídicas. *Revista de la Facultad de Derecho de Mexico*. Mexico: 40, n. 169/71: 145-146, ene./jun. 1990

GARRAFA, Volnei; COSTA, Sérgio Ibiapina Ferreira; OSELKA, Gabriel. A Bioética no Século XXI. *Revista Bioética do Conselho Federal de Medicina*. Brasília: vol. 7, nº 2, 1999

GOLDIM, José Roberto. Bioética e Família. *Internet Site: www.ufrgs.bt/HCPA/gppg/famin.htm*

_____. Congelamento de Embriões. *Internet Site: www.ufrgs.bt/HCPA/gppg/congela.htm*

_____. Direito. *Internet Site: www.ufrgs.bt/HCPA/gppg/leiconce.htm*

_____, Diretrizes e Normas em Pesquisa em Saúde. *Internet Site: www.ufrgs.bt/HCPA/gppg/normat.htm*

_____. Ética, Moral e Direito. *Internet Site: www.ufrgs.bt/HCPA/gppg/eticmor.htm*
_____. Regulamentação de Experimentos Científicos em Seres Humanos. *Internet Site: www.ufrgs.bt/HCPA/gppg/wash1900.htm*
GOLDIM, José Roberto; MATTE, Ursula. Bancos de DNA: considerações éticas sobre o armazenamento de material genético. *Internet Site: www.ufrgs.bt/HCPA/gppg/bancodn.htm*
_____. Bioética e Genética. *Internet Site: www.ufrgs.bt/HCPA/gppg/biogenrt.htm*
_____. Projeto Genoma Humano (HUGO). *Internet Site: www.ufrgs.bt/HCPA/gppg/genoma.htm*
GOMES, Luiz Roldão de Freitas. Questões jurídicas em torno da inseminação artificial. *Revista dos Tribunais*. São Paulo: v. 678: 268-274, abr. 1992
GONÇALVES, Carlos Roberto. *Direito das Sucessões, v. 4 (Coleção Sinopses Jurídicas)*. São Paulo: Saraiva, 1997
GOWDAK, Demetrio. *Biologia — Citologia, Embriologia e Histologia*. São Paulo: FTD, 1996
GRASSI, Silverio. *I nascituri concepiti e i concepiti artificiali*. Torino: G. Giappichelli Editore, 1995
GUTIERREZ, Ana Maria Vega. Ética, legalidad y familia en las técnicas de reproducción humana asistida. *Ius Canonicum*. Pamplona: v.35, n. 70: 673-728, jul./dic. 1995
HART, Herbert L. A. *O Conceito de Direito*. 2ª ed., com um pós-escrito editado por Penelope A. Bulloch e Joseph Raz. Trad. A. Ribeiro Mendes. Lisboa: Fundação Calouste Gulbenkian, 1994
JONES, Steve. "O que a genética não pode fazer". *Revista Veja*, 27 de dezembro de 2000, 140-146

KELSEN, Hans. *Teoria Pura do Direito*. 6ª ed. Trad. João Baptista Machado. São Paulo: Martins Fontes, 1998

LAMADRID, Miguel Ángel Soto. *Biogenética, filiación y delito — la fecundación artificial y la experimentación genética ante el derecho*. Buenos Aires: Astrea, 1990

LEITE, Eduardo de Oliveira. *Procriações Artificiais e o Direito: Aspectos médicos, religiosos, psicológicos, éticos e jurídicos*. São Paulo: Revista dos Tribunais, 1995

_____. "O direito do embrião humano: mito ou realidade?" *Revista de Direito Civil, Imobiliário, Agrário e Empresarial*. São Paulo: v. 78: 22-40, out./dez. 1996

LENTI, Leonardo. Procreazione artificiale. *Rivista di Diritto Civile*, a. 40, n. 4: 381-396, jul./ago. 1994

LEOPOLDO E SILVA, Franklin. Breve Panorama Histórico da Ética. *Revista Bioética do Conselho Federal de Medicina*. Brasília: vol. 1, nº 1 — 1993

LIMA, Celso Piedemonte de. *Genética Humana*. São Paulo: Harbra, 1996

_____, *Genética — Investigando o Corpo Humano*. São Paulo: Ática, 1997

LIMA NETO, Francisco Vieira. *Responsabilidade Civil das Empresas de Engenharia Genética: em busca de um paradigma bioético para o Direito Civil*. São Paulo: LED, 1997

LOYARTE, Dolores & ROTONDA, Adriana E. *Procreación Humana Artifiial: Un Desafio Bioético*. Buenos Aires: Ediciones DePalma, 1995

MACHADO, José Augusto de Abreu. Direitos da personalidade e inseminação artificial. *Revista dos Tribunais*. São Paulo: v. 535: 33-35, maio 1980

MADALENO, Rolf. *Direito de Família: aspectos polêmicos*. 2ª ed., rev. e atual. Porto Alegre: Livraria do Advogado, 1999

MANZANO FILHO, Gabriel. "Biotecnologia — O futuro

chegou". *Revista Galileu*, ano 9, n° 100, novembro 1999, 20-30

MARCONDES, Ayrton Cesar. *Biologia — Criação da Vida: Citologia — Histologia — Embriologia*. São Paulo: Atual, 2000

_____, *Biologia — Criação de Vida: Genética — Evolução — Ecologia*. São Paulo: Atual, 2000

MARTINS, Ives Gandra da Silva. Fundamentos do Direito Natural à Vida. *Revista dos Tribunais*, v. 623: 27-30, set. 1987

MATEO, Ramón Martin. *Bioética y Derecho*. Barcelona: Ariel, 1987

MATTE, Ursula. Histórico de Fatos Relevantes em Genética. *Internet Site: www.ufrgs.bt/HCPA/gppg/crogen.htm*

MATTIA, Fabio Maria de. "Direitos da Personalidade: Aspectos Gerais". *Revista de Direito Civil, Imobiliário, Agrário e Empresarial*. São Paulo: v. 3: 35-51, jan./mar. 1997

MEIRELLES, Jussara Maria Leal de. *A Vida Humana Embrionária e sua Proteção Jurídica*. Rio de Janeiro: Renovar, 2000

MELLO, Celso Antônio Bandeira de. *Conteúdo Jurídico do Princípio da Igualdade*. 3ª ed., atual., 7ª tiragem. São Paulo: Malheiros Editores, 1999

MENEZES, Thereza Christina Bastos de. Novas técnicas de reprodução humana — O útero de aluguel. *Revista dos Tribunais*. São Paulo: v. 660: 253-256, out. 1990

MIRABETE, Júlio Fabbrini. *Manual de direito penal, volume 1, parte geral*. 2ª ed. São Paulo: Atlas, 1985

MONTEIRO, Washington de Barros (atualizado por Ana Cristina de Barros Monteiro França Pinto). *Curso de Direito Civil, volume 6, Direito das Sucessões*. 33ª ed., atual. São Paulo: Saraiva, 1999

_____, *Curso de Direito Civil, volume 1, Parte Geral*. 38ª ed., atual. São Paulo: Saraiva, 2001

_____, *Curso de Direito Civil, volume 2, Direito de Família*. 36ª ed., atual. São Paulo: Saraiva, 2001

MORAES, Alexandre de. *Direitos Humanos Fundamentais — Teoria Geral — Comentários aos arts. 1º a 5º da Constituição da República Federativa do Brasil — Doutrina e Jurisprudência, v. 3 (Coleção Temas Jurídicos)*. 2ª ed. São Paulo: Atlas, 1998

NICOLAU, Gilda. Le statut juridique de l'embryon congele. In: _____. *L'influence des progrès de la genetique sur le droit de la filiation*. Talence: Presses Universitaires de Bordeaux, 1991, p. 297-321

NORONHA, E. Magalhães. Fecundação artificial e adultério. *Revista dos Tribunais*. São Paulo: v. 306: 778-780, mar. 1961

NUNES, Luiz Antonio Rizzatto. *Manual da Monografia Jurídica*. São Paulo: Saraiva, 1997

OLIVEIRA, Deborah Ciocci Alvarez de; BORGES JR, Edson. *Reprodução Assistida: até onde podemos chegar? : compreendendo a ética e a lei*. São Paulo: Gaia, 2000

OLIVEIRA, Kézia Milka Lyra de. Bioética e Biodireito. *Internet Site: www.infojus.com.br/area13/keziamilka.htm*

OMMATI, José Emílio Medauar. As novas técnicas de reprodução humana à luz dos princípios constitucionais. *Revista de Informação Legislativa*. Brasília: n. 141, ano 36, jan./mar. 1999. *Internet Site: www.jus.com.br/doutrina/reprohum.htm*

_____. Bioética e Direito. *Internet Site: www.geocities.com/Athens/Academy/5155/bio1.htm*

_____. Bioética: Origens, Fundamentos. *Internet Site: www.geocities.com/Athens/Academy/5155/bio5.htm*

PEREIRA, Caio Mário da Silva. *Instituições de Direito Ci-*

vil, v. V, *Direito de Família*. 12ª ed. Rio de Janeiro: Forense, 1998

_____. *Instituições de Direito Civil, v. VI, Direito das Sucessões*. 12ª ed. Rio de Janeiro: Forense, 1998

_____. *Instituições de Direito Civil, v. III, Fontes de Obrigações*. 10ª ed. 17ª tiragem. Rio de Janeiro: Forense, 2001

PONTES DE MIRANDA. *Tratado de direito de família*. v.3; id. *Tratado de Direito Privado*, v.9, 2000

PRADA, Juan Luis Iglesias. *La protección jurídica de los descubrimientos genéticos y el proyecto genoma humano*. Madrid: Civitas, 1995

PRIEST, Jacqueline A. Assisted reproduction developments in England. *International and Comparative Law Quarterly*. London, v. 37, n. 3: 535-550, july 1988

RAFFUL, Ana Cristina. *A Reprodução Artificial e os Direitos da Personalidade*. São Paulo: Themis Livraria e Editora, 2000

REALE, Miguel. *Horizontes do direito e da história*. 3ª ed., rev. e aum. São Paulo: Saraiva, 2000

REVISTA VEJA, número 1699, de 09 de maio de 2001, p. 108-115

RIVAS, Jesus Diez Del Corral. La Filiación de los nacidos con ayuda de las nuevas técnicas de procreación artificial humana. *Revista de Derecho Privado*. Madrid: 539-551, jun. 1988

RIZZO, Gabriel Leonardo. La fecundación "in vitro" y los embriones supernumerarios. *Revista del Colégio de Abogados de Buenos Aires*. Buenos Aires: v. 51, n. 2: 61-75, ago. 1991

ROCHA, Taumaturgo. Bioética e Direito. *Internet Site: www.academiavirtual.com.br/biodireito01.htm*

RODRIGUES, Silvio. *Direito Civil: Parte Geral — Volume 1*. 30ª ed., ver. e atual. São Paulo: Saraiva, 2000

_____, *Direito Civil: Direito das Sucessões, volume 7*, 24ª ed., ver. e atual. São Paulo: Saraiva, 2000
_____, *Direito Civil: Direito de Família, volume 6*, 26ª ed., ver. e atual. São Paulo: Saraiva, 2001
_____, *Direito Civil: Responsabilidade Civil, volume 4*, 19ª ed., ver. e atual. São Paulo: Saraiva, 2002
RUIZ, Pedro F. Silva. El derecho de Familia y la inseminación artificial "in vivo" e "in vitro". *Revista de Derecho Privado*. Madrid: 323-331, abr. 1987
SÁ, Maria de Fátima Freire de. *Biodireito e direito ao próprio corpo: doação de órgãos, incluindo o estudo da lei n. 9.434/97*. Belo Horizonte: Del Rey, 2000
SAMPAIO, José Celso de Camargo. A inseminação artificial no direito de família. *Revista dos Tribunais*. São Paulo: v. 670: 14-18, ago. 1991
SANTOS, Maria Celeste C. Leite. *Biodireito — Ciência da Vida — Os Novos Desafios*. São Paulo: Revista dos Tribunais, 2001
SANTOS, Regina Beatriz Tavares da Silva Papa dos. *Dever de assistência imaterial entre cônjuges*. Rio de Janeiro: Forense Universitária, 1990
_____. *Reparação Civil na Separação e no Divórcio*. São Paulo: Saraiva, 1999
SAVIN, Gláucia. Crítica aos conceitos de maternidade e paternidade diante das novas técnicas de reprodução artificial. *Revista dos Tribunais*. São Paulo: v. 659: 234-242, set. 1990
SCARPARO, Monica Sartori. *Fertilização Assistida: questão aberta: aspectos científicos e legais*. Rio de Janeiro: Forense Universitária, 1991
SEMIÃO, Sérgio Abdalla. *Os Direitos do Nascituro: Aspectos cíveis, criminais e do Biodireito*. 2ª ed., rev., atual. e ampl. Belo Horizonte: Del Rey, 2000
SESMA, Ingrid Brena. Algunas consideraciones en torno al

derecho a la reproducción por medio de inseminación artificial. *Boletín Mexicano de Derecho Comparado.* México: v. 28, n. 82: 71-88, ene./abr. 1995

SILVA, Paula Martinho da. *A procriação artificial: aspectos jurídicos.* Lisboa: Moraes, 1986

SILVA JR., César da. *Biologia 3: Genética — Evolução — Ecologia.* São Paulo: Saraiva, 1996

SPINA, Segismundo. *Normas Gerais para os trabalhos de grau: um breviário para o estudante de pós-graduação.* 3ª ed. São Paulo: Ática, 1994

SZANIAWSKI, Elimar. *Direitos de Personalidade e sua Tutela.* São Paulo: Revista dos Tribunais, 1993

TEICH, Daniel Nessel. "Genoma — O que ele tem a ver com sua vida". *Revista Veja,* número 1656, 5 de julho de 2000, 114-120

TELLES JUNIOR, Goffredo. *A Folha Dobrada: Lembranças de um Estudante.* Rio de Janeiro: Nova Fronteira, 1999

VALALURI, Luigi Lombardi. Manipolazione genetiche e diritto. *Rivista di Diritto Civile,* Padova, a. 31, n. 1: 01-23, gen./feb. 1985

VARELA, J. Antunes. A inseminação artificial e a filiação perante o direito português e o direito brasileiro. *Revista Brasileira de Direito Comparado,* São Paulo, v. 8, n.15: 1-35, 1993

VARELLA, Marcelo Dias; FONTES, Eliana; ROCHA, Fernando Galvão da. *Biossegurança & Biodiversidade: contexto científico e regulamentar.* Belo Horizonte: Del Rey, 1999

VELOSO, Zeno. *Direito Brasileiro da Filiação e Paternidade.* São Paulo: Malheiros Editores, 1997

VETRI, Dominick. Reproductive technologies and United States law. *International and Comparative Law.* London, v. 37, n. 3: 505-534, july 1988

VIEIRA, Tereza Rodrigues. *Bioética e Direito*. São Paulo: Jurídica Brasileira, 1999

VILLELLA, João Baptista. "Desbiologização da paternidade." *Revista Forense*. Rio de Janeiro: v. 271: 45-51, jul./ago./set. 1980

W. T. REICH — editor responsável. *Encyclopedia of Bioethics*. 2ª edição, volume 1, 1995

WILKIE, Tom. *Projeto Genoma Humano: um conhecimento perigoso*. Trad. Maria Luiza X. de A. Borges; Rev. Técn. Darci Fontoura de Almeida. Rio de Janeiro: Jorge Zahar Ed., 1994

YAGÜE, Francisco Lledó. Breve discurso sobre bioética y derecho: la revolución biogenética versus situación familiar. *Estudios de Deusto: Revista de la Universidad de Deusto*. Bilbao: v. 34, n. 77: 341-367, jul./dic. 1986

_____. *Fecundación Artificial y Derecho*. Madrid: Tecnos, 1988

ZANNONI, Eduardo A. *Manual de derecho de las sucesiones*. 3ª ed., actual. y amp. Buenos Aires: Astrea, 1996

Impresso em offset nas oficinas da
FOLHA CARIOCA EDITORA LTDA.
Rua João Cardoso, 23 – Tel.: 2253-2073
Fax.: 2233-5306 – Rio de Janeiro – RJ – CEP 20220-060